Nicola Yoon

ALS WIR TANZEN LERNTEN

NICOLA YOON

ALS WIR TANZEN LERNTEN

Aus dem amerikanischen Englisch
von Dagmar Schmitz

Penguin Random House Verlagsgruppe FSC® N001967

1. Auflage 2024
Erstmals als cbt Taschenbuch Februar 2024
Text copyright © 2021 by Nicola Yoon
This translation is published by arrangement
with Random House Children's Books,
a division of Penguin Random House LLC.
Die amerikanische Originalausgabe erschien 2021
unter dem Titel »Instructions for Dancing« bei Delacorte Press,
an imprint of Random House Children's Books, New York.
© 2022 für die deutschsprachige Ausgabe
cbj Kinder- und Jugendbuchverlag
in der Penguin Random House Verlagsgruppe GmbH,
Neumarkter Straße 28, 81673 München
Alle deutschsprachigen Rechte vorbehalten
Aus dem amerikanischen Englisch von Dagmar Schmitz
Lektorat: Stefanie Rahnfeld
Umschlaggestaltung: © Isabelle Hirtz, Inkcraft
unter Verwendung des Originaldesigns von © 2022 by Renike
sh · Herstellung: ang
Satz: Uhl + Massopust, Aalen
Druck und Bindung: GGP Media GmbH, Pößneck
ISBN 978-3-570-31598-9

Printed in Germany

www.cbj-verlag.de

Für meine Mom,
die trotz allem immer noch lächelt

Und für meinen Schwiegervater,
der durch alles hindurch gelächelt hat

INHALTSVERZEICHNIS

The book of love is long and boring
No one can lift the damn thing
It's full of charts and facts and figures
And instructions for dancing
But I
I love it when you read to me
And you
You can read me anything

> – The Magnetic Fields, »The Book of Love«

Fast niemand übersteht die Liebe unversehrt.

> – Helen Fisher

KAPITEL 1

Eine bessere Version von mir

BÜCHER ÜBEN KEINEN ZAUBER mehr auf mich aus. Früher war das anders. Wenn ich bedrückt war oder mich im kargen Hinterland zwischen tiefer Traurigkeit und Wahnsinn befand, konnte ich einfach blind irgendeins aus dem Regal mit meinen Lieblingsromanen ziehen und mich zum Schmökern in meinen pinkfarbenen Plüschsessel kuscheln. Spätestens bei Kapitel drei – allerspätestens bei Kapitel vier – ging es mir besser.

Jetzt sind Bücher für mich nur noch Buchstaben, aneinandergereiht zu fehlerlos geschriebenen Wörtern, die zu grammatikalisch korrekten Sätzen und zu übersichtlich gegliederten Absätzen und thematisch zusammenhängenden Kapiteln angeordnet sind. Sie sind nicht länger magisch und transportieren auch keine Botschaft mehr.

In einem früheren Leben war ich Bibliothekarin, deshalb sind meine Bücher nach Genre geordnet. Bevor ich angefangen habe, sie zu verschenken, war der Bereich »Zeitgenössische Liebesromane« der größte. Mein absoluter Dauerfavorit ist *Cupcakes and Kisses*. Ich hole es aus dem Regal und blättere es durch, in einem letzten Versuch, seinen Zauber auf mich wirken zu lassen. Die beste Szene ist die, in der sich der griesgrämige Chefkoch und die grüblerische Schöne mit geheimnisvoller Vergangenheit, deren Aufgabe die Zubereitung der Kaltspeisen ist, eine Küchenschlacht liefern. Am Ende sind beide voller Mehl und Zuckerguss. Sie küssen sich und es folgen eine Menge auf Süßspeisen bezogene Zweideutigkeiten:

Zuckerschnute

Zimtschnecke

Bananensplit.

Vor sechs Monaten wäre ich bei dieser Szene innerlich zu Honig zerflossen. (Was zeigt, welche Wirkung es auf mich hatte.)

Aber jetzt? Nichts.

Und da sich die Wörter nicht verändert haben, seit ich sie das letzte Mal gelesen habe, muss ich mir wohl eingestehen, dass der Roman nicht das Problem ist.

Das Problem bin ich.

Ich klappe das Buch wieder zu und lege es auf den Stapel zu den anderen, die ich morgen weggeben will. Noch ein letzter Ausflug in die Bibliothek und ich bin alle meine Liebesromane los.

Ich will sie gerade in meinen Rucksack packen, als Mom

den Kopf in mein Zimmer steckt. Ihr Blick zieht einen Kreis von meinem Gesicht hinunter zum Bücherstapel, hoch zu den vier leeren Regalreihen und wieder zurück zu meinem Gesicht.

Sie runzelt die Stirn und sieht aus, als wollte sie etwas sagen, tut es dann aber doch nicht. Stattdessen streckt sie mir ihr Handy entgegen. »Dein Vater.«

Ich schüttle so heftig den Kopf, dass mir meine Rastazöpfe ums Gesicht peitschen.

Sie stößt das Telefon noch einmal nachdrücklich in meine Richtung. »Jetzt nimm schon«, formt sie lautlos mit den Lippen.

»Nein, nein, nein«, erwidere ich ebenfalls lautlos.

Ich habe noch nie zwei Pantomimen beim Streiten beobachtet, stelle mir aber vor, dass es in etwa so aussehen könnte.

Sie löst sich vom Türrahmen und kommt jetzt ganz in mein Zimmer. Mir bleibt gerade noch genug Platz, um sie herumzuhuschen, was ich auch tue. Ich sprinte über unseren kleinen Flur und schließe mich im Bad ein.

Moms unausweichliches Klopfen folgt zehn Sekunden später.

Ich öffne die Tür.

Sie sieht mich an und seufzt.

Ich seufze zurück.

Derzeit verständigen wir uns hauptsächlich in Form dieser kleinen Ausatmungen. Ihre sind frustriert, leidgeprüft, entnervt, ungeduldig und enttäuscht.

Meine sind verwirrt.

»Wie lange willst du noch so weitermachen, Yvette Antoinette Thomas?«

Die Antwort auf ihre Frage – und ich finde sie durchaus berechtigt – lautet: bis in alle Ewigkeit.

Bis in alle Ewigkeit, so lange werde ich auf Dad sauer sein.

Die eigentliche Frage ist doch: Warum ist *sie* es nicht?

Sie lässt das Telefon wieder in ihre Schürzentasche zurückgleiten. Ihre Stirn und ihr kurz geschnittener Afro sind mit Mehl bestäubt; es sieht aus, als wäre sie plötzlich ergraut.

»Du gibst noch mehr Bücher weg?«, fragt sie.

Ich nicke.

»Du hast sie mal geliebt.« So, wie sie es sagt, könnte man meinen, ich wollte die Romane verbrennen, statt sie der Bibliothek zu spenden.

Ich erwidere ihren Blick. Womöglich haben wir ja gerade einen ehrlichen Moment miteinander. Wenn sie gewillt ist, darüber zu sprechen, warum ich meine Bücher weggebe, dann ist sie vielleicht auch gewillt, über etwas wirklich Wichtiges zu sprechen, zum Beispiel über Dad und die Scheidung und wie es uns seitdem geht.

»Mom ...«, setze ich an.

Aber sie weicht meinem Blick aus, wischt sich die Hände an der Schürze ab und fällt mir ins Wort. »Danica und ich wollen Brownies backen. Komm doch runter und hilf uns.«

Das mit dem Backen ist neu. Es hat an dem Tag angefangen, als Dad aus unserem früheren Haus ausgezogen ist, und seitdem nicht mehr aufgehört. Wenn Mom keinen Dienst in der Klinik hat, dann backt sie.

»Ich treffe mich heute Abend mit Martin, Sophie und Cassidy. Wir müssen anfangen, unseren Roadtrip zu planen.«

»Du bist neuerdings mehr unterwegs als zu Hause«, erwidert sie.

Ich weiß nie, wie ich reagieren soll, wenn sie so etwas sagt. Es ist weder eine Frage noch ein Vorwurf und trotzdem schwingt ein bisschen was von beidem mit. Statt einer Antwort starre ich nur stumm auf ihre Schürze. *Kiss the Cook* prangt dort über einem riesigen roten Kussmund.

Es stimmt, dass ich in letzter Zeit häufig nicht zu Hause bin. Die Vorstellung, die nächsten Stunden mit ihr und meiner Schwester Danica beim Backen zu verbringen, erfüllt mich zwar nicht direkt mit Verzweiflung, aber es kommt dem sehr nahe. Danica wird sich dem Anlass entsprechend gestylt haben und eine Schürze im Vintage-Stil tragen, dazu passend eine Kochmütze, die mittig zwischen ihren Afro-Poufs thront. Sie wird über ihren derzeitigen Freund reden, von dem sie (sehr) begeistert ist. Mom wird grausige Geschichten aus der Notaufnahme erzählen und auf Reggae-Musik bestehen, irgendwelche alten Songs von Peter Tosh oder Jimmy Cliff. Oder wenn es nach Danica geht, werden sie Trip-Hop hören, während Danica die ganze Aktion für Instagram dokumentiert. Beide werden so tun, als wäre alles in bester Ordnung bei uns.

Aber es ist eben nicht alles in bester Ordnung.

Mom seufzt wieder und reibt sich die Stirn. Der Mehlstaub verteilt sich.

»Du hast Mehl auf der Stirn«, sage ich und strecke die Hand aus, um es wegzuwischen.

Sie weicht meiner Hand aus. »Lass nur. Ich werde sowieso schmutzig.«

Mom stammt aus Jamaika. Sie ist mit Grandma und Grandpa hierhergezogen, als sie vierzehn war. Ihr jamaikanischer Akzent bricht nur durch, wenn sie nervös ist oder aufgebracht. Jetzt im Moment ist ihr Akzent kaum wahrnehmbar, aber er ist vorhanden.

Sie dreht sich um und geht wieder nach unten.

Während ich mich anziehe, versuche ich, nicht über unsere Auseinandersetzung nachzudenken, die eigentlich keine war, denke aber letztendlich doch an nichts anderes. Warum hat es sie so aus der Fassung gebracht, dass ich meine Bücher weggeben will? Es ist, als sei sie enttäuscht, dass ich nicht mehr derselbe Mensch bin wie noch vor einem Jahr.

Aber natürlich bin ich nicht mehr dieselbe. Wie könnte ich? Ich wünschte, ich wäre von der Scheidung genauso unberührt geblieben wie sie und Danica. Ich wünschte, ich könnte unbeschwert gemeinsam mit ihnen backen. Ich wünschte, ich könnte wieder das Mädchen sein, das seine Eltern, ganz besonders seinen Dad, für unfehlbar gehalten hat. Könnte wieder das Mädchen sein, das gehofft hat, eine Liebe wie die seiner Eltern zu finden, wenn es erwachsen ist. Ich habe geglaubt, dass man auf immer und ewig glücklich zusammenleben kann, weil sie es mir vorgelebt haben.

Ich wünsche mir diesen Zustand der Ahnungslosigkeit zurück und würde am liebsten aus meinem Gedächtnis tilgen, was ich inzwischen weiß. Aber das geht nicht, man kann nicht im Nachhinein etwas nicht wissen, was man bereits weiß.

Ich kann nicht *nicht* wissen, dass Dad Mom betrogen hat.

Ich kann nicht *nicht* wissen, dass er uns alle drei wegen einer anderen Frau verlassen hat.

Mom vermisst die Version von mir, die diese Bücher geliebt hat.

Ich vermisse sie auch.

KAPITEL 2

(Ehemalige) Lieblings-Genres
von Liebesromanen

Zeitgenössisch

1. Aus Feinden werden Liebende – Ständig fragt man sich, ob sie sich am Ende küssen oder umbringen werden. Kleiner Scherz. Selbstverständlich werden sie sich küssen.

2. Dreiecksgeschichte – Dreiecksgeschichten werden gern verrissen, aber eigentlich sind sie toll. Es gibt sie, damit sich die Hauptfigur entscheiden kann, entweder die zu bleiben, die sie ist, oder eine andere zu werden. Nur so am Rande: Solltest du dich jemals zwischen einem Vampir und einem Werwolf entscheiden müssen, dann nimm den Vampir. Siehe hierzu auch Punkt 1, letzter Satz, dort steht, warum du (ganz klar) den Vampir nehmen solltest.

3. Zweite Chance – Zurzeit wird mir klar, dass dies die unrealistischste Wendung ist. Denn wenn dich jemand schon einmal verletzt hat, warum solltest du ihm dann die Chance geben, es noch mal zu tun?

Fantasy

1. Vampire – Sie sind sexy und werden dich ewig lieben.
2. Engel – Sie haben Flügel, mit denen sie dich schützend umhüllen oder dich von hier fortbringen können, wohin auch immer du möchtest.
3. Gestaltwandler – Meistens Jaguare und Leoparden, aber im Grunde alles aus der Familie der Großkatzen. Einmal habe ich versuchsweise etwas über Dinosaurier-Gestaltwandler gelesen. Tyrannosaurus Rex, Pteranodon, Apatosaurus und so weiter. Sie sind genauso gruselig, wie man es sich vorstellt.

KAPITEL 3

Gib ein Buch, nimm ein Buch

ALS ICH AM NÄCHSTEN MORGEN nach unten gehe, ist Mom schon zu ihrer Schicht in der Klinik unterwegs. Danica sitzt am Esstisch und macht Bilder von den Brownies, die sie und Mom gebacken haben. Sie sind auf einer von Moms stylishen neuen Kuchen-Etageren zu einer Pyramide aufgeschichtet. Danica gehört zu jenen Vertreterinnen der Fotografie, die es lustig und schräg mögen. Sie hält ihr Smartphone schief und lässt es um die Brownie-Pyramide kreisen, während sie ein schräg-lustiges Foto nach dem anderen schießt.

Ich mache mir mein Müsli und setze mich zu ihr an den Tisch. Wir wohnen seit sechs Monaten in dieser Wohnung, aber mir kommt sie immer noch wie ein Provisorium vor, so als wäre ich nur zu Besuch. Ich warte darauf, wieder in mein richtiges Leben zurückzukehren.

Verglichen mit unserem früheren Haus ist es hier klein und beengt. Ich vermisse unseren eigenen Garten. Jetzt teilen wir uns einen begrünten Innenhof mit zwölf anderen Mietparteien. Unser altes Haus hatte zwei Bäder, jetzt haben wir nur noch eins. Am meisten fehlt mir aber, dass dort jeder Raum unsere Erinnerungen barg.

Danica entscheidet sich für ein Foto und schiebt mir ihr Handy zu, damit ich mir anschauen kann, was sie gepostet hat. »Man kann nicht mal erkennen, dass sie angebrannt sind«, verkündet sie stolz.

Es stimmt. Sie sehen wirklich perfekt aus. Ich scrolle durch ihre Posts. Da ist ein Selfie von ihr und Mom, beide mehlbestäubt, wie sie einen großen Block Schokolade ins Bild halten und lachen, was mich wünschen lässt, ich wäre geblieben und hätte mitgeholfen. Ich überfliege die Hashtags – #muttertochterbackabend, #schwarzesbackwunder, #perfektebrowniesperfektgelungen –, bevor ich ihr das Handy wieder zuschiebe.

»Wieso bist du nicht beim Brunch?«, fragt sie.

Normalerweise verbringe ich den Sonntagmorgen mit meinen besten Freunden im Surf City Waffle, dort gibt es die besten Waffeln in ganz Los Angeles. Aber heute Morgen hat keiner von ihnen Zeit.

»Die anderen haben alle schon was vor«, sage ich.

»Dann bleibst du also heute hier und hängst bloß ab?«, hakt sie nach, und für mich klingt es nicht so, als lege sie besonderen Wert darauf, dass ich heute hierbleibe und bloß abhänge.

Ich lasse den Löffel in die Müslischale zurücksinken und betrachte meine Schwester. An den meisten Tagen sieht sie aus wie ein Supermodel aus den Siebzigerjahren mit ihrem riesigen Afro, dem schimmernden Glitzer-Make-up und dem Vintage-Outfit.

Und gerade im Moment sieht sie sogar noch schöner aus als sonst. Wenn ich raten müsste, würde ich sagen, sie hat ein Date. Aber ich muss nicht raten, denn keine Sekunde später klingelt es. Ein strahlendes Lächeln lässt ihr Gesicht aufleuchten und sie sprintet mit einem glücklichen Aufschrei zur Tür.

Im letzten Jahr hatte Danica acht verschiedene Freunde, das macht im Durchschnitt 0,667 Freunde pro Monat oder 0,154 Freunde pro Woche. Mein Problem dabei ist nicht die Anzahl oder gar das Niveau ihrer Freunde (um es ganz klar zu sagen, das Niveau könnte besser sein. Ich weiß nicht, warum sie sich immer Typen aussucht, die so viel weniger klug und interessant sind als sie), sondern die Tatsache, dass sie überhaupt Dates hat. Warum bin ich die Einzige hier, die ihre Lektion aus Moms und Dads Scheidung gelernt hat?

Ich lasse meine Müslischale auf dem Tisch stehen und will mich durchs Wohnzimmer davonschleichen, um einer Begrüßung aus dem Weg zu gehen. Fehlanzeige.

»Hey Evie.« Der Typ sagt »Hey«, als hätte das Wort mehr als nur eine Silbe.

»Hi«, erwidere ich und versuche vergeblich, mich an seinen Namen zu erinnern. Er trägt Board-Shorts und ein ärmelloses T-Shirt, als wollte er zum Strand gehen oder käme gerade von dort. Er ist weiß, groß und muskulös und hat lange, zerzauste blonde Haare. Wäre er ein Einrichtungsgegenstand, wäre er ein wirklich hübscher Flokati.

Wir stehen ein paar Sekunden stumm und verlegen herum, bis uns Danica aus unserem Elend befreit. »Ben und ich überlegen, ob wir ins Kino gehen«, erklärt sie. »Du kannst mitkommen, wenn du willst.«

Aber ihre Mienen verraten mir zwei Dinge.

Erstens: Sie überlegen *nicht*, ins Kino zu gehen. Sie überlegen, hierzubleiben. Allein. In der Wohnung. Um rumzumachen.

Und zweitens: Wenn sie tatsächlich ins Kino gehen wollten, wollen sie mich nicht dabeihaben.

Warum fragt sie mich überhaupt? Tue ich ihr etwa leid?

»Ich kann nicht. Aber danke für das Angebot. Viel Spaß euch beiden«, erwidere ich. Das Einzige, was ich heute vorhabe, ist zur Bibliothek zu gehen und meine Bücher loszuwerden, aber wenn ich ihnen das erzähle, werde ich mich erst recht lausig fühlen. Ich gehe nach oben und ziehe mich an.

Zum Abschied sage ich »Bye«, als hätte das Wort mehr als nur eine Silbe.

———

Ich bin auf dem Fahrrad unterwegs und schon auf halbem Weg zur Bibliothek, als mir einfällt, dass ja heute Sonntag ist. Die Bibliothek hat sonntags geschlossen.

Jetzt wieder nach Hause zurückzukehren und Danica und Ben beim »Chillen« zu stören, ist nicht wirklich eine Option. Es ist ein wunderschöner Frühlingsmorgen, noch hängt ein Hauch von Nebel in der Luft, und es duftet feucht und frisch. Ich beschließe, zu den La Brea Tar Pits zu fahren und vorher eine kleine Runde durch Hancock Park zu drehen.

Das Stadtviertel Hancock Park liegt nur zehn Minuten von unserer Wohnanlage entfernt, könnte sich aber ebenso gut auf einem anderen Planeten befinden. Die Villen in dieser Gegend sind groß wie Paläste, nur ohne die dazugehörigen Palastgräben, Fallgitter, Drachen und holden Fräuleins in Nöten. Jedes Mal, wenn wir durch Hancock Park fahren, sagt Mom, es sei ein Verbrechen, dass es in einer Stadt mit so viel Obdachlosigkeit Häuser wie diese gibt. In der Notaufnahme behandelt sie viele obdachlose Menschen.

Ich fahre langsam, radle gemächlich eine Straße nach der anderen entlang und bestaune die enormen, perfekt gepflegten Rasenflächen und die enorm teuren, blitzenden Nobelkarossen.

Irgendwann finde ich mich auf einer Straße wieder, die zu beiden Seiten von Jasminbüschen und hohen Jacarandabäumen gesäumt ist. Letztere lassen ihre Äste weit über die Fahrbahn ragen und bilden einen Baldachin aus lilafarbenen Blüten. Ich fühle mich, als würde ich durch einen Tunnel mitten in ein Märchen hineinfahren.

Die Sonne verschwindet hinter einer Wolke und es wird auf einmal kühl. Ich fahre rechts ran und hole meine Jacke aus dem Rucksack. Als ich wieder aufs Rad steigen und weiterfahren will, fällt mir einer dieser öffentlichen Holzbücherschränke ins Auge, die in manchen Stadtvierteln stehen. Er ist hellblau und sieht aus wie ein Miniatur-Haus, mit einem Giebeldach und verwitterten weißen Türen, die durch Riegel verschlossen sind. *Kleine Freie Bibliothek* verkündet ein kleines Schild.

»Du hast gewiss viele Bücher für uns dabei, Liebes«, sagt eine Frauenstimme, als ich den Seitenständer noch einmal herunterklappe und mein Rad wieder abstelle.

Ich schreie auf und wirble herum. Eine alte Dame steht hinter mir, keinen halben Meter entfernt.

»Verfickte Glocken!«, entfährt es mir, und ich halte mir sofort die Hand vor den Mund. »Entschuldigung, ich wollte nicht fluchen. Ich bin nur so erschrocken.«

Sie schmunzelt und kommt näher. Ihre dünne hellbraune Haut erinnert an zerknittertes Pergamentpapier.

»Schon gut. Mach dir wegen des Fluchens keine Gedanken. Mich würde allerdings interessieren, was verfickte Glocken sind.«

Ich lächle, schaue aber an ihr vorbei. Wo ist sie überhaupt hergekommen?

»Ist das Ihr Bücherschrank?«, frage ich.

»Nun ja, ich habe ihn aufgestellt, aber er ist natürlich für alle da. Kennst du solche Bücherschränke? Die Idee dahinter ist, die Leute zum Lesen zu bewegen und womöglich sogar dazu, sich mit ihren Nachbarn zu unterhalten, anstatt lediglich Tür an Tür mit ihnen zu wohnen.« Sie reibt die Handflächen aneinander. »Was hast du uns denn Schönes mitgebracht?«

Ich schwinge meinen Rucksack auf den Boden und hole einen Armvoll Bücher heraus.

Sie nimmt mir ein paar davon ab und drückt sie an sich. »Die sind sehr beliebt«, stellt sie fest, als sie auf die Titel schaut. Sie gehört zu den Menschen, die beim Lesen die Worte mit den Lippen nachformen. Das lässt es so aussehen, als spräche sie einen bizarren Zauberspruch. *Barely There – Cupcakes and Kisses – Destiny's Duke – Love, Set, Match – Tiger's Heart.*

»Sie sind alle großartig.« Meine Stimme ist ein heiseres Krächzen. Ich räuspere mich. »Sie sollten sie lesen.«

»Warum gibst du sie weg?«

Sie steht jetzt noch näher bei mir, nach wie vor die Bücher umklammernd, die sie mir abgenommen hat.

Ich hole noch weitere aus meinem Rucksack und erwäge, ihr die Wahrheit zu sagen. Dass es sich nicht mehr so anfühlt, als wären es meine Bücher. Dass es sich mit Liebesgeschichten verhält wie mit Märchen: Man sollte nicht ewig an sie glauben.

Ich jedenfalls habe an dem Tag, als Dad ausgezogen ist, aufgehört, an sie zu glauben.

Schon komisch, dass ein Tag anfangen kann wie jeder

andere und dann so vollkommen anders endet. Manchmal wünschte ich, es gäbe eine Wettervorhersage für das Leben. *Laut Prognose eignet sich der morgige Vormittag hervorragend für den üblichen Highschool-Unfug, am späten Nachmittag hingegen ist mit einem schweren elterlichen Treuebruch zu rechnen, dessen Tiefausläufer sich bis in die Nacht hinein ziehen und in einem Sturmtief der Verzweiflung enden. Ausführlicheres hierzu nach der Werbepause.*

Ich hatte den Schultag im Schockzustand verbracht und konnte immer noch nicht glauben, dass Dad nicht mehr da sein würde, wenn ich nach Hause kam. Gegen Mittag war ich mir sicher, ich würde ihn davon überzeugen können, dass er und Mom einen Fehler machten, wenn sie sich scheiden ließen. Daher stieg ich nach der Schule in den Bus nach Santa Monica und fuhr dort angekommen mit meinem Fahrrad über den Campus zum Institut für Geisteswissenschaften, wo er sein Büro hat. Immer zwei Stufen auf einmal nehmend jagte ich die Treppe hoch, während ich darüber nachgrübelte, was ich sagen würde. Vielleicht war das Problem, dass ihm nicht klar war, wie sehr ihn Mom liebte. Sie zeigt es nicht immer so deutlich. Oder vielleicht brauchten die beiden etwas mehr Zeit füreinander, mindestens einen kinderfreien Abend in der Woche oder so was in der Art. Oder ein gemeinsames Hobby, um wieder »zueinanderzufinden«, wie es Experten für Beziehungsfragen immer empfehlen.

Ich rannte den Flur zu seinem Büro entlang, überzeugt,

er würde es schon verstehen. Dad und ich haben uns immer verstanden.

Ich klopfte nicht an. Ich hätte anklopfen sollen, aber ich tat es nicht. Ich riss einfach die Tür auf und stürmte in sein Büro in der Hoffnung, dass er da sein würde. Er war da. Und er küsste eine Frau, die nicht Mom war.

Ich ließ den Blick zwischen ihnen hin- und herwandern. Ich versuchte mir einzureden, dass diese Beziehung vielleicht ganz frisch war, dass sie erst in den letzten beiden Tagen begonnen hatte. Aber das war natürlich dumm. Es war nicht ihr erster Kuss und es war auch nicht ihr letzter. Dieser Kuss sprach Bände, er sagte mir, dass es eine ganze Geschichte hinter ihrer Beziehung gab. Es war nur einer von den vielen, vielen Küssen, die unsere Familie in die Brüche gehen ließen und Mom das Herz brachen und mir auch.

Dad strich sich mit der Hand übers Gesicht. »Evie, Süße. Du hast nicht angeklopft.«

Ich bin mir nicht sicher, ob er mich dafür tadelte.

Als uns Mom und er eröffnet hatten, dass sie sich trennen würden, sagten sie, sie hätten sich auseinandergelebt. Dass sie sich noch lieben würden und dass sie uns liebten. Aber das war gelogen. Der Grund, warum uns Dad verließ, stand hier vor mir, trug ein jadegrünes Kleid und riesige goldene Creolen und hielt sich die Hände vor den Mund, als könnte das irgendwie ungeschehen machen, was ich gesehen hatte.

Ich wich vor ihnen zurück und rannte aus dem Büro,

jagte den Flur entlang, die Treppe runter, bis ich draußen war. Dad rief mir hinterher, aber was gab es noch zu sagen? Es gab überhaupt nichts mehr zu sagen.

An diesem Abend berichtete mir Mom, dass Dad angerufen und ihr mitgeteilt hätte, was passiert war. Sie meinte, es täte ihr leid, dass ich es mit ansehen musste. Sie bat mich, Danica nichts davon zu erzählen. Sie sagte, sie würde nie wieder darüber reden wollen.

Natürlich verrate ich der alten Frau nichts von alldem. Stattdessen verstaue ich meine restlichen Bücher in ihrer kleinen Bibliothek. Als ich sie ansehe, wirkt sie mitfühlend, als hätte sie irgendwie alles das gehört, was ich nicht ausgesprochen habe.

Ich verriegle die Tür wieder. »Viel Freude beim Lesen.«

Sie deutet auf den Schrank. »Möchtest du denn kein Buch mitnehmen, Liebes? ›Gib ein Buch, nimm ein Buch‹, lautet das Motto.«

»Da ist aber keins drin«, erwidere ich.

»Wirklich nicht? Ich bin mir sicher, erst vorhin war jemand da und hat eins hineingestellt.«

Ich öffne die Tür noch einmal und entdecke das Buch, das sie meint, ganz hinten links in der Ecke.

Es heißt *Tanzen lernen* und ist ein schmales Taschenbuch, seine Seiten haben Eselsohren und wellen sich, als sei es jemandem mal ins Wasser gefallen. Unter dem Titel ist eine simple Strichzeichnung von zwei Fußpaaren abgebildet, die einander gegenüberstehen.

Ich blättere es durch und überfliege einige der Kapitelüberschriften: »Salsa«, »Bachata«, »Walzer«, »Tango«, »Merengue«, »East Coast Swing«, »Lindy Hop«. Zu jedem Tanz gibt es eine eigene Abfolge nummerierter Strichzeichnungen mit Pfeilen, die von einem Fußpaar zum anderen zeigen.

»Vielleicht sollte ich es für jemanden stehen lassen, der tanzen lernen möchte«, sage ich und will es wieder zurückstellen.

»Dieser Jemand könntest du sein, Liebes.« Sie kommt noch näher zu mir. »Ich bestehe darauf.«

Es scheint ihr so wichtig zu sein, dass ich das Buch schließlich in meinen Rucksack fallen lasse. »Hat mich sehr gefreut«, verabschiede ich mich, während ich auf mein Rad steige.

»Mich auch«, sagt sie. »Pass gut auf dich auf.«

An der nächsten Querstraße drehe ich mich um und will ihr noch einmal winken.

Aber als ich zurückblicke, ist sie nicht mehr da.

—

Ich fahre noch zwei Straßen weiter, bevor mir klar wird, dass ich Richtung Osten unterwegs bin statt heimwärts Richtung Westen. Was hat mich bloß so konfus gemacht? Ich halte am Straßenrand an und schaue auf mein Handy. Es ist schon nach drei. Ich bin seit vier Stunden unterwegs. Mein Magen knurrt, als hätte er ebenfalls gerade begriffen, wie spät es ist.

Für den Rückweg nehme ich die weniger schöne Strecke und trete hart in die Pedale, fahre aber trotzdem vorsichtig. Die Autofahrer in Los Angeles verhalten sich manchmal, als würde es keine Radfahrer geben. Daheim angekommen schließe ich erst mein Fahrrad ein und biege dann um die Ecke zu unserer Wohnung. Danica und Ben stehen auf dem Treppenabsatz und sind so damit beschäftigt, sich verliebt in die Augen zu schauen, dass sie mich nicht wahrnehmen, obwohl ich nur wenige Schritte entfernt bin.

Es gibt ein paar Dinge im Leben, die man nicht unbedingt sehen muss. Die kleine Schwester beim Knutschen beispielsweise. Ich will mich räuspern, um uns beiden das Trauma zu ersparen, aber da beugt sie sich bereits vor und küsst ihn.

Vor meinem inneren Auge wird es schwarz, wie im Kino, kurz bevor der Film beginnt.

Und ich sehe.

KAPITEL 4

Danica und Ben

ICH SEHE DANICA in unserer Schulcafeteria. Sie sitzt von ihren Freundinnen und Freunden umgeben an ihrem gewohnten Tisch. In der Cafeteria ist wie immer viel los. Manche Schüler unterhalten sich, essen, lachen. Manche Schüler – diejenigen, die immer allein sind – unterhalten sich nicht, lachen nicht. Danica sticht heute ganz besonders hervor, sie trägt ein fuchsiafarbenes Outfit, das vermutlich einmal ein Abschlussballkleid war.

Von rechts rutscht ein Tablett heran und stößt gegen ihres. Am anderen Ende dieses Tabletts steht lächelnd Ben.

»Ich überlege, dich zu fragen, ob du Lust hast, dich mit mir zu verabreden«, sagt er.

»Hast du nicht eine Freundin?«, will Danica wissen.

»Nicht mehr.« Er beugt sich vor. »Wenn ich dich fragen würde, was würdest du sagen?«

Sie beugt sich ebenfalls vor. »Du musst mich schon fragen, um es herauszufinden.«

»Hast du Lust, dich mit mir zu treffen?«

»Klar«, sagt sie. »Warum nicht?«

Ich sehe diesen Moment jetzt, die beiden stehen auf der Treppe vor der Haustür und küssen sich, als würde es kein Morgen geben.

Ich sehe Danica nachts am Strand, ringsum Feuerstellen, die ihrerseits umringt sind von Danicas Freundinnen und Freunden, die tanzen und feiern oder ihre Hände und Gesichter über den Flammen wärmen oder einfach nur den Funkenflug beobachten. Sie läuft stolpernd durch den Sand, fort von alldem. Ihre Blicke sind rastlos und suchend. Sie kommt an Rettungsschwimmerstation 23 vorbei und dann an Station 24. Bei Station 27 findet sie Ben, aber er ist nicht allein. Er küsst seine Ex-Freundin, die, wie sich herausstellt, gar keine Ex ist.

Ich sehe Danica alleine in ihrem Zimmer. Sie liegt im Bett und scrollt durch ihre diversen Social-Media-Accounts, löscht Fotos und Posts und Kommentare. Sie ändert ihren Beziehungsstatus auf Single. Sie entfolgt und löscht ihre Likes, bis sich kein Hinweis mehr darauf finden lässt, dass Ben und sie jemals zusammen waren.

KAPITEL 5

Das Lagerfeuer

DIE VISION ENDET und die Wirklichkeit kehrt in mein Blickfeld zurück. Ich bin wieder da, wo ich war, draußen auf dem Weg zu unserer Wohnung.

Danica und Ben stehen immer noch auf dem Treppenabsatz vor der Tür, aber sie küssen sich nicht mehr. Sie starren mich beide an.

Ben schaut irritiert.

Danica schaut entrüstet. »Verdammt, was soll das, Evie?« Sie stapft aufgebracht die Stufen herunter auf mich zu. »Wieso glotzt du uns an wie eine Geisteskranke?«

Sie steht vor mir, real genug, um sie zu berühren. Keine Sinnestäuschung. Aber ich werde die Bilder von ihr in der Cafeteria und am Strandlagerfeuer und allein in ihrem Zimmer, wo sie ihre gemeinsame Geschichte mit Ben löscht, nicht los.

»Ich … was?«, sage ich. Mir ist leicht schwindelig.

Ich scheine zu schwanken, denn sie kommt noch näher. Ihr Ausdruck wechselt von genervt zu besorgt. »Alles in Ordnung mit dir?«

»Ja, mir ist bloß … keine Ahnung, was mit mir los ist. Das war das Merkwürdigste, was ich …«

»Lass uns reingehen.«

»Ich hab seit dem Frühstück nichts mehr gegessen«, erkläre ich, als sie mich in die Wohnung hineinmanövriert. »Und dann bin ich echt schnell gefahren und hab mich beeilt, nach Hause zu kommen.«

Sie lotst mich zur Couch. »Ich rufe Mom an.«

Das reißt mich aus meiner Benommenheit. »Nein, bitte nicht. Ich will nicht, dass sie sich Sorgen macht. Mir war nur kurz schummrig.«

Danica setzt sich neben mich und nimmt meine Hand. »Lass mich mal deine Augen sehen.« Sie klingt ein bisschen wie Mom im Krankenschwester-Modus.

Ich kann mich nicht erinnern, wann wir uns das letzte Mal körperlich so nah waren. Ihr ins Gesicht zu sehen, ist fast so, als würde ich in mein eigenes Gesicht blicken. Unsere Haut hat den gleichen warmen Braunton, wir haben die gleiche Gesichtsform, die gleichen hohen, runden Wangenknochen und die gleichen vollen, rosenfarbenen Lippen. Allerdings fügen sich diese Merkmale bei ihr auf wesentlich spektakulärere Art und Weise zusammen. Sie sieht aus wie ein Supermodel. Ich sehe aus wie die hübsche, aber weniger attraktive Schwester des Supermodels.

Sie umfasst mit einer Hand mein Kinn und dreht mein Gesicht nach rechts und links. Ich habe keine Ahnung, wonach sie Ausschau hält.

Wir waren noch nie die Sorte von Schwestern, die beste Freundinnen sind, aber wir waren uns einmal näher, als wir es jetzt sind. Sie hat ihre Schminkkünste perfektioniert, indem sie auf meinem Gesicht geübt hat. Ich habe sie immer mit neuen Liebesromanen versorgt (sie liest sie fast so gern wie ich früher) und mit den Songs der angesagtesten Bands. Damals, als ich noch mit Dwayne zusammen war – meiner ersten und einzigen Liebe –, hatten wir sogar ein paar Doppel-Dates.

Sie drückt meine Hand und sieht aus, als wollte sie etwas sagen, aber Ben kommt ihr zuvor. »Hey, ich muss los, D. Wegen dieser Sache.«

Geht es bei dieser Sache darum, meine Schwester mit deiner Ex-Freundin zu betrügen?, würde ich ihn am liebsten fragen. Was eine lächerliche Frage wäre, denn er hat sie ja nicht betrogen. Zumindest weiß ich nicht, ob er es getan hat.

Ich entziehe Danica meine Hand und straffe meine Schultern. »Es geht mir wirklich gut.«

Sie springt sofort auf und ist mit einem Satz bei Ben, gemeinsam huschen sie zur Tür raus.

Ich reibe mir die Schläfen und lasse mich wieder ins Polster zurücksinken, immer noch unter Schock. War das eine Wahnvorstellung? Kann man so etwas bekommen, wenn man sehr hungrig und erschöpft ist und extrem aufgewühlt? Oder vielleicht war es einer dieser lebhaften Träume, die man manchmal kurz vor dem Aufwachen hat?

Ich hatte immer schon eine blühende Fantasie, aber es war mehr als das. Es war absolut lebensecht.

Mein Magen erinnert mich daran, dass ich Hunger habe.

Danica kommt wieder rein und gesellt sich zu mir in die Küche, als ich gerade dabei bin, einen der Brownies zu verspeisen.

»Ein paar von uns gehen heute Abend zum Strand, wir wollen ein Lagerfeuer machen. Komm doch mit«, sagt sie.

Ich lasse fast den Brownie fallen. »Du gehst heute Abend zum Strand?« Das Bild von ihr, wie sie auf der Suche nach Ben durch den Sand stolpert und ihn dann mit einer anderen ertappt, blitzt vor meinem inneren Auge auf. »Kommt Ben auch?«

»Klar.« Sie verengt die Augen. »Wieso, was ist mit ihm? Oh, lass mich raten, du kannst ihn nicht leiden.«

»Das habe ich nicht gesagt…«

»Aber gemeint.«

Das ist ganz und gar nicht das, was ich gemeint habe, aber ich weiß nicht, wie ich ihr erklären soll, was ich meine. Wie sage ich ihr, dass ich eine merkwürdige Vision hatte und befürchte, ihr wird heute Abend das Herz gebrochen?

»Ach, was soll's.« Sie dreht sich auf dem Absatz um und stürmt die Treppe hoch.

——

Später an diesem Abend liege ich mit meinem Laptop auf der Couch und bin in das Vorlesungsverzeichnis der NYU vertieft (die New York University, die ich ab Herbst besuchen werde), als Danica nach Hause kommt. Ihre Wimperntusche ist verschmiert, als hätte sie geweint.

Ich klappe den Laptop zu und setze mich auf. »Was ist los?«, frage ich, obwohl mich das dumpfe Gefühl beschleicht, dass ich es bereits weiß.

»Nichts«, antwortet sie und steuert sofort Richtung Treppe.

Ich folge ihr nach oben zu ihrem Zimmer. »Darf ich reinkommen?«

»Meinetwegen.« Es klingt nicht gerade einladend, aber zumindest hat sie nicht gesagt, ich soll verschwinden.

Ich bin noch nicht oft in ihrem Zimmer gewesen, seit wir hier eingezogen sind. Es sieht aus wie ihr altes, nur kleiner. Die Wände sind mit Coverseiten von Vintage-Magazinen und mit Fotos von ihr und ihren Freunden gepflastert. In unserem Haus waren ihre Wände lila gestrichen, aber da wir jetzt zur Miete wohnen, müssen wir sie weiß lassen. Es herrscht eine Art kunstvolles Chaos im Raum. Überall liegen Stoffreste und Skizzenbücher mit Entwürfen verstreut. Ihr Arbeitstisch ist übersät mit Zeichnungen und Garnspulen und Malutensilien. Die Nähmaschine ist halb unter Stoffen verborgen. Der einzige Gegenstand, auf dem nichts herumliegt, ist ihr Schminktisch. Es ist einer dieser altmodischen Frisiertische mit einem riesigen runden Spiegel, der von Glühbirnen umsäumt ist.

»Du wirkst aber nicht so, als ob nichts los wäre«, sage ich.

Sie setzt sich vor den Spiegel und beginnt, sich mit einem Papiertuch abzuschminken. »Mir geht's gut«, erwidert sie in fröhlichem Tonfall. Sie wirft das Tuch in den Papierkorb und rupft ein neues aus der Box. »Ben und ich haben Schluss gemacht.«

Moment mal.

»Was ist passiert?«, frage ich.

Sie zuckt mit den Schultern. »Ich hab ihn beim Knutschen mit seiner Ex erwischt.«

Das hier geschieht wirklich.

»Wo?«, hake ich nach und stelle mir Ben im Schatten von Rettungsschwimmerstation 27 vor.

»Am Strand. Hinter einer der Rettungsschwimmerstationen.« Sie stößt ein abschätziges Schnauben aus und verdreht die Augen.

Auf einmal fühle ich mich wieder genauso wie schon vor ein paar Stunden. Schwindelig und erschöpft. Völlig verstört.

Ich setze mich auf ihre Bettkante.

»Es ist wirklich keine große Sache, Evie«, fügt sie hinzu.

»Wie kannst du so was sagen?«

»Weil es keine große Sache *ist*. Es gibt noch jede Menge andere Typen.«

»Aber warum gibst du dich überhaupt mit Typen ab?«, frage ich.

Sie hört auf, sich abzuschminken, und dreht sich zu mir

um. »Nicht jede kann so sein wie du, Evie. Ich habe echte menschliche Gefühle.«

»Was soll das denn heißen?«

Sie wendet sich wieder dem Spiegel zu. »Das Einzige, was du fühlst, ist Wut auf Dad.«

So oft schon habe ich ihr im vergangenen Jahr erzählen wollen, dass Dad ein Verhältnis mit einer anderen Frau hat. Wenn sie es wüsste, wäre sie genauso sauer auf ihn wie ich. Aber Mom hat mich gebeten, es nicht zu tun. Manchmal denke ich, es wäre barmherziger, es ihr zu sagen. Ist es nicht immer besser, die Wahrheit zu kennen und sich keine Illusionen zu machen?

Ich stehe auf und gehe zur Tür.

Unsere Blicke begegnen sich im Spiegel. Ihr Gesicht ist jetzt ohne jedes Make-up. Obwohl sie behauptet, die Trennung von Ben wäre keine große Sache, wirkt sie traurig auf mich.

»Es tut mir wirklich leid wegen Ben«, sage ich und schlüpfe zur Tür hinaus.

Die Wahrheit ist, dass mich ihre Trennung wahrscheinlich mehr aufwühlt als Danica selbst. Ich verstehe nicht, was mit mir los ist.

Eine Vision zu haben, ist das eine. Etwas völlig anderes ist es, wenn das, was man in dieser Vision sieht, auch tatsächlich eintritt.

KAPITEL 6

Keine Hexe

ALS ICH JÜNGER WAR, ungefähr acht oder neun, dachte ich, Mom wäre eine Hexe. Irgendwie wusste sie ständig Dinge, die sie nicht hätte wissen dürfen. Zum Beispiel wenn ich gerade in der Nase gepopelt und den Popel verschluckt hatte. Oder wenn ich noch unter der Bettdecke las, statt zu schlafen.

Ich dachte, dass sie mich eines Tages, an meinem zehnten Geburtstag vielleicht, zu sich rufen würde, um ein klärendes Gespräch mit mir zu führen.

»Evie«, würde sie sagen, »ich bin eine Hexe, die einer langen Ahnenreihe von Hexen entstammt. Deine Grandma war eine Hexe und ihre Mutter vor ihr und davor deren Mutter.« Dann würde Mom ihre Hand an meine Wange legen und verkünden: »Du bist auch eine Hexe. Eine gute Hexe.« Anschließend würde sie mir alles über meine Zauberkräfte erzählen und was für eine unglaubliche Verantwortung sie darstellen.

Wir haben das Hexengespräch an meinem zehnten Geburtstag nicht geführt. Stattdessen haben sie und Dad mich über die schlimmen Abgründe der amerikanischen Geschichte und über Rassismus aufgeklärt. Sie sagten, ich sollte immer gut auf mich achtgeben und aufmerksam verfolgen, was auf der Welt vor sich geht, aber sie sagten auch, dass ich mein Leben so leben soll, wie ich es möchte. Dass ich froh und furchtlos sein soll.

Das Hexengespräch fand auch nicht an meinem elften Geburtstag statt, genauso wenig wie an meinem zwölften und dreizehnten. An meinem vierzehnten Geburtstag verschwendete ich keinen Gedanken mehr an Hexen und Magie.

Aber vielleicht hätte ich es tun sollen, denn wie soll ich mir sonst erklären, was gestern mit Danica und Ben vorgefallen ist? Vielleicht hat mir Mom Hexenkräfte verliehen, aber vergessen, es mir zu sagen.

»Was ist denn heute los mit dir?«, fragt Martin, der mir am Tisch in der Schulcafeteria gegenübersitzt. Martin ist einer meiner besten Freunde. Er ist sehr hellhäutig und hat blonde Locken, die schneller wachsen, als er mit dem Schneiden nachkommt. Seine Lieblingsklamotten sind Cordhosen und Pullover mit Zopfmuster. Was normal wäre, wenn er ein siebzigjähriger Englisch-Professor wäre, der im nasskalten England auf dem Land wohnt. Es ist weniger normal für einen achtzehnjährigen Jungen, der in Los Angeles lebt, wo die Durchschnittstemperatur eher selten nach Tweed schreit.

Wir sind seit der zweiten Klasse befreundet. Gleich am ersten Tag haben wir denselben Bibliothekskurs besucht und wollten dasselbe Buch ausleihen. Die Bibliothekarin meinte, wir sollten es uns teilen und uns gegenseitig daraus vorlesen. Ein Buch führte zum nächsten.

»Ich glaube, ich verliere den Verstand«, verkünde ich.

Er legt die Hand ans Kinn und sieht mich in seiner üblichen bedächtigen Art an. »Lass hören.«

»Es geht um Danica. Sie und Ben haben Schluss gemacht.«

Er richtet sich ruckartig auf. Martin ist seit der vierten Klasse in Danica verliebt und so total auf sie fixiert wie ein Küken auf die Entenmutter.

»Wann?«

»Gestern Abend.«

Er ballt die Faust und reckt sie vor sich selbst zur Siegerpose. »Was ist passiert?«

»Er hat sie mit seiner Ex betrogen.«

»So ein Mistkerl!«

Ich warte, bis er sich wieder beruhigt hat. Es dauert ein paar Sekunden.

»Du verlierst also den Verstand, weil sie Schluss gemacht haben?«, hakt er nach.

»Nein. Ich meine, ja.«

»Ich bin verwirrt.«

»Ich *wusste*, dass sie Schluss machen würden.«

»Selbstverständlich. Es musste so kommen. Das Schicksal hat sie und mich füreinander bestimmt«, sagt er lächelnd.

»Okay, aber lass das Schicksal mal für eine Sekunde aus dem Spiel«, erwidere ich. »Was ich meine, ist, ich wusste, *wann* sie sich trennen würden. Und *wo*. Und *warum*.« Ich atme tief durch. »Ich wusste das alles, *bevor* sie Schluss gemacht haben.«

Er blinzelt mich extrem langsam an, was er immer tut, wenn er über etwas nachdenkt, das er nicht versteht. »Soll das etwa heißen, du kannst neuerdings die Zukunft vorhersehen?«

»Natürlich nicht.« Ich nehme einen Schluck Kakao. »Das soll heißen, dass ich *glaube*, ich kann vielleicht neuerdings die Zukunft vorhersehen.«

Es folgt ein weiteres sehr langsames Blinzeln seinerseits. »An dieser Stelle fängst du am besten bei ›Es war einmal‹ an und erzählst mir die Geschichte von Anfang bis Ende.«

Ich berichte ihm haarklein, was gestern passiert ist. Dass ich durch Hancock Park geradelt bin, wo ich der alten Frau an der *Kleinen Freien Bibliothek* meine Bücher geschenkt habe, und dass ich dann beim Nachhausekommen mit ansehen musste, wie sich Ben und Danica – ohne etwas von der Welt rings um sie wahrzunehmen – vor der Haustür geküsst haben. Er zuckt bei diesem Detail zusammen, aber ich kann nun mal nichts daran ändern, dass Danica dazu neigt, Menschen zu küssen, die nicht Martin sind.

Ich erkläre ihm, dass es mir vorkam, als würde ich einen

Film anschauen, als ich die Vision hatte. In der ersten Szene bat Ben Danica um eine Verabredung. In der nächsten küssten sie sich vor meinen Augen auf dem Treppenabsatz. Die dritte zeigte die beiden am Lagerfeuer und die vierte Danica allein in ihrem Zimmer.

Ich halte inne, weil ich seine Reaktion einschätzen will.

Da er mich nicht anguckt, als würde er denken, ich hätte jetzt komplett den Verstand verloren, fahre ich fort. »Aber das Verrückteste ist, als sie gestern Abend nach Hause kam, hat sie mir erzählt, dass sie sich tatsächlich getrennt haben, weil sie ihn am Strand beim Knutschen mit seiner Ex erwischt hat.«

»War sie sehr unglücklich?«, fragt er leise.

»Es ging ihr gut«, antworte ich seufzend. »Aber konzentrier dich bitte. Ich hab das Gefühl, dir entgeht hier der eigentliche riesige springende Punkt.«

»Tut mir leid. Entschuldige«, sagt er. »Du hast also die ganze Geschichte ihrer Beziehung von ihrem Anfang bis zu ihrem Ende gesehen? Vergangenheit, Gegenwart und Zukunft?«

»Ich kapiere nicht, warum du nicht sagst, ich hätte den Verstand verloren.« Ich beuge mich vor. »Ich glaube nämlich, ich verliere den Verstand«, flüstere ich.

»Ich schließe es nicht aus, aber ich ziehe es vor, unvoreingenommen zu bleiben.«

Martins Unvoreingenommenheit ist tatsächlich eine der Eigenschaften, die ich am meisten an ihm schätze. Ich erinnere mich noch an das erste Mal, als ich ihm mit deutlichen Worten klarmachen musste, dass für ihn als Weißen andere Gesetze gelten als für mich. Statt in die Defensive zu gehen, hörte er mir einfach zu.

Würde ich Cassidy (eine meiner besten Freundinnen) von der Vision erzählen, würde sie versuchen, mich in eine vornehme psychiatrische Klinik der gehobenen Preisklasse einweisen zu lassen. Sophie (meine andere beste Freundin) würde mir sämtliche wissenschaftlichen Gründe aufzählen, warum das, was ich ihr sage, nicht möglich sein kann. Aber für Martin ist keine Vorstellung zu abwegig, um in Erwägung gezogen zu werden.

»Ist das mit den Visionen auch noch bei jemand anderem vorgekommen?«, fragt er.

»Nein.«

»Du siehst also jetzt im Moment nicht mein ganzes zukünftiges und vergangenes Liebesleben vor dir?« Er zieht ein paarmal kurz hintereinander vielsagend die Brauen hoch.

»Nicht möglich, da du weder das eine noch das andere hast«, erwidere ich grinsend.

Er lächelt mich an und zeigt mir dabei den Stinkefinger.

»Wie wäre es mit einem Experiment?«, schlägt er nach einer Weile vor. »Vielleicht funktioniert es ja nur bei Paaren.«

»Was meinst du damit? Soll ich etwa die Leute anstarren?«

»Wie wollen wir sonst rausfinden, was mit dir los ist?«

»Na gut.«

Ich lasse den Blick suchend durch die Cafeteria wandern. Zwei Tische weiter sitzen Shelley und Sheldon. Ihre Beziehung ist legendär. Anfangs war sie es bloß wegen ihrer absurd ähnlichen Vornamen. Aber mittlerweile ist sie wegen ihrer Langlebigkeit berühmt. Sie sind seit drei Jahren zusammen, seit Shelley in der Neunten und Sheldon in der Achten war, und werden jedes Jahr zum »Paar, das höchstwahrscheinlich einmal heiraten wird« gewählt.

Ich beobachte sie gut dreißig Sekunden lang, bevor ich mich wieder Martin zuwende. »Nichts.«

Er deutet zu Dwight und Joel, die am Fenster sitzen. »Was ist mit ihnen?«

Ich starre die beiden an wie eine Geisteskranke, bevor ich mich wieder zu Martin drehe. »Auch nichts.«

Ich versuche es noch bei anderen Paaren, ohne Erfolg. Schließlich senke ich den Blick auf meinen Teller und ziehe mit der Gabel kleine Bratensoßenrinnsale durch das Kartoffelpüree. »Ich verliere wirklich den Verstand«, flüstere ich, ohne aufzuschauen.

»Meine Mom würde sagen, es ist gerade einiges los in deinem Leben. Deine Eltern haben sich scheiden lassen, und du hast entdeckt, dass dein Dad ein Verhältnis mit einer anderen Frau hat, ihr seid aus dem Haus ausgezogen, in dem du aufgewachsen bist, und es ist dein zweites Halbjahr in der letzten Klasse, das heißt, du stehst kurz vor deinem Schulabschluss. Meine Mom würde sagen, der Stress bringt dich um.«

Martins Mom ist Psychiaterin. Definitiv würde sie das

alles sagen und dann zu einem ihrer Vorträge darüber ansetzen, dass wöchentliche Therapiesitzungen für jedermann verpflichtend sein sollten, ganz besonders jedoch für Schüler der Middleschool und der Highschool.

»Und deine Mom will immer noch nicht über irgendwas reden?«, fragt Martin mitfühlend.

»Sie findet nicht, dass es irgendwas zu bereden gibt. Danica genauso wenig. Ich bin die Einzige, bei der es hakt.« Unwillkürlich brennen mir Tränen in den Augen.

Martin gibt mir eine Serviette, noch bevor ich nach einer Ausschau halten kann. Ich tupfe mir schnell über die Augenwinkel, weil ich nicht möchte, dass irgendjemand etwas mitbekommt.

Mein Blick wandert wieder zu Shelley und Sheldon. Sie sitzen jetzt nebeneinander, schauen sich aber nach wie vor verliebt an. Shelley lehnt sich an Sheldon, drückt ihre Schulter an seine. Er legt den Arm um sie und sie küssen sich.

Und ich sehe.

KAPITEL 7

Shelley und Sheldon

EIN SONNIGER MORGEN IN Mr Armstrongs Unterrichtsraum für Amerikanische Geschichte. Er geht durch die Reihen und passt auf, dass niemand schummelt. Sobald er ihnen den Rücken zugedreht hat, schiebt Sheldon Shelley einen Zettel zu. Shelley entfaltet ihn und kichert. Die Nachricht darauf lautet:

Hast du Lust auf eine Verabredung mit mir?
- ❏ Ja!
- ❏ Ja!!
- ❏ Ja!!!
- ❏ Alle Aussagen treffen zu!

Sie zückt ihren Stift und kreuzt alle Antworten an, einschließlich »Alle Aussagen treffen zu!«.

Abends bei Dämmerung auf einem Riesenrad hoch über dem Santa Monica Pier. Anstatt die Aussicht zu bewundern, schaut Shelley Sheldon an, wendet aber den Blick ab, wenn er sie dabei ertappt. Sheldon schaut Shelley an, wendet aber den Blick ab, wenn sie ihn dabei ertappt. Sie machen das eine ganze Weile so. Die Riesenrad-Sitzbank ist breit genug, dass sie sich nicht berühren müssen, aber beiden ist anzusehen, dass sie es gern möchten.

Schließlich reibt sich Shelley in einem vorgetäuschten Frösteln über die nackten Arme und schaudert.

Sheldon rutscht näher zu ihr und legt den Arm um ihre Schultern. Der Riesenradführer sieht, dass sie sich küssen, und wirft sie erst raus, nachdem sie sechs oder sieben Runden gedreht haben.

Dieser Moment jetzt: Shelley und Sheldon küssen sich kurz und verstohlen in der Schulcafeteria.

Shelley liest auf ihrem Laptop das Annahmeschreiben des College, für das sie sich beworben hat. Sheldon liest über ihre Schulter hinweg mit. Beide freuen sich für sie und sind froh. Aber auch traurig.

Sheldon hilft Shelley beim Packen fürs College. Er findet seinen alten »Hast du Lust auf eine Verabredung?«-Zettel in ihrer Schreibtischschublade. Er steckt ihn in ihren Koffer, damit sie ihn später findet.

Sheldon liest eine Mail von Shelley. Die Betreffzeile lautet »Es tut mir leid«.

Sheldon sitzt allein im Riesenrad hoch über dem Santa Monica Pier, niemanden neben sich, der gewärmt werden muss.

KAPITEL 8

Zoltar

DIE VISION ENDET UND ich bin wieder in der Schulcafeteria. Martin starrt mich mit großen Augen gespannt
an. »Es ist gerade wieder passiert, oder?«

Ich nicke. »Sie werden sich trennen.« Ich deute mit dem
Kinn zu Shelley und Sheldon.

Er schaut zu ihnen hinüber und dann wieder mich an.
»Nie im Leben! Die beiden sind füreinander bestimmt.«

»Nein. Sind sie nicht.«

Ich erzähle ihm genau, was ich gesehen habe: den Zettel,
auf dem er sie fragt, ob sie Lust auf eine Verabredung hat,
ihr erstes Date im Riesenrad, die Zusage ihres College, wie
er ihr beim Packen hilft und am Ende dann irgendwann
alleine im Riesenrad sitzt.

»Ich glaube, die Vision hängt mit dem Kuss zusammen«,
flüstere ich. »Der einzige Unterschied zwischen dem ersten

Mal, als ich zu ihnen hingeschaut habe, ohne etwas zu sehen, und dem zweiten Mal ist die Tatsache, dass sie sich jetzt geküsst haben.«

Martin nickt, als sei er darauf auch schon gekommen. »Okay, okay. Wir müssen versuchen zu verstehen, womit wir es hier zu tun haben.«

Ich bin froh, dass er logisch denkt, denn ich bin dazu nicht in der Lage. Ich weiß nur, dass unmöglich sein kann, was mit mir passiert. Nur dass es möglich ist, denn es passiert mir ja.

»Wir müssen wissen, ob das, was du siehst, auch wirklich wahr ist.«

»Das wissen wir doch längst«, erwidere ich. »Danica und Ben, du erinnerst dich?«

»Aber sie ist deine Schwester, und ihn kennst du doch auch schon ein bisschen, stimmt's? Shelley und Sheldon kennst du überhaupt nicht.«

»Und was soll ich deiner Meinung nach tun? Zu ihnen rübergehen und Shelley fragen, ob sie vorhat, Sheldon nächstes Jahr das Herz zu brechen, wenn sie von hier weg und aufs College geht?«

Er schnippt mit den Fingern. »Ich hab eine Idee!« Er schiebt sich hinter dem Tisch hervor und steht auf. »Paare lieben es, anderen ihre Kennenlern-Geschichte zu erzählen.« Er geht rüber und setzt sich zu den beiden.

Nach ein paar Sekunden beginnt Shelley zu strahlen und Sheldon ebenfalls.

Es dauert nur fünf Minuten, bis Martin zurückkommt.

»Alles, was du mir über ihre erste Verabredung erzählt hast, trifft zu«, verkündet er erstaunt und ungläubig zugleich. »Erzähl mir noch mal *ganz genau,* was gestern passiert ist. Lass nichts aus.«

Ich erzähle ihm noch einmal alles haarklein.

Er stellt mir jede Menge Fragen über die alte Frau und die *Kleine Freie Bibliothek*:

> »Anfangs hast du die Frau nicht gesehen und dann war sie plötzlich da?«

> »Du hast ein Buch über... *Gesellschaftstanz* gefunden?«

> »Als du dich noch mal nach ihr umgedreht hast, war sie einfach verschwunden?«

Auf diese Weise aneinandergereiht geben mir seine Fragen das Gefühl, ich hätte wissen müssen, dass da etwas nicht stimmt. Aber wieso hätte ich überhaupt davon ausgehen sollen, dass irgendetwas nicht stimmt?

Er stiert gedankenverloren durch die Cafeteria. Nach einer Weile lacht er und schüttelt den Kopf. »Ich glaube, du wurdest zoltarisiert«, sagt er.

»Wovon redest du?«

»Kennst du den Film *Big* mit Tom Hanks?«, fragt er.

»Wurde dieser Film in den letzten zwanzig Jahren gedreht?«

»Es ist ein Klassiker.« Sein antiquierter Geschmack ist

Martin kein bisschen peinlich. Neben alten Filmen begeistert er sich für alte Songs, alte Bücher und Klamotten, die bestenfalls alte Männer tragen. Heute zum Beispiel hat er einen mindestens zehntausend Jahre alten Tweed-Blazer mit Ellbogen-Flicken an.

»Hör mir einfach zu«, sagt er. »*Big* handelt von einem zwölfjährigen Jungen, der auf dem Jahrmarkt ein Mädchen beeindrucken will und sich damit brüstet, auf einer der großen Achterbahnen mitgefahren zu sein. Da er aber offenkundig noch zu klein ist, um darauf mitfahren zu dürfen, macht sich seine Angebetete über ihn lustig. Wütend und enttäuscht wendet er sich ab und geht über den Jahrmarkt davon. Irgendwann stößt er auf einen dieser uralten Wahrsager- und Wunscherfüllungs-Automaten.«

»Lass mich raten, der Automat heißt Zoltar?«

»Gut kombiniert. Jedenfalls wirft der Junge eine Münze ein und wünscht sich, groß zu sein. Zoltar arbeitet und rotiert und wirft einen Zettel aus, auf dem steht, dass ihm sein Wunsch erfüllt werden wird. Der Junge ist im Begriff zu gehen, als er entdeckt, dass der Automat die ganze Zeit über keinen Strom hatte, weil er nicht eingesteckt war. Aber wie konnte er dann etwas ausspucken?«

»Und was passiert dann?«

»Am nächsten Morgen wacht er auf und ist erwachsen.«

Beide sitzen wir eine Minute lang schweigend da. Ich verbinde die östlichen und westlichen Nebenflüsse in meinem Kartoffelpüree miteinander. Nach einer Weile ertönt der Gong, der verkündet, dass in vier Minuten der

Unterricht beginnt, und wir machen uns auf den Weg zur Tür.

»Im wirklichen Leben gibt es keine Magie, Martin.«

»Das ist mir klar.«

»Ach ja?«

»Ja.«

»Kommt mir nicht so vor«, erwidere ich.

Ich blicke mich ein letztes Mal nach Shelley und Sheldon um. Anstelle des glücklichen Paares habe ich jetzt Sheldon allein im Riesenrad hoch über Santa Monica vor Augen.

»Hast du dieses Tanzbuch noch?«, fragt Martin.

Mir fällt ein, dass ich es gar nicht aus meinem Rucksack ausgepackt habe. Ich hole es heraus, blättere es durch und streiche mit den Fingern über die Illustrationen. Soll ich mir etwa selbst das Tanzen beibringen?

Martin nimmt mir das Buch aus der Hand und blättert es ebenfalls durch. Er hält inne und dreht sich zu mir um. »Ich glaube, jetzt verstehe ich«, sagt er gedehnt. »Aber du musst aufgeschlossen und unvoreingenommen bleiben.«

»Ich könnte nicht aufgeschlossener sein«, erwidere ich.

Er hält das Buch so, dass ich sehen kann, was er sieht. Auf der letzten Seite prangt ein Stempel: *Der ehrliche Finder wird gebeten, dieses Buch zurückzubringen.* Darunter steht die Adresse einer Lokalität namens La Brea Dance.

»Das ist es.« Martin klingt sehr aufgeregt und sehr entschieden. »Das ist es, was du meiner Meinung nach tun solltest.«

KAPITEL 9

Ein derart schändlicher Einfluss

DER WEBSITE ZUFOLGE IST La Brea Dance ein kleines Tanzstudio, das auf Gesellschaftstanz spezialisiert ist, den man dort sowohl in Gruppen- als auch in Einzelstunden lernen kann. »Für Hochzeiten! Partys! Oder einfach nur aus reiner Lust am Tanzen!« Es gehört einem älteren Schwarzen Ehepaar namens Archibald und Maggie Johnson. Auf der Seite ist ein kleines Schwarz-Weiß-Foto von ihnen abgebildet, darauf schauen sie einander lächelnd in die Augen.

Es stellt sich heraus, dass ich schon Dutzende Male an diesem Studio vorbeigefahren bin, ohne dass es mir aufgefallen ist, denn es liegt nur zehn Minuten von unserer Wohnung entfernt auf der Strecke, die ich jeden Morgen zur Schule nehme.

Ich springe vom Rad ab und schaue mich nach einem

Fahrradständer um, an den ich es anschließen kann, aber natürlich gibt es keinen. Ich werde es also mit reinnehmen müssen. Wie es aussieht, befindet sich das eigentliche Studio am Ende einer langen, schmalen und steilen Treppe. Ich nehme mein Rad und beginne den Aufstieg.

Fast jeder Zentimeter Wand im Treppenhaus ist mit Tanz-Devotionalien gepflastert. Ein wenig kommt es mir vor, als würde ich in einen Tanzhimmel aufsteigen. Da prangt ein Poster mit einem Motiv aus einem Film namens *Swing Time* mit Fred Astaire und Ginger Rogers. Dort das *Mad Hot Ballroom*-Poster, auf dem zwei überlebensgroße dunkelhäutige Kids vor der Skyline von New York City tanzen. Es gibt Tanzpokale, Siegesmedaillen und gerahmte Urkunden. Oben in Höhe der letzten Stufen hängt ein Poster, auf dem in Lebensgröße ein Mann und eine Frau unbestimmten Alters abgebildet sind, die einander eng umschlungen halten. Die Frau trägt ein scharlachrotes Kleid und High Heels in der gleichen Farbe, der Mann einen blendend weißen Smoking. Ich glaube, der gequälte Ausdruck auf ihren Gesichtern soll Leidenschaft ausdrücken, wirkt aber eher wie echte körperliche Qual. Vermutlich werden die Schmerzen von den nachträglich mit einem Bildbearbeitungsprogramm eingefügten Flammen verursacht, durch die sie hindurchtanzen. Der Titel am oberen Bildrand des Posters lautet *Spüre das Feuer der Leidenschaft*. Am unteren Bildrand steht in die Flammen hineingeschrieben *Tango Argentino*.

Endlich oben, lehne ich mein Rad an die Wand und

dehne meine schmerzenden Arme. Unmittelbar vor mir befindet sich ein kleines Empfangsbüro mit einem Fenster, hinter dem aber niemand sitzt. Auf dem Sims liegen Broschüren für alle möglichen Tänze aus – Salsa, Bachata, Walzer und so weiter. Ich nehme mir jeweils eine und blättere sie durch, während ich darauf warte, dass sich jemand an der Rezeption blicken lässt. Hin und wieder öffnet sich irgendwo auf dem Flur eine Tür und Salsamusik weht zu mir heraus. Ich warte zehn Minuten, bevor ich beschließe, die winzige Glocke auf dem Tresen zu betätigen.

Eine Frau, sehr klein und hellhäutig und mit kurz geschnittenem pechschwarzem Pony, stürmt mit laut knallenden Absätzen über den Flur auf mich zu. Sie trägt ein erstaunlich rotes Kleid mit asymmetrisch geschnittenem Rock, der mit langen (ebenfalls erstaunlich roten) Fransen bedeckt ist, und farblich perfekt dazu passende hellrote Riemchen-Stilettos. Die Fransen schwingen bei jedem ihrer knallenden Schritte wild hin und her. Sie ist eine Feuerwerksrakete in Menschengestalt.

Im Büro angekommen, schnappt sie sich als Erstes das Glöckchen vom Empfangstresen und pfeffert es in eine Schublade. Zufrieden späht sie durch die Scheibe und lächelt mich – unfassbarerweise angesichts der Situation mit den knallenden Schritten und dem Glöckchen – freundlich an. »Du interessierst dich für Walzer, wie ich sehe.«

Nur klingt es bei ihr wie: *Du intärrässierst dich fürr Walzer, wie ich säähe.* Ihr Akzent ist irgendwie osteuropäisch und sehr stark.

»Was? Nein!« Ich lege die Broschüren weg, öffne meinen Rucksack und ziehe das Buch *Tanzen lernen* heraus. »Ich bin nur gekommen, um das hier abzugeben«, sage ich. »Da steht, man soll es an diese Adresse zurückbringen.«

Sie nimmt das zerfledderte Ding an sich und blättert es genau zwei Sekunden lang durch, bevor sie es gleichfalls beiseitepfeffert. »Komm mit, Samstagmorgen ist päärrfääkter Zeitpunkt. Weltbester Walzerunterricht fängt an.«

Sie beginnt, über den Flur zurückzueilen.

»Moment«, sage ich. »Ich kann doch mein Fahrrad nicht einfach hier stehen lassen.«

Sie öffnet eine Tür mit dem Schild *Studio 5* und erklärt, da drin könne ich es abstellen, dort sei es sicher.

Nachdem ich mein Rad an eine Wand gelehnt habe, gehen wir den Flur entlang zu einem weiteren Studio, dessen Tür sie für mich öffnet. Als ich zögere, stampft sie mit dem Fuß auf. »Willst du lernen oder nicht?«

Im Geiste höre ich Martin, der mich beschwört, aufgeschlossen und unvoreingenommen zu bleiben. Ich rufe mir in Erinnerung, dass ich hergekommen bin, um herauszufinden, was mit mir los ist, und dass der Hinweis auf dieses Tanzstudio der einzige ist, den ich habe.

»Ja, ich will lernen«, antworte ich und trete ein.

Das Studio ist ein großer Saal mit Parkettboden und umlaufenden Stangen an den Wänden und Spiegeln, die vom Boden bis zur Decke reichen. Hinten im Raum bei den Fenstern stehen etwa zwanzig Leute zu Paaren zusammen.

»Sind Schüler«, sagt die Frau. »Die meisten bald feiern Hochzeit und brauchen Walzer für Eröffnungstanz.«

Die Schüler sind fast alle Ende zwanzig oder Anfang dreißig. An einigen Fingern entdecke ich Verlobungsringe. Manche Paare scheinen es kaum erwarten zu können, andere wirken nervös und angespannt. Ich hoffe nur, ich sehe keins sich küssen.

Die Frau dreht sich zu mir um. »Aber wo ist Freund? Gesellschaftstanz man kann nicht tanzen alleine.«

»Ich habe keinen Freund.«

»Warum nicht?«

Fragt sie mich jetzt ernsthaft nach meinem Liebesleben? Glücklicherweise betritt nun das ältere Ehepaar, dessen Foto ich gestern Abend auf der Website gesehen habe, den Raum. Feuerwerksrakete wendet ihre Aufmerksamkeit den beiden zu, was mich davor rettet, vor versammelter Mannschaft erklären zu müssen, warum ich keinen Freund habe.

»Willkommen bei La Brea Dance«, begrüßt uns Maggie, die ältere dunkelhäutige Frau.

Ich glaube, ich habe in meinem ganzen Leben noch nie jemanden mit einer derart majestätischen Ausstrahlung gesehen. Sie wirkt, als hätte sie soeben den Thron eines kleinen, aber mächtigen karibischen Inselstaates bestiegen. Ihre dicken grauen Dreadlocks hat sie auf dem Kopf zusammengesteckt, ein paar vereinzelte lose Strähnen umrahmen ihr strahlendes braunes Gesicht. Sie trägt ein hochgeschlossenes Ballkleid aus hellblauer, paillettenbesetzter Spitze, Tüll und (da bin ich mir ziemlich sicher) den durchscheinenden Flügeln echter Elfen.

Ihr Mann Archibald ist sehr schlank und groß und hat eine Glatze und einen grau melierten Schnurrbart. Er trägt einen weißen Smoking mit weißen Hosenträgern und eine hellblaue Fliege, die perfekt die Farbe von Maggies Kleid aufnimmt. Er sieht so unglaublich schmuck aus, dass ich mir sicher bin, das Wort *schmuck* wurde überhaupt nur seinetwegen erfunden.

Er klatscht in die Hände. »Heute werden Sie sowohl den klassischen Englischen Walzer lernen, der langsam und langweilig ist, als auch den schnelleren und wesentlich interessanteren Wiener Walzer.«

»Aber keine Angst«, sagt Maggie. »Noch niemand ist am Walzertanzen gestorben.«

»Wobei es durchaus einmal eine Zeit gab, in der man dafür verfolgt wurde«, fügt Archibald hinzu.

Er gibt uns eine kleine Einführung in die Entstehungsgeschichte des Walzers und erklärt, dass der Walzer der älteste der klassischen Gesellschaftstänze ist, einst als Bauerntanz in Wien im achtzehnten Jahrhundert seinen Anfang nahm und seinen Namen von dem alten deutschen Wort *walzen* hat, was so viel bedeutet wie »sich drehen oder gleiten«.

Archibald schiebt die Hände in die Hosentaschen und wippt auf den Füßen vor und zurück. Seine leuchtenden Augen verraten mir, dass er jetzt zu seiner Lieblingsstelle kommt. »Als der Walzer in die gehobenen Kreise eingeführt wurde, war er anfangs überall verschrien. Kirchenoberhäupter und Gläubige fanden ihn vulgär und sündhaft.« Er zeigt auf Maggies Kleid und fährt fort. »Da die Damen beim Tanzen lange Ballkleider trugen, mussten sie mit der Hand einen Rockzipfel hochhalten, um nicht über den Saum zu stolpern. Kann mir jemand sagen, wieso das ein Problem darstellte?«

Niemand kann es, also beantwortet er seine Frage selbst: »Die Fußknöchel waren das Problem. Ungemein verführerische Fußknöchel.«

Maggie lüpft einen Zipfel ihres Kleids und wackelt wie zum Beweis mit dem Fuß. Alle lachen.

Er erzählt uns, dass beim Aufkommen des Walzers in England eine britische Zeitung den Tanz für so »obszön« befand, dass sie sogar einen Leitartikel druckte, der Eltern eindringlich davor warnte, ihre Töchter einem »derart schändlichen Einfluss« auszusetzen.

Er lächelt. »Ist es nicht lustig, wie sich mit der Zeit alles ändert?«

Maggie geht zum Plattenspieler und setzt die Nadel auf. Archibald dimmt das Licht. »Fallin'« von Alicia Keys erklingt und sie beginnen zu tanzen.

Ich habe schon Tanzshows im Fernsehen angeschaut, aber das lässt sich nicht mit der Dramatik und der Romantik vergleichen, im wirklichen Leben dabei zu sein. Es ist nicht nur so, als würden die beiden mit ihren Körpern eine Geschichte erzählen, sondern vielmehr, als tanzten sie ein Gefühl. Als sie zum Wiener Walzer übergehen, scheinen sie geradezu über den Boden zu schweben. Sie tanzen an mir vorbei und Maggies Ballkleid wirbelt einen kleinen Tornado zu meinen Füßen auf.

Ich bin wie verzaubert. Alle sind es. Einige Paare rücken enger zusammen, hingerissen von dieser Magie. Als der Song endet, zieht Archibald Maggie noch ein letztes Mal in eine Drehung und senkt sie in eine Rückwärtsbeugung. Ein Seufzen geht durch den Saal, dann herrscht sekundenlang Stille, bevor tosender Applaus ausbricht.

Ich klatsche euphorisch mit, aber hauptsächlich beobachte ich die beiden. Ich glaube nicht, dass sie den Beifall überhaupt wahrnehmen. Ich glaube nicht, dass sie irgendetwas anderes wahrnehmen außer einander. Sie halten immer noch ihre geneigte Position, seine Hand an ihrem Rücken, ihr Arm auf seiner Schulter. Sie atmen schwer und strahlen sich mit so viel Liebe an, dass es fast schon wehtut, ihnen zuzusehen. Es vergehen noch ein paar Sekunden, bevor sie sich schließlich aufrichten, um sich vor uns zu verbeugen. Wir alle jubeln ihnen so laut zu, dass man denken könnte, jemand hätte einen Dreipunktewurf im Basketball versenkt, und nicht einen Walzer getanzt.

Feuerwerksrakete führt mich aus dem Studio, bevor der eigentliche Unterricht beginnt.

Sie dreht sich zu mir um, sobald wir auf dem Flur sind. »Wie heißt Wort, das ihr Amerikaner benutzt dauernd? *Fantastisch.* Sie sind fantastisch, oder?«

»Ich habe so etwas noch nie gesehen«, sage ich und meine damit nicht bloß ihr Tanzen.

Wieder an der Rezeption, setzt sie sich an den PC.

»Wie ist Name?«, erkundigt sie sich und wackelt mit den Fingern, die sie erwartungsvoll über der Tastatur schweben lässt.

»Evie«, erwidere ich, füge aber hastig hinzu, dass ich mich jetzt noch nicht für den Unterricht anmelden möchte.

»Aber wenn jetzt nicht, wann dann?«, fragt sie. »Du könntest auch kommen ohne Freund.«

»Ich brauche einfach noch etwas Zeit, um darüber nachzudenken«, antworte ich ausweichend.

Sie seufzt enttäuscht und starrt auf den Bildschirm. »Tja, hat mich trotzdem gefreut, dich kennenzulernen.« Sie steht auf, verlässt das Büro und eilt wieder über den Flur zurück.

Ich steuere auf Studio 5 zu, wo ich mein Rad abgestellt habe, und höre von drinnen das durchdringende Schrillen der Fahrradklingel. Ich zögere. Das Licht ist nicht eingeschaltet, was bedeutet, dass jemand, der nicht ich ist, mit meinem Rad in einem dunklen Studio herumkurvt.

Die Tür steht einen Spaltbreit offen. Ich gehe näher heran.

»Es tut mir leid, Jess. Nein, nicht weinen. Bitte, wein doch nicht«, fleht eine Jungenstimme.

Ach du Scheiße. Ich bin mir ziemlich sicher, dass ich gerade eine Schluss-mach-Szene belausche. Ich warte ab und mache mich darauf gefasst, eine schniefende Antwort zu hören, bis mir klar wird, dass der Junge vermutlich telefoniert.

»Ich wollte nicht Schluss… Ja, du hast recht, ich bin ein Mistkerl… Es tut mir leid, Jess… Nein, ich wusste nicht, dass du dir eins gekauft hast… Moment mal, *wann* hast du dir ein Kleid gekauft?… Gestern?«

Das Belauschen dieses Gesprächs erinnert mich an die Visionen. Warum bloß bin ich dazu verurteilt, die tiefsten Geheimnisse anderer Menschen zu kennen?

Es gibt vieles, das ich jetzt lieber täte, als das Licht einzuschalten und in diesen Gefühlsaufruhr reinzuplatzen. Aber ich brauche mein Fahrrad, damit ich nach Hause komme und den enttäuschenden Abstecher hierher vergessen kann.

»Mensch, Jess, wir sind jetzt seit fast zehn Monaten nicht mehr zusammen«, sagt die Stimme. »Ich bin nicht mal mehr auf der Schule. Warum kaufst du dir ein Kleid für den Abschlussball?… Schon gut… Ja, wir reden später. Nicht weinen, okay? Okay. Es tut mir leid.«

Meine Klingel schrillt erneut und das Licht im Studio geht flackernd an. Ich betrachte es als mein Signal dafür, dass die Unterhaltung beendet ist, und stoße die Tür auf. Genau wie das andere Studio hat auch dieses deckenhohe Spiegel an den Wänden, daher sehe ich nicht nur *einen* Jungen auf meinem Fahrrad langsam durch den Raum fahren, sondern viele.

Das Erste, was mir an ihm auffällt, ist sein Gesicht: braune Haut, dunkle Augen und markante Wangenknochen. Das Zweite, was mir an ihm auffällt, ist seine Größe. Er ist sehr groß. Wirklich unfassbar groß. Er wirkt lächerlich auf meinem kleinen Fahrrad. Das Dritte, was mir auffällt, sind seine Haare – lange, schmale Dreadlocks, blau gefärbt und auf dem Kopf zusammengebunden. Er ist also womöglich nicht ganz so groß, wie ich dachte, weil mindestens sieben Zentimeter auf das Konto seiner hochgetürmten Haare gehen. Das Vierte sind seine Hände, die so riesig sind, dass die Lenkergriffe komplett darin verschwinden. Das Fünfte, was mir auffällt, ist die Tatsache, dass mir eine Menge Dinge an ihm auffallen, weshalb ich sofort damit aufhöre.

»Ähm«, sage ich.

Er schwingt sein absurd langes Bein über den Sattel, springt ab und neigt den Lenker in meine Richtung. »Ich vermute mal, das ist deins.«

Ich gehe ein paar Schritte ins Studio. »Hast du den Sattel verstellt?«

»Ja, sorry«, sagt er. »Lange Beine.« Er hebt ein Bein in die Luft und wackelt demonstrativ damit. Um zu zeigen, wie groß er ist.

Mir fällt noch mehr an ihm auf.

Er hat Ripped Jeans an, schwarze Canvas-Schuhe und ein petrolfarbenes T-Shirt, auf dem die Strichzeichnung eines Einhorns prangt. *Nicht das Einzige* steht in Kursivschrift darunter. Mehr Hipster ging wohl nicht? Gefärbte Dreads, zerrissene Jeans, Turnschuhe aus dem vorigen Jahrhundert und ein T-Shirt mit einem dämlichen Ironie-Spruch. Jedes einzelne Merkmal für sich hätte schon ausgereicht. Vier sind echt zu viel. Er ist ein Hipster-Overachiever.

»Schönes Rad übrigens«, sagt er, als ich den Lenker übernehme. »So eins hab ich noch nie gesehen. Was für ein Modell ist das?«

»Ein Beach-Cruiser.« Ich frage mich, wie es sein kann, dass er noch nie einen gesehen hat. Man sieht sie überall an jedem Strand in Südkalifornien. Es stimmt allerdings, dass mein Rad besonders schön ist. Es hat Fransen an den Griffen, einen geräumigen Weidenkorb am Lenker, Schutzbleche und einen Rahmen mit tiefem Einstieg, sodass ich auch damit fahren kann, wenn ich einen Rock anhabe, ohne aller Welt zu präsentieren, was ich drunter trage. Dad hat es mir zum Geburtstag gekauft, bevor alles auseinandergebrochen ist.

Ich klappe den Seitenständer aus, damit ich meinen Sattel von Riesen-Hipster-Jungengröße auf Nicht-Riesen-nicht-Hipster-Mädchengröße runterdrehen kann.

»Ich hätte ihn schon wieder richtig eingestellt, wenn ich damit fertig gewesen wäre ...«

»... Jess das Herz zu brechen«, beende ich seinen Satz für ihn mit etwas, das er vermutlich gar nicht sagen wollte.

Er wendet verlegen den Blick ab und umfasst seinen Nacken vollständig mit nur einer riesigen Hand. Auf der Unterseite seines Oberarms prangt ein Tattoo. Entweder ist es ein X oder ein Pluszeichen. Hipster-Merkmal Nummer fünf auf der Liste abgehakt.

»Ich heiße übrigens X«, sagt er.

Ich hebe den Blick von seinem Trizeps. »Ein E gefolgt von einem x, wie bei Ex?«

»Nur ein X. Die Abkürzung von Xavier. Alle nennen mich X.«

»Dann ist das Tattoo auf deinem Arm also ein X? Lässt man sich normalerweise nicht einen anderen Namen als den eigenen stechen?«

Er hebt den Arm und mustert stirnrunzelnd seinen Trizeps. »Damit bin nicht ich gemeint. Ich spiele in einer Band, die X-Machine heißt.«

»Ach. Dann ist die Band also nach dir benannt?« Ich weiß nicht, warum ich so kratzbürstig bin. Wegen dieser Jess vielleicht.

Er legt die Stirn noch tiefer in Falten und schaut etwas ratlos. »Es ist einfach nur ein cooler Name.«

Ich habe meinen Sattel wieder auf die richtige Höhe heruntergedreht und klappe den Ständer weg. »Also dann, war nett ...«

»Wie heißt du?«, fragt er.

»Yvette.« Keine Ahnung, warum ich nicht Evie sage.

»Danke, dass ich mir dein Fahrrad ausleihen durfte, Yvette«, sagt er mit einem Lächeln, das so spektakulär ist, dass mein Verstand (kurzzeitig) aussetzt.

Streng genommen ist sein Lächeln alles andere als makellos. Zwischen seinen Vorderzähnen ist eine kleine Lücke, und die rechte Hälfte seines Gesichts zerknautscht beim Lächeln etwas zu stark, sodass es schief wirkt. Trotzdem zweifle ich nicht daran, dass es Wunder für ihn wirkt. Es verschafft ihm Bestnoten für eher mittelmäßige Arbeiten und Zutritt in ausverkaufte Konzerte und Telefonnummern von Staatsoberhäuptern. Wenn die Zeit gekommen ist, wird es ihm Zutritt zum Himmel verschaffen, obwohl er eindeutig in die andere Richtung gehören müsste.

Es ist ein Lächeln, das ihm ganz hervorragende Dienste leistet. Ich weiß es, weil es seine Dienste bei mir ganz hervorragend leistet.

Ich zwinge meine Gehirnzellen dazu, ihre Arbeit wieder aufzunehmen, und mache mir bewusst, dass er nicht mein Typ ist.

Hauptsächlich deshalb nicht, weil ich keinen bestimmten Typ habe. Nicht mehr.

Und selbst als ich noch einen bestimmten Typ hatte, war es nie jemand so … Auffallendes. Groß, hipster-heiß und in einer Band? Ich meine, damit ist er doch das Paradebeispiel eines Herzensbrechers, oder? Erst vorhin war er dabei, jemandem buchstäblich das Herz zu brechen. Was spielt es schon für eine Rolle, dass er dabei aufrichtig gequält gewirkt hat?

»Okay«, sage ich. »Ich muss dann jetzt los.«

Er zieht eine Augenbraue hoch und fast hätte ich laut gelacht. Für eine Sekunde komme ich mir vor wie eine der Protagonistinnen in meinen Liebesromanen. Eine einzelne Augenbraue hochzuziehen, ist ein typisches Merkmal männlicher Charaktere im klassischen Liebesroman.

Ich nehme mein Rad und mache mich auf den Weg nach draußen, wobei ich mir einschärfe, dass ich mich nicht in einem Liebesroman befinde.

KAPITEL 10

Typische Merkmale männlicher Charaktere im klassischen Liebesroman – Eine Liste ohne Anspruch auf Vollständigkeit

- Zuvor erwähnte erstaunliche Fähigkeit, nur eine einzelne Augenbraue hochzuziehen.
- Tendenz zu grinsen oder schief oder zerknirscht zu lächeln.
- Unfähigkeit, richtig sitzende Klamotten zu wählen. T-Shirts sind häufig zu eng und spannen sich auf irritierende Weise über einen muskulösen Brustkorb und gut geformte Bizepse.
- Außergewöhnliche Augenfarbe. Typischerweise mit Einsprengseln einer anderen Farbe. Zum Beispiel: »Seine Augen sind smaragdgrün mit goldfarbenen Sprenkeln.«

KAPITEL 11

Die Formel für Herzschmerz

WIE SICH HERAUSSTELLT, küssen sich ständig und überall irgendwelche Leute.

Ständig. Und. Überall.

Noch am selben Tag passiert es wieder. Ich stehe im Supermarkt vor dem Regal mit den Backzutaten und nehme die (original tahitianischen) Vanilleschoten aus dem Regal, die Mom haben möchte, als in meiner Nähe ein Mann laut über den Unterschied zwischen Backpulver und Backnatron nachgrübelt. Seine Freundin sagt daraufhin, es sei echt niedlich, was er alles nicht wüsste. Sie beugt sich vor und küsst ihn. In dem Moment spult sich die ganze Geschichte ihrer Beziehung vor meinem inneren Auge ab, genau wie bei Danica und Ben und wie bei Shelley und Sheldon.

Der Mann und die Frau haben sich über eine Dating-App kennengelernt und hatten ihr erstes Date in einem

Coffeeshop. Als er zum ersten Mal »Ich liebe dich« gesagt hat, tat er es in Form einer Textnachricht mit vielen Rote-Herz-Emojis. Woraufhin sie ihn sofort anrief und sagte, sie liebe ihn auch. Sie gingen gemeinsam Ringe kaufen. Er machte ihr im selben Coffeeshop, in dem sie ihr erstes Date hatten, einen Heiratsantrag.

Sehr bald wird man ihm einen Job irgendwo in Südamerika anbieten. Er wird ihr sagen, dass er Schluss machen will, um den Job anzunehmen und zu neuen Abenteuern aufzubrechen. Sie wird einwenden, dass die Ehe aber doch genau das wäre: ein neues Abenteuer. Er wird dagegenhalten, dass die Ehe zwar ein Abenteuer sei, aber keins, das er wagen wolle, zumindest jetzt noch nicht und nicht mit ihr.

Der Rest der Woche vergeht auf die gleiche Weise. Jeden Tag habe ich mindestens eine Vision. Ich staune über die vielen verschiedenen Arten, wie Menschen zusammenkommen.

Da ist das Mädchen, das dreimal hintereinander denselben Film anschaut, um zwischen den Vorführungen mit dem Platzanweiser zu flirten.

Und der Junge, der vorgibt, die Football-Regeln nicht zu kennen, damit sie ihm der Junge, für den er schwärmt, erklären kann.

Mir werden ein paar Gesetzmäßigkeiten für das Auftauchen der Visionen klar: Sie erscheinen mir nur, wenn ich ein Paar das erste Mal beim Küssen beobachte. Ich weiß es, weil ich zufällig noch mal mitbekommen habe, wie sich Sheldon und Shelley geküsst haben, und daraufhin rein gar nichts passiert ist. Außerdem glaube ich, dass das betreffende Paar verliebt sein muss, denn ich habe schon zwei Paare bei ihrem ersten Date sich küssen sehen, ohne eine Vision zu haben. Die Anzahl der Bilder während einer Vision variiert von Paar zu Paar. Vermutlich sehe ich nur die wichtigsten Momente ihrer Liebesgeschichte. Keine Ahnung, wer oder was darüber entscheidet, welche Momente die wichtigsten sind.

Ich verbringe viel Zeit mit Internetrecherche. Das Tolle und zugleich Schlimme am Internet ist, dass sich immer eine Gemeinschaft von Leuten findet, die die gleichen Interessen haben wie man selbst. Toll, weil manche Interessen einfach wunderbar sind. Liebesromane lesen zum Beispiel. Schlimm, weil manche Interessen einfach übel sind. Beispiele dafür spare ich mir hier. Aber egal, wie lange ich recherchiere, ich finde keine Selbsthilfegruppe für Menschen, die plötzlich vorhersehen können, welchen Verlauf die Liebesbeziehungen anderer Leute nehmen.

Eine weitere Woche vergeht, die Visionen häufen sich und überfluten mich geradezu. Ich kann gar nicht so genau sagen, wie es mir damit geht. Meistens habe ich alle möglichen Empfindungen hintereinander. Erschütterung, dass so etwas Unvorstellbares ausgerechnet mir passiert. Schuldgefühle, weil ich in die Privatsphäre anderer Leute eindringe. Faszination, weil ich Einblick darin habe. Traurigkeit, wenn ich das Ende ihrer Beziehungen sehe.

Und genau das ist es, was diese Beziehungen gemeinsam haben.

Sie alle enden.

Das Mädchen, das sich dreimal hintereinander denselben Film angeschaut hat? Nach ein paar Wochen hatte sie genug von ihrem Freund und fing an, in ein anderes Kino zu gehen.

Der Junge, der vorgegeben hat, nichts von American Football zu verstehen? Seine homophoben Eltern haben dafür gesorgt, dass er auf eine andere Schule geht, um zu verhindern, dass er mit dem Jungen zusammenkommt, den er liebt.

Was ich in den letzten drei Wochen gelernt habe, ist, dass meine alten Liebesromane alle viel zu früh enden. Am Schluss fehlen Kapitel. Würden sie die ganze Geschichte erzählen, wäre jedes Paar am Ende getrennt, entweder aus Gleichgültigkeit oder Überdruss oder wegen Untreue oder zu großer Entfernung oder durch Tod.

Mit der Zeit verwandelt sich jede Liebesgeschichte in eine Geschichte über ein gebrochenes Herz.

Herzschmerz = Liebe + Zeit.

KAPITEL 12

Lektion lernen

»ICH ÜBERLEGE, OB ICH mir die Brüste vergrößern lassen soll«, sagt Cassidy ganz nebenbei. »Was meint ihr?«

Es ist der erste Sonntag in den Frühlingsferien, und Cassidy, Martin, Sophie und ich sind da, wo wir sonntagmorgens meistens sind: im Surf City Waffle. Zu dem Namen
ist das Lokal angeblich gekommen, weil die sechsjährige
Tochter des Besitzers ein Bild von einer Riesenwaffel gemalt hat, die auf einem Meer aus Blaubeersirup surft, während noch beratschlagt wurde, wie der Laden heißen sollte.
Die Tatsache, dass wir uns hier nicht in Surf City befinden (nach offizieller Definition sind das nämlich Hunting-
ton Beach oder Santa Cruz, je nachdem, wen man fragt)
und der Strand gut zehn Meilen entfernt liegt und Waffeln
nicht surfen, fällt dabei nicht weiter ins Gewicht. Die Waffeln hier sind einfach köstlich.

»Aber warum?«, frage ich Cassidy, wobei ich davon überzeugt bin, dass sie nicht wirklich die Absicht hat, sich die Brüste vergrößern zu lassen. Cassidy neigt zu spontanen, abwegigen Ideen, die sich aber genauso schnell wieder verflüchtigen, wie sie gekommen sind. So wie damals, als sie sich eine riesige Walküre als Tattoo auf den Rücken stechen lassen wollte oder als sie es sich in den Kopf gesetzt hatte, Trapez-Künstlerin zu werden.

Sie zuckt mit den Schultern, als wäre es keine große Sache. »Ich finde eben, sie könnten größer sein.« Sie zieht das Kinn ein und linst auf ihre Brüste hinunter. »Meint ihr, man würde den Unterschied sehen?«

»Tu es nicht«, sagt Sophie. »Sie sind toll, so wie sie sind.« Ich bin mir ziemlich sicher, dass sie dabei rot wird.

»Ich werde den Unterschied definitiv sehen«, erklärt Martin, als wäre er ein Experte in Sachen Brüste.

»Ach komm«, sagt Cassidy lachend. »Du würdest eine echte Brust nicht mal erkennen, wenn du sie direkt vor der Nase hättest.«

Martin guckt finster, aber nicht ernst gemeint. Sofern er es nicht vor uns allen geheim hält, hat er in seinem achtzehnjährigen Erdendasein noch nie ein Paar Brüste von Nahem gesehen, geschweige denn schon mal eine angefasst. »Meine Zeit wird kommen, und dann werde ich die Segel hissen«, sagt er.

»In Form von Brüsten?«, frage ich.

»Ich glaube nicht, dass Brüste seetüchtig sind«, gibt Sophie zu bedenken.

»Sie schwimmen aber definitiv oben«, entgegnet Cassidy und lässt ihre Brüste wie durch Zauberhand auf und ab hüpfen, etwas, das nur Cassidy fertigbringt.

Sophie prustet los, hält sich aber sofort beide Hände vor den Mund, wie sie es immer tut, wenn sie denkt, sie lacht zu auffällig.

Cassidy wartet, bis sie sich wieder beruhigt hat, und lässt ihre Brüste dann gleich noch mal hüpfen.

Diesmal muss Sophie schallend lachen. Schließlich nimmt sie die Hände runter. »Hör auf, mich zum Lachen zu bringen«, stößt sie atemlos hervor.

»Ich kann nichts dafür, wenn du mich so schrecklich lustig findest«, sagt Cassidy.

»Aber du *bist* schrecklich lustig«, erwidert Sophie. Die Art, wie sie es sagt, klingt beinahe schüchtern.

Ich lasse den Blick zwischen den beiden hin- und herwandern. Wenn ich es nicht besser wüsste, würde ich denken, sie flirten miteinander.

Die Freundschaft zwischen Martin, Sophie, Cassidy und mir hat keine sensationelle Entstehungsgeschichte. Von außen betrachtet passen wir vermutlich nicht mal zusammen, sofern man Freundschaften ausschließlich nach Herkunft, Hautfarbe und Geschlecht beurteilt. Cassidy ist weiß und hat unfassbar reiche und gleichgültige Filmproduzenten-Eltern. Sophies Mutter ist Schwarz und kommt aus Frankreich, ihr Vater ist Amerikaner mit koreanischen Wurzeln, beide sind Wissenschaftler. Martin habe ich ja schon beschrieben. Sein Vater starb, als er noch ein Baby war.

Wir vier sind seit der sechsten Klasse befreundet, als der Zufall in Gestalt des Stundenplans uns – und nur uns – immer wieder in dieselben Kurse führte. Anfangs saßen wir jeder in einer anderen Ecke des Raums, aber irgendwann trafen wir uns in der Mitte und vertrieben uns die Zeit mit Witzen und Plaudern. Seitdem sind wir Freunde.

»Lasst uns die Route besprechen«, versucht Martin unsere Aufmerksamkeit wieder auf die vor uns liegende Aufgabe zu lenken, die darin besteht, die Strecke für unseren epischen Roadtrip kreuz und quer durch die Staaten auszutüfteln, den wir für die Zeit nach dem Schulabschluss geplant haben.

Er schiebt unsere Teller zur Seite und breitet eine folienbeschichtete Landkarte der USA auf dem Tisch aus.

»Du lebst wirklich noch in der Steinzeit«, ziehe ich ihn auf, weil er allen Ernstes eine echte Karte aus Papier mitgebracht hat.

Er ignoriert meine Frotzelei. »Ich finde, wir sollten eine nördliche Route nehmen«, sagt er.

Ich nicke. Bei Temperaturen über sechsundzwanzig Grad geht Martin ein wie eine Primel. Sophie redet von einer Art Biosphäre in Arizona, die sie unbedingt anschauen möchte. Cassidy will hauptsächlich kitschiges Zeug angucken, riesige Bälle aus Kordel und solche Sachen. Martin interessiert sich nur für die Häuser berühmter toter Schriftstellerinnen und Schriftsteller wie Emily Dickinson oder Edgar Allan Poe. Auch ich habe diverse Orte aufgelistet, die ich sehen will, darunter den Bryce-Canyon-Nationalpark, der auf Fotos immer aussieht wie ein fremder Planet, und ein paar von den Dark Sky Parks, Lichtschutzgebiete in Utah und Ohio. Mich fasziniert die Vorstellung von der unendlichen Weite des Himmels, von Sternen und Freiheit.

Ich starre aus dem Fenster, während sie planen. Normalerweise bin ich aufmerksam bei der Sache. Von dieser Reise träume ich schon seit meinem ersten Jahr an der Highschool. Schwer zu glauben, dass es jetzt nur noch wenige Monate sind bis dahin.

Aber diesmal bin ich mit meinen Gedanken woanders. Mir gehen die Visionen nicht aus dem Kopf und dass mich mein Abstecher zu La Brea Dance vor einer Woche kein Stück weitergebracht hat.

»Hörst du überhaupt zu?« Martin stupst mich mit der Schulter an.

Ich schaue ihn an und lächle verhalten. »Tut mir leid.«

»Was ist los mir dir?«, fragt Sophie.

Bevor ich antworten kann, platzt Cassidy dazwischen. »Seit wann trägt deine Schwester Tennisröcke?«, fragt sie und starrt Richtung Tür.

»Seit nie«, antworte ich und drehe mich um. Tatsächlich schlägt Danica in voller Tennismontur hier auf: weißes Stirnband, weißes T-Shirt, weißer Faltenrock, weiße Tennisschuhe. Sie würde lächerlich aussehen, wenn sie nicht so fantastisch aussähe. Ihr neuer Freund, an dessen Namen ich mich beim besten Willen nicht erinnern kann – es ist irgendwas dynamisch Klingendes, das mit Sport oder Jagd zu tun hat –, ist genauso angezogen wie sie, nur dass er Shorts trägt und keinen Rock.

Martin lässt sich tief in seinen Sitz hinuntersinken. Er spießt meinen Waffelrest mit der Gabel auf und legt ihn auf seinen Teller.

»Wer ist der Typ überhaupt?«, will er wissen.

»Archer.« Sophie kennt immer alle Namen.

Plötzlich bin ich enttäuscht von Martin. Wann hört er endlich auf, sich Hoffnungen auf Danica zu machen? Es ist ja schließlich nicht so, als wäre Liebe den Schmerz wert.

»Könnten wir bitte einfach mit unserer Planung weitermachen?«, gifte ich ihn an, lauter als beabsichtigt.

Sophie und Cassidy wechseln einen Blick.

Martin sackt noch tiefer in sich zusammen.

»Was ist denn los mit dir, Eves?«, fragt Sophie.

»'tschuldigung«, erwidere ich zerknirscht. »Ich wollte nicht…«

»Sag uns einfach, was mir dir los ist«, fällt mir Cassidy ins Wort.

Ich weiß nicht, wo ich anfangen soll. Auf keinen Fall will ich Sophie und Cassidy von den Visionen erzählen. Dann würde ich ihnen zuerst beweisen müssen, dass die Visionen tatsächlich echt sind, und anschließend müsste ich ihnen auch noch erklären, warum ich ihnen nicht gleich von Anfang an davon erzählt habe.

»Es geht mir gut, wirklich.« Ich schenke ihnen ein breites Lächeln. »Sorry, dass ich so eine Spaßbremse bin.«

Ich schaue auf die Karte und konzentriere mich auf unser Vorhaben.

Nach etwa einer Stunde Planung brechen Sophie und Cassidy auf. Cassidy muss mit ihren Eltern zu »so einer ätzenden Benefizveranstaltung in Beverly Hills« und Sophie sitzt in der Jury einer Wissenschaftsmesse für Zweitklässler im California Science Center Center.

»Tut mir leid, dass ich dich vorhin angeschnauzt habe«, sage ich zu Martin, als sie gegangen sind. Ich erzähle ihm, dass mein Besuch bei La Brea Dance nichts gebracht hat. »Ich weiß nicht, was ich sonst noch machen soll. Wie schaffe ich es, diese Visionen loszuwerden?«

Er gießt sich sowohl Erdbeer- als auch Blaubeersirup über das letzte Waffelstück, bevor er antwortet. »Weißt du noch, was ich dir über den Film *Big* erzählt habe? Josh verwandelt sich erst dann wieder in ein Kind, als er seine Lektion gelernt hat. Darum geht es bei allen Filmen dieser Art. Man soll etwas lernen.«

»Kann schon sein, aber diese Filme erzählen *erfundene Geschichten*. Bei mir handelt es sich um mein *wahres Leben*.«

»Ich weiß.« Er schweigt eine Weile. »Ich denke, du solltest noch mal in das Tanzstudio zurückgehen«, sagt er dann.

»Aber wozu?«

»Es muss einen Grund geben, warum die Adresse in dem Buch stand. Versuch es einfach. Überlass dich dem Flow. Du hast nichts zu verlieren.«

Ich gebe einen Laut zwischen Seufzen und Stöhnen von mir. Er hat natürlich recht. Ich muss noch einmal dorthin zurück. Was bleibt mir anderes übrig?

»Vielleicht geht es darum, dass du tanzen lernen sollst«, sagt Martin, als wir draußen auf dem Gehweg stehen.

Ich schließe mein Fahrrad auf. »Das ergibt doch überhaupt keinen Sinn.«

»Ich weiß, aber ich bin mir sicher, dass ich richtigliege.« Und dann, weil er ja im Grunde ein alter Mann ist, stimmt er aus voller Kehle »Dancing Queen« von Abba an: »*You are the dancing queen. Young and sweet. Only seventeen.*«

Er lacht-singt noch drei weitere Strophen, bevor ich ihn endlich, endlich dazu bringen kann, still zu sein.

KAPITEL 13

Vom Tanzflow getragen

»ACH DU BIST ES, Mädchen ohne Tanzpartner«, begrüßt mich Feuerwerksrakete, als ich am nächsten Tag nach der Schule wieder bei La Brea Dance aufkreuze. »Freut mich.«

»Hi, ich freue mich auch«, erwidere ich. »Ich heiße übrigens Evie«, füge ich sicherheitshalber noch hinzu, obwohl ich es ihr schon beim letzten Mal gesagt habe. Ich hoffe, dass sie ab jetzt meinen richtigen Namen benutzt und mich nicht ständig »Mädchen ohne Tanzpartner« nennt.

Sie nickt, und ein winziges Lächeln umspielt ihre Mundwinkel, was mich vermuten lässt, dass sie genau weiß, wie unmöglich ihr Verhalten ist.

»Dachte nicht, ich sehe dich wieder«, sagt sie.

Ich gebe nicht zu, dass ich genauso wenig erwartet habe, sie noch mal wiederzusehen. »Ich möchte mich für eine Probestunde anmelden.«

»Wunderbar. Welcher Tanz?«, fragt sie und schaut auf ihren Computerbildschirm. »Ich öffne Plan.«

»Welcher ist denn der leichteste? Ich hab noch nie getanzt.«

Sie blickt auf und schaut mich durch die Scheibe hindurch prüfend an. »Oje, du bist nervös, ich kann hören.«

»Ein bisschen vielleicht«, räume ich ein.

Sie springt vom Stuhl auf. »Nein, nein, keine Sorge. Nicht jeder kann gut tanzen, aber jeder kann tanzen.« Sie beugt sich näher zum Tresen vor. »Hast du jetzt Zeit?«

Ich will schon Nein sagen und dass ich eigentlich nur vorbeigekommen bin, um mich anzumelden, und nicht, um gleich loszulegen, aber ich beiße mir auf die Zunge. Martin hat gestern gemeint, ich soll mich einfach dem Flow überlassen.

»Klar hab ich Zeit«, sage ich also.

Sie gibt meine Daten in den Computer ein, dann holt sie das Glöckchen aus ihrer Schreibtischschublade und stellt es auf den Tresen. »Ich hasse dich«, sagt sie zu dem winzigen Ding.

Ich lache und sie auch. Sie kommt aus dem Büro und winkt mir, ihr zu folgen. »Du hast Glück, Einführung zu meinem Bachata-Kurs beginnt jetzt. Keine Sorge. Ist leichter Tanz und ist Anfänger-Kurs.«

Sie eilt den Flur entlang. Ihr heutiges Outfit besteht aus einem lilafarbenen Kleid, dessen asymmetrisch geschnittener Rock ihr bis zur Mitte der Oberschenkel reicht, und goldenen High Heels mit mindestens sieben Zentimeter hohen Absätzen. Keine Ahnung, wie sie darin gehen kann, geschweige denn tanzen.

Im Studio angekommen, bin ich enttäuscht, dass nur so wenige Leute da sind. Ich hatte gehofft, mich irgendwo im Hintergrund verstecken zu können.

Sie klatscht in die Hände, um auf sich aufmerksam zu machen. »Hallo zusammen. Ich bin Fifi und bin Lehrerin.«

Die Hände in die Hüfte gestemmt, hält sie inne und wartet darauf, dass wir ihre Begrüßung erwidern. »Hallo, Fifi«, antworten wir alle brav im Chor, als befänden wir uns in einer Art Tanz-Betreuungsprogramm.

»Heute ich werde euch vorstellen Bachata. Anfangs ihr werdet nicht gut sein. Einige werden sich anstellen tollpatschig wie neugeborene Oktopus-Babys, aber mit der Zeit ihr werdet besser. Ihr werdet sehen, ich bin fabelhafte Lehrerin.«

Sie lässt uns in einer Reihe vor der Spiegelfront Aufstellung nehmen.

»Jetzt ich bringe euch bei Basics. Zuerst ich zeige Grundschritte für Führenden, den wir nennen *Leader*, dann Grundschritte für Folgenden, zu dem wir sagen *Follower*.« Sie legt die linke Hand auf ihren Bauch, hebt die rechte in die Luft und schnippt mit den Fingern, um den Takt vorzugeben. »Ist leicht«, sagt sie, während sie die Hüften schwingend kleine Schritte nach rechts macht. »Eins, zwei, drei, Tap.« Bei *Tap* lässt sie ihre linke Hüfte dramatisch zur Seite schnellen und wiederholt die gleiche Abfolge dann nach links. »Eins, zwei, drei, Tap.«

Ihre Bewegungen sind sehr exakt, gleichzeitig aber flie-ßend und extrem erotisch. Sie wiederholt die Sequenz noch zweimal, bevor sie verkündet, dass jetzt wir an der Reihe sind. Ganz ohne Musik sind die einzigen Geräu-sche im Raum ihre Stimme und das Schleifen unserer Soh-len und Klacken unserer Absätze auf dem Parkett. Es hat etwas Entspannendes, wenn nicht sogar Tröstendes, wie wir uns alle gemeinsam im Takt bewegen und im Gleich-klang atmen.

Nach einer Weile geht sie dazu über, uns den Grund-schritt nach vorne zu zeigen, der aus der gleichen Abfolge besteht, nur eben diesmal vor und zurück. Wie sie es ver-sprochen hat, sind die Schritte nicht schwierig, und sie ist zufrieden mit uns, weil wir sie alle ziemlich schnell begrei-fen.

»Okay, jetzt ihr kennt Grundschritt, aber eigentlicher Tanz ist in den Hüften. Schaut.« Als sie diesmal den Grundschritt macht, beschreiben ihre Hüften die Form einer Acht, was dem Tanz eine völlig andere Wirkung ver-leiht. Es sieht viel verführerischer und ausdrucksstärker aus. »Manche Leute nennen die Bewegung *Cuban Motion*. Man sieht oft in Tänzen wie Merengue und Salsa. Ich dazu sage *Infinity Hips*.« Sie macht es uns noch ein paarmal vor, dann sind wieder wir an der Reihe.

Die unendlichen Hüften erweisen sich als äußerst schwie-rig nachzumachen. Es dauert nicht lange, bis wir alle kichern und darüber lachen müssen, wie *endlich* unsere Hüften sind. Was ich sehe, sind weniger Hüftschwünge in Form einer

Acht, sondern viel mehr unförmige Kreise oder wacklige Linien.

Sie stößt ein theatralisches Seufzen aus und bittet uns aufzuhören. »Keine Sorge. So ist Anfang immer.« Sie weist die Paare an, sich zu zweit zusammenzutun, und winkt mich zu sich. »Jetzt ich zeige Tanzhaltung für Paare.« Sie bringt mich in die »offene Position« und führt uns erneut durch die Abfolge der Grundschritte.

Der Unterricht macht mir solchen Spaß, dass die Stunde wie im Flug vergeht. Ich vergesse die Visionen. Stattdessen konzentriere ich mich auf die Musik und darauf, mich im Rhythmus zu bewegen. Fifi ist lustig und anspornend, aber auch streng. Sie versteht es, den Bewegungsablauf so in einzelne Schritte aufzubrechen, dass er für jeden von uns nachvollziehbar ist.

Für den letzten Tanz wählt sie einen Song mit einem schnelleren Tempo, dimmt das Licht und sagt, wir sollen uns vorstellen, wir wären in einem Club. Sie kommt wieder zu mir und alle tanzen gemeinsam. Es ist wahnsinnig lustig und ziemlich chaotisch, aber wir haben große Fortschritte gemacht seit dem Anfang der Stunde, wie sie es uns vorhergesagt hat.

Der Song endet. Alle atmen schwer, aber lächeln sichtbar glücklich und beschwingt.

Fifi dreht das Licht wieder heller. »Okay, dann bis nächste Woche. Denkt dran, fleißig zu üben, damit ihr nicht vergesst alles wieder. Ich will nicht noch einmal Grundschritt erklären.«

Ich zögere und bleibe zurück, während die anderen hinausdrängen, wobei ich nicht weiß, worauf ich warte. Auf ein Zeichen, was ich als Nächstes tun soll, vermutlich.

»Ich kann sehen, es dir hat großen Spaß gemacht, ja?«, fragt Fifi als nur noch wir beide im Raum sind.

»Sie sind eine großartige Tanzlehrerin«, erwidere ich immer noch außer Atem.

»Ja, ich weiß.« Sie lächelt. »Du bist gute Schülerin, Naturtalent. Musst noch an Hüftschwung arbeiten, aber du begreifst Schritte schnell und hast ausgezeichnetes Rhythmusgefühl.«

Ich strahle. Mich wundert, wie sehr ich mich über ihr Lob freue. Die Stunde hat mir weit mehr Spaß gemacht, als ich erwartet habe. Außerdem habe ich das Gefühl, dass Gesellschaftstanz zu den Dingen gehört, bei denen die Grundlagen zwar relativ leicht zu lernen sind, es dafür aber erheblich schwerer fällt, sich die ganzen Feinheiten der Bewegungen anzueignen.

Sie mustert mich nachdenklich. »Ich dir mache Vorschlag«, sagt sie. »Es gibt Wettbewerb jedes Jahr. Heißt L. A. Danceball.«

Sie erzählt mir alles darüber. L. A. Danceball ist eins der größten Gesellschaftstanz-Turniere für Amateur- und Profitänzer in Südkalifornien. Es gibt viele verschiedene Alters- und Leistungsklassen. Ihr Vorschlag lautet, dass ich für das Studio in der U21-Amateurklasse antrete.

»Soll das ein Witz sein?«, frage ich. »Das vorhin war die erste Tanzstunde meines Lebens.«

Sie winkt ab. »Ist Amateurklasse. Und wie gesagt, du hast Talent.«

Ich schüttle den Kopf. »Warum wollen Sie überhaupt, dass ich teilnehme?«

»Wenn du gewinnst, Studio bekommt Gratis-Werbung und vielleicht auch mehr Kunden.« Ein Anflug von Sorge huscht über ihr Gesicht. Mich beschleicht das dumpfe Gefühl, dass sich das Studio nicht bloß mehr Kunden wünscht, sondern sie sogar dringend braucht.

»Ich weiß nicht«, sage ich.

»Ach komm schon. Es gibt Grund, warum du hergekommen bist, oder nicht?«

Sie hat natürlich recht. Es *gibt* einen Grund, warum ich hergekommen bin. Ist es das, was ich tun soll? Bei einem Tanzturnier mitmachen? Martins Worte kommen mir wieder in den Sinn, als er meinte, ich sollte mich einfach dem Flow überlassen.

»Aber Fifi, ich hab doch noch nicht mal einen Partner«, gebe ich zu bedenken.

»Keine Sorge«, sagt sie. »Ich habe perfekten Jemand.«

KAPITEL 14

Tanz Nr. 1

DER PERFEKTE JEMAND IST nicht da, als ich am nächsten Tag nach der Schule im Studio auftauche, dafür aber die Besitzer Archibald und Maggie und natürlich Fifi.

»Du musst Evie sein«, begrüßt mich Maggie schon beim Hereinkommen.

»Die bin ich«, erwidere ich und winke ihnen schüchtern zu.

Ich hatte vergessen, wie beeindruckend die beiden sind. Er trägt einen grauen Smoking. Sie ein glitzerndes fuchsiafarbenes Abendkleid und schimmerndes Make-up. Anders als beim letzten Mal hat sie ihre Dreadlocks heute nicht hochgesteckt, sondern sie fallen ihr über die Schultern.

»Fifi hat dich doch nicht etwa dazu genötigt, an dem Turnier teilzunehmen, oder, Liebes?«, fragt Archibald.

»Ich bin keine Nötigerin«, begehrt Fifi auf.

»Hat sie dir ein schlechtes Gewissen gemacht?«, erkundigt sich Maggie.

»Keine Nötigung, kein schlechtes Gewissen«, antworte ich. Vielleicht lag ich mit meinem Verdacht gestern richtig. Das Studio braucht tatsächlich Geld. »Ich dachte, es könnte Spaß machen.« Und es stimmt, ich glaube wirklich, es könnte Spaß machen, aber das ist nicht der Grund, warum ich es tue.

»Das ist wundervoll, Liebes«, erwidert Maggie. »Und es gibt überhaupt keinen Druck für dich zu gewinnen, ich möchte, dass du das weißt.«

»Es gibt winziges bisschen Druck«, mischt sich Fifi ein. *Äs giebt wienzigäs biesschään Druck.*

»Untersteh dich, Fiona Karapova, sie ...«

Aber bevor Maggie Fifi zurechtweisen kann, geht hinter mir die Studiotür auf.

»Ah, da ist Partner ja«, ruft Fifi.

Ich drehe mich um. Es ist der Junge, dem ich in Studio 5 begegnet bin, als ich das erste Mal hier war. Xavier. X.

»Du bist es«, sage ich.

»Ich bin es«, bestätigt er.

»Aber warum?«, frage ich.

»Meinst du das existenziell, oder wie? Willst du wissen, warum ich auf der Welt bin?« Er grinst schief und zieht eine Augenbraue hoch, womit er nicht nur ein, sondern gleich zwei typische Merkmale männlicher Charaktere in Liebesromanen zeigt.

»Ihr kennt euch?«, unterbricht Maggie unseren Wettbewerb, wer am längsten starren kann, ohne zu blinzeln.

»Nein«, sage ich.

»Ja«, sagt er. »Yvette, richtig?«

»Er hat mein Fahrrad geklaut«, erkläre ich und zertrete damit den winzigen und vollkommen unangebrachten Funken eines Glücksgefühls, das in mir aufglimmt, weil er sich an meinen Namen erinnert.

»Ich habe es mir ausgeliehen«, stellt er klar.

»Um damit herumzufahren, während er mit seiner Freundin Schluss gemacht hat«, erkläre ich etwas ausführlicher.

»Wir waren schon getrennt«, stellt er noch etwas ausführlicher klar.

»Sie hat sich ein Kleid für den Abschlussball gekauft«, erinnere ich ihn.

Aus dem Augenwinkel sehe ich, dass uns Maggie und Archibald mit leicht verwunderten Mienen beobachten.

Ich weiß, wonach es aussieht. Es sieht nach einem neckischen Geplänkel aus, als würde es zwischen uns funken, als würden wir uns einen Schlagabtausch liefern wie Streithähne in einem witzig-romantischen Hollywood-Klassiker. Es sieht aus wie der Auftakt zu etwas. Aber ich versichere, es sprühen keine Funken. Nichts und niemand steht hier in Flammen.

Archibald schmunzelt. »Evie, das ist unser Enkel Xavier.«

»Einfach X genügt, Gramps«, sagt X und umarmt Maggie.

»Komm mal her«, sagt Fifi zu X. »Stell dich neben Mädchen, damit ich kann euch zusammen sehen.«

Mit »Mädchen« meint sie mich.

X schlendert auf seinen langen Beinen zu mir.

»Wir werden etwas wegen Kleidung machen müssen«, verkündet Fifi, als sie uns beide mustert. »Aber von Größe sie passen gut zusammen«, sagt sie an Archibald und Maggie gewandt. »Und beide sehen sehr gut aus. Besonders X.« Sie wackelt mit den Augenbrauen wie eine durchgeknallte Comic-Figur.

»Würdest du freundlicherweise aufhören, meinen Enkel mit den Augen auszuziehen, Fiona?«, empört sich Maggie.

»Möchtest du lieber, dass ich Hände benutze?«, fragt Fifi.

Archibald bricht in dröhnendes Lachen aus.

X versucht sein Prusten mit einem Hustenanfall und hinter vorgehaltener Hand zu tarnen.

Fairerweise muss gesagt werden, dass Maggie die perfekte Steilvorlage für Fifis Kommentar geliefert hat.

Nachdem wir uns alle wieder beruhigt haben, erklären uns Archibald und Maggie, wie das Tanzturnier ablaufen wird. Wir werden um den Top-Studio-Amateurpreis in der Kategorie Nightclub Dance antreten. Nightclub besteht aus fünf Tänzen: Bachata, Salsa, West Coast Swing, Hustle und Tango Argentino. Bisher hat jedes Jahr ihr größter Konkurrent, Westside Dance Studio, den Preis geholt.

»Aber nicht dieses Jahr«, verkündet Maggie mit einem entschlossenen Nicken.

Archibald und Maggie berühren einander die ganze Zeit, während sie uns alles erklären. Ein kurzer Händedruck hier, ein schnelles Streicheln über die Wange da. Man sieht buchstäblich Liebesbläschen in ihren Blicken blubbern, wenn sie sich angucken.

Zum Schluss wünschen sie uns Glück und verlassen das Studio, eng umschlungen und über etwas lachend.

Fifi wartet, bis sich die Tür schließt, bevor sie sich X zuwendet. »Dreiundvierzig Jahre deine Großeltern sind verheiratet, ja?«

»Könnte hinkommen.«

»Du doch wohnst jetzt bei ihnen. Sie sind zu Hause auch wie Turteltäubchen?«

X nickt und lacht. »Ich hab so was noch nie gesehen. Sie sind immer so. Mein Pops sagt, er kennt es nicht anders. Sie haben in der Liebeslotterie das große Los gezogen, als sie sich gefunden haben.«

Ich schärfe mir ein, dass ich unbedingt vermeiden muss, die beiden beim Küssen zu beobachten. Ich will nicht wissen, wie es bei ihnen endet.

»Also, an die Arbeit«, sagt Fifi. »Aber erst wir sprechen über Kleidung.« Sie zeigt auf X. »Was ist schreckliches Ding, das du hast an?« Sie mustert ihn angewidert.

X schaut an sich hinunter. »Was stimmt nicht mit meinen Klamotten?«

Er trägt Shorts und auch heute wieder ein T-Shirt mit einem Ironie-Spruch darauf (er lautet: *T-Shirt mit einem Ironie-Spruch*).

»Ihr Amerikaner mit euren kurzen Hosen. Ich es nicht begreife.«

Er wirft mir einen kurzen Blick zu, der mich anfleht, ihm zu helfen. Ich werfe ihm einen Blick zu, der sagt, hilf dir selbst. »Was ist falsch an Shorts?«, fragt er verständlicherweise.

»Wo ich herkomme, sie sind gedacht für Kinder. Nicht für Gesellschaftstanz. Du ziehst sie nicht mehr an.«

Dann wendet sie ihre Aufmerksamkeit mir zu und durchbohrt mich mit ihren Blicken. Ich habe eine Jeans und ein leicht aus der Form geratenes Disneyland-T-Shirt an. »Ich weiß nicht, warum du trägst Landstreicher-Sachen, aber es nicht kommt wieder vor«, sagt sie.

Sie positioniert uns vor den deckenhohen Spiegeln. »Heute wir beginnen mit Bachata.«

X schaut sie verwundert an. »Ohne Musik?«

»In diesem Aufzug ihr verdient keine Musik.«

Ich nehme wahr, dass mich X im Spiegel angrinst, beachte ihn aber nicht, sondern bewundere stattdessen Fifis Outfit des Tages. Das heutige asymmetrische Kleid ist perlweiß und entweder aus Satin oder Seide oder aus zerflossener Butter. Ihre stelzenhohen Stilettos sind scharlachrot. Ihr Lippenstift hat exakt den Farbton ihrer Schuhe.

Fifi nickt X zu. »Mit dir ich fange an«, sagt sie. »Dann ich kümmere mich um deine Partnerin und danach ihr tanzt zusammen. Schau erst zu.« Sie schnippt mit den Fingern. »Eins, zwei, drei, vier.« Wie schon mir im Anfänger-

Tanzkurs zeigt sie jetzt ihm den seitlichen Grundschritt, allerdings ohne die Hüftbewegungen.

X ist ganz auf Fifi konzentriert, weshalb ich es endlich riskieren kann, ihn genauer unter die Lupe zu nehmen. Es hat sich nicht viel verändert seit unserer letzten Begegnung. Er sieht immer noch unfassbar gut aus, aber weil er heute Shorts trägt, weiß ich jetzt auch, dass er wohlgeformte Waden hat. Sie sind kräftig und muskulös und kaum behaart. Wer hätte gedacht, dass ich auf Waden stehe?

»Jetzt versuch du«, sagt Fifi zu X und unterbricht damit meine Waden-Grübeleien.

Seine Dreads sind wieder hochgebunden und er reibt sich mit der Hand den Hinterkopf. Er macht einen Schritt, aber mit rechts.

»Nein«, sagt Fifi. »Du fängst an links. Du bist Leader.«

»Ach ja, Mist. Sorry«, sagt er und beginnt noch mal von vorn.

Während er übt, fragt ihn Fifi über sein Leben aus. Er erzählt ihr von seiner Band (X-Machine) und woher er kommt (ein Ort namens Lake Elizabeth in Upstate New York).

Ich höre sehr genau zu, versuche aber, es so aussehen zu lassen, als würde ich überhaupt nicht zuhören, was mit einer Menge lässiger Dehnübungen verbunden ist.

X wiederholt die Schrittfolge noch mehrmals, bis ihm Fifi endlich seufzend zunickt. »Das genügt für Anfang«, sagt sie und dreht sich wieder zum Spiegel. »Jetzt ich zeige dir Hüften.« Sie wirft mir einen Blick zu. »Deine Partnerin beherrscht Hüftschwung nicht so gut.«

Sie wiederholt den Grundschritt zur Seite, nur diesmal mit Infinity-Hips.

Sobald X beginnt, es ihr nachzutun, senke ich den Blick wieder auf den Parkettboden. Ich muss seine Infinity-Hips nicht sehen.

»Schön, schön«, sagt Fifi nach einer Weile. »Jetzt du.« Sie zeigt auf mich.

Ich übe, während sie mich beobachtet. Zweimal wirft sie mir vor, dass meine Hüften so beweglich sind wie »rostige Federung«.

X prustet-hustet nach jedem Tadel. Ich schieße ihm wütende Blicke zu.

»Jetzt ihr versucht zusammen«, sagt Fifi schließlich.

Mein Magen schlägt einen (kleinen, winzig kleinen) Salto bei der Vorstellung, derart nah vor ihm zu stehen.

»Wir tanzen Offene Tanzhaltung«, sagt Fifi und positioniert uns so, dass wir uns gegenüberstehen. »Wenn wir schaffen jemals bis Tango Argentino, wir tanzen Geschlossene Tanzhaltung.« Sie durchtränkt das »Wenn« mit so viel übertriebener Skepsis, dass es klingt wie *Wääääänn*.

»Jetzt guckt euch an und fasst euch bei Händen. Auf Taillenhöhe halten«, sagt sie.

X nimmt meine Hände.

Ich ziehe sie sofort wieder weg. Seine Hände fühlen sich an wie riesige Eisblöcke.

»Oh Gott. Wieso hast du so kalte Hände? Bist du in Wirklichkeit eine Leiche?«

»Mist, sorry!«, sagt er. »Ich friere immer, wenn ich nervös bin.« Er pustet in seine Hände und reibt sie aneinander, als würde er versuchen, Feuer zu machen. Dann streckt er sie mir wieder entgegen und ich ergreife sie. Sie sind kein bisschen weniger eisig.

»Okay, jetzt entspannt eure Schultern. Sie gehören nicht neben Ohren«, sagt Fifi und drückt auf X' Schlüsselbein. »Du hast schönen starken Hals. Die Leute wollen ihn sehen.«

Wer sind diese Leute, die sich darum reißen, seinen Hals zu sehen?, frage ich mich.

Sie wendet sich mir zu und ich richte mich unter ihrem prüfenden Blick kerzengerade auf. Meine Haltung ist perfekt. Aber ich stehe so weit weg von X, dass ich mich quasi in einem anderen Raum befinde.

»Was ist los mit dir?«, fragt sie mich. »Hat er schlechten Atem?«

Sie dreht sich zu ihm um. »Mach Mund auf und hauch mich an.«

»Das tue ich auf gar keinen Fall«, erwidert er, ohne den Blick von mir zu nehmen. »Mit meinem Atem ist alles in Ordnung.«

Ich kann mich nicht entscheiden, ob es von gesunder Selbstachtung oder von ungeheurer Überheblichkeit zeugt, wenn jemand von sich selbst behauptet, er habe keinen schlechten Atem.

Fifi stupst mich so lange in die Rippen, bis ich näher an ihm bin. Sie rückt uns noch ein bisschen zurecht und erklärt X dabei, dass er ein starker Leader sein muss.

Als wir so nah voreinander stehen, kommt er mir sogar noch größer vor. Was okay ist. Wenigsten muss ich ihm so nicht in die Augen sehen. Stattdessen schaue ich auf sein Schlüsselbein. Ein gutes Wort. *Schlüsselbein.*

Fifi stupst mein Kinn höher. »Guck ihn an. Das ist sinnlicher Tanz und Sinnlichkeit liegt im Blick.«

Ich stöhne, aber innerlich.

»Fangt an«, befiehlt sie und stampft mit dem Absatz auf.

X beginnt, aber mit dem falschen Fuß. Wir bewegen uns in entgegengesetzte Richtungen.

»Linker Fuß!«, ruft Fifi.

»Mist, sorry!«, sagt X.

Er lächelt mich reuevoll an. Ein Lächeln voller Reue.

Wir beginnen noch mal von vorn, Fifi zählt. Bachata tanzt man mit kleinen Schritten und X' Schritte sind zu groß.

Fifi korrigiert ihn, aber jetzt verfällt er ins Gegenteil und macht sie zu klein.

Er tritt mir viermal hintereinander auf den linken Fuß. Nach jedem Mal sagt er »Mist, sorry«. Ich komme zu dem Schluss, dass es sein Lieblingsausdruck ist. Gut möglich, dass ich zu unserem nächsten Training Schuhe mit Stahlkappen trage.

Fifi geht jetzt zum Grundschritt vorwärts über und zeigt uns dann die Drehung.

»Für Drehung am Platz Führung ist sehr wichtig«, erklärt sie X. »Du musst sie ein bisschen lenken. Lass sie wissen, was du willst von ihr, damit sie weiß, was sie soll tun.«

Bei unserem ersten Versuch lande ich in seiner Achselhöhle.

»Vielleicht ein bisschen weniger lenken.« Fifi lacht. »Sie
ist nicht Lastwagen.«

Wieder lande ich in seiner Achselhöhle.

Die nächsten zwanzig Minuten üben wir ohne die
Drehung, bis wir so erledigt sind, dass wir nicht mehr können.

»Okay, reicht das für heute«, sagt Fifi. Kaum hat sie es
ausgesprochen, lasse ich X' Hände los und bringe ein paar
Schritte Abstand zwischen uns.

Er schaut mich stirnrunzelnd an, wendet sich dann aber
an Fifi. »Und du meinst wirklich, wir können das Ding
gewinnen?«

Sie schnaubt abschätzig. »Wie heißt Spruch von Pferd
und Zaumzeug?«

»Man soll das Pferd nicht von hinten aufzäumen«, antwortet X.

»Ja, genau.« Sie nickt. »In diesem Fall, kümmere dich
nicht um Zaumzeug, weil Pferd ist vielleicht tot.«

X fängt meinen Blick auf und wiehert so laut und dröhnend los, dass ich mitlachen muss.

»Was ist so lustig?«, fragt Fifi. »Der einzige Weg zu Sieg
ist trainieren, trainieren und noch mal trainieren. Wir
sehen uns morgen. Dann wir arbeiten an anderen Tänzen.
Und wagt ja nicht, hier noch mal aufzukreuzen in Land-
streicher-Klamotten.«

Als sie weg ist, kommt mir das Studio plötzlich irgendwie

kleiner vor. Es wird immer kleiner mit jeder Sekunde, die vergeht.

»Okay, bis dann«, verabschiede ich mich von X und renne praktisch zum Wandschrank, um meinen Rucksack herauszuholen.

Er steht dicht hinter mir, als ich mich umdrehe.

»Meine Gitarre ist da drin«, sagt er.

Ich schiebe mich an ihm vorbei und haste aus dem Studio über den Flur, um mein Fahrrad zu holen. Ich bin gerade im Begriff, die Treppe hinunterzusteigen, als ich ihn hinter mir höre.

»Wie bist du eigentlich in die Sache reingeraten?«, fragt er.

Da ich ihm schlecht die ganze Wahrheit sagen kann, erzähle ich ihm die halbe Wahrheit, die Version, die ich auch Archibald und Maggie aufgetischt habe. »Ich finde, es klingt nach Spaß.«

»Und das findest du immer noch, obwohl *ich* dein Tanzpartner bin?«

Ich bleibe mitten auf der Treppe stehen und drehe mich zu ihm um. Er ragt drei Stufen über mir auf, sodass er noch größer ist als sowieso schon. »Klar. Wieso sollte ich nicht?«

»Ich hab das Gefühl, dass du mich ein kleines bisschen hasst.«

Ich gerate ins Stolpern und hätte fast die letzte Stufe zur Außenwelt verfehlt, schaffe es aber gerade noch, mich an meinem Fahrrad festzuhalten, ohne das Gleichgewicht zu verlieren.

»Wer sagt, dass ich dich hasse?«, frage ich, als er zu mir auf den Gehweg herauskommt. Die Sonne blendet mich, sodass ich blinzeln muss, um ihn stirnrunzelnd anzuschauen.

Er bemerkt mein Blinzeln und macht ein paar Schritte nach rechts, um mich vor der Sonne abzuschirmen.

Sehr aufmerksam von ihm. Jetzt kann ich ihn stirnrunzelnd anschauen, ohne zu blinzeln.

»Deine ganze Körpersprache sagt, dass du mich hasst«, erwidert er.

»Lass meinen Körper da raus. Konzentrier dich lieber auf das, was mein Mund sagt.«

Er konzentriert sich auf meinen Mund.

Weil ich es ihm gesagt habe.

An manchen Tagen sollte ich meinen Mund besser halten.

Ich räuspere mich. »Was ich sagen will, ist, dass ich dich nicht hasse.«

Er umfasst mit beiden Händen seinen Gitarrengurt. »Klar tust du das.«

Ich schwinge mich auf mein Rad. »Ich hab keine Lust, hier rumzustehen und mit dir darüber zu streiten, wie sehr ich dich nicht hasse.«

»Okay, und worüber willst du dann mit mir streiten?«

»Ich ... was?«

Er schaut mich mit diesem unglaublichen, Gehirnzellen zerstörenden Grinsen an, und ich kapiere, dass er sich schon die ganze Zeit über mich lustig macht.

»Du hast recht«, sage ich. »Ich hasse dich.«

»Du kennst mich nicht mal«, erwidert er.

»Stimmt, aber wenn ich dich kenne, werde ich dich wahrscheinlich hassen.«

Er neigt wieder den Kopf nach rechts. Offenbar seine Denkerpose. »Ach, du kannst also die Zukunft vorhersehen?«

Ich starre ihn etwas zu lange an. Was würde wohl passieren, wenn ich darauf *Ja, in gewisser Weise kann ich die Zukunft vorhersehen* antworte?

Ich steige auf die Pedale und mache Anstalten loszufahren. »Warum machst *du* dabei mit?«

»Gramps hat mich darum gebeten. Es ist eine große Sache für die beiden, falls wir gewinnen. Außerdem ist es meine Philosophie, zu allem Ja zu sagen.

»Was heißt das?«

»Ich sage zu allem Ja, worum man mich bittet.« Angesichts meiner ungläubigen Miene stellt er klar: »Nichts Unmoralisches oder Illegales.«

»Aber warum?«

»Das Leben ist kurz. Genieße den Tag. Lebe im Hier und Jetzt«, erwidert er lächelnd. »Hast *du* irgendwelche Philosophien, von denen ich wissen sollte?«

Zählt *Keine Plänkeleien mit extrem gut aussehenden und möglicherweise klugen und interessanten Typen, die eindeutig Herzensbrecher sind* als Philosophie?

»Ich hab keine Philosophie«, sage ich.

»Du solltest das mit dem Ja-Sagen mal ausprobieren. Es ist sehr befreiend.«

»Nein«, sage ich.

»Verstehe.« Er lächelt. »Mein Motto lautet auch *kein Small Talk*.«

»Warum erzählst du mir das?«

»Einfach nur so, um es klarzustellen.«

Ich umklammere meine Griffe und rücke mich auf dem Sattel zurecht. »Okay«, sage ich. »Ich hau jetzt ab.«

»Ich verspreche, dir morgen nicht mehr so oft auf die Zehen zu treten«, ruft er mir hinterher.

Ich trete in die Pedale und sage mir, dass mein Herz nur deshalb so rast, weil ich sehr schnell fahre. Und nicht, weil ich die Plänkelei auf dem Gehweg mit ihm so genossen habe. Ganz im Ernst, ich sollte mich vor Plänkeleien hüten. Warum? Weil in jedem jemals geschriebenen Liebesroman neckisches Geplänkel die Einstiegsdroge ist. Neckisches Geplänkel führt zu echten Gesprächen, die zu Dates führen, die zu Küssen führen, die zu einer Beziehung führen, die mit einem gebrochenen Herzen endet.

Ich biege in meine Straße ein und rufe mir in Erinnerung, dass ich mich nur deshalb zu diesem Tanzturnier bereit erklärt habe, weil ich einen Weg finden will, die Visionen loszuwerden. Egal, wonach es aussieht, es ist keine Liebesgeschichte.

KAPITEL 15

Tanz Nr. 2, in Auszügen

»HATTEST DU SCHON IMMER PROBLEM, linken Fuß von rechtem Fuß zu unterscheiden?«

»Du *führst* sie, du nicht *ent*führst sie!«

»Wenn nicht Zehen gebrochen, ihr tanzt weiter.«

»Geh näher ran! Hat er wieder Mundgeruch?«

»*Sexy* ist so kurzes Wort, warum so schwer für euch zu verstehen?«

»Nein, nein. Jetzt du siehst aus wie riesiger Vogel, der nicht kann fliegen. Ellbogen runter!«

»Arme locker!«

»Ich habe Tango getanzt mit verstauchtem Knöchel. Ein bisschen gequetschter Zeh ist gar nichts.«

»Nicht schaukeln. Ihr seid nicht Kleine Teekanne.«

»Haltung ist schlampig. Warum?«

»Musik ist Gnade, nicht Recht.«

KAPITEL 16

Tanz Nr. 3

DAS GLEICHE SZENARIO wie bei Nummer 2, nur mit geringfügig weniger gequetschten Zehen.

KAPITEL 17

Tanz Nr. 4

»TANZT WEITER, JETZT ICH mache Musik an«, sagt Fifi in unserer vierten Trainingsstunde nach fünfundzwanzig Minuten.

Ich bin so geschockt, dass ich aus dem Takt gerate.

X auch. »Ach du Scheiße«, sagt er. »Wenn wir Musik verdienen, sind wir wohl doch nicht so schlecht.«

»Wir sind ziemlich schlecht«, erwidere ich.

Fifi zählt den Bachata an – »fünf, sechs, sieben, acht« –, und wir legen los.

Trotz Musik machen wir die üblichen Fehler: die Achselhöhlendrehung™. Den Zehenzerquetscher™.

Beim dritten und vierten Mal sind es schon weniger Patzer.

Beim fünften Mal gelingt uns die Fußarbeit.

Das sechste Mal auch.

Mitten im siebten Mal stellt Fifi die Musik ab.

»Endlich ihr beherrscht Schritte«, sagt sie. »Jetzt kann losgehen richtige Arbeit!«

Ich weiß nicht, was sie mit »richtige Arbeit« meint, bin mir aber ziemlich sicher, dass es mir nicht gefallen wird.

Sie geht zum Schrank und holt einen Ghettoblaster heraus. Wozu brauchen wir ein tragbares Stereogerät, wenn wir eine fest installierte und einwandfrei funktionierende Musikanlage im Studio haben?, könnte man sich jetzt fragen. Ich frage mich das jedenfalls.

»Evie«, sagt sie, nachdem sie sich davon überzeugt hat, dass der Ghettoblaster mit Batterien bestückt ist. »Was sind wichtigste Voraussetzungen für Gesellschaftstanz?«

Trotz meiner Beklemmung angesichts der Ungewissheit, was sie mit dem Ghettoblaster vorhat, antworte ich reflexartig: »Fußarbeit, Rhythmusgefühl, Kunstfertigkeit.«

»Ja, aber zwei du hast vergessen.« Sie wendet sich an X. »Du willst raten?«

»Man braucht einigen Mut«, antwortet er.

»Ja, gut«, sagt sie. »Man muss sich trauen. Man muss wollen sich zur Schau stellen.« Sie stöbert erneut im Schrank und sucht eine Handvoll CDs heraus. »Letzte wichtige Voraussetzung ist, dass Chemie stimmt, aber darum wir kümmern uns anderes Mal. Heute wir arbeiten an Selbstdarstellung.«

Sie steuert zur Tür. »Vorwärts«, ruft sie über ihre Schulter.

»Wohin gehen wir?«, frage ich.

»Kommt. Ich euch fahre nach Santa Monica. Ihr beide werdet tanzen für euer Abendessen.«

———

Die ganze Fahrt über versuche ich, ihr die Sache auszureden, aber sie lässt sich nicht beirren. X sitzt schweigend auf der Rückbank und ist keine große Hilfe.

Ich suche im Rückspiegel seinen Blick. »Hilf mir doch.«

Er schüttelt den Kopf. »Du weißt, ich sage zu allem Ja.«

Ich drehe mich um, damit ich ihm ins Gesicht sehen kann. »Ich hab über das nachgedacht, was du gestern gesagt hast, dass man jeden Tag so leben soll, als wäre es der letzte.«

Er beugt sich interessiert vor. »Ja?«

»Ich bin zu dem Schluss gekommen, dass es nicht funktioniert. Wenn alle Menschen nach deiner Devise leben würden, dann würden sie ihren schlimmsten Impulsen nachgeben. Sie würden auf ihre Verpflichtungen pfeifen, sie würden Dinge sagen und tun, die unangemessen und unmoralisch sind, sie würden sich ungesund ernähren. Es wäre ein Desaster.«

Er wirft den Kopf in den Nacken und lacht. Der Klang erfüllt das Auto. »Wow, das war eine wissenschaftliche Abhandlung. Aber wieso gehst du davon aus, dass die Leute an ihrem letzten Tag nur das Falsche tun würden? Vielleicht würden sie ja alle nur Gemüse essen. Vielleicht wür-

112

den sie denen, die ihnen am Herzen liegen, sagen, wie sehr sie sie lieben.«

Ich glaube, früher hatte ich auch so viel Vertrauen in die Menschen wie er. Ich drehe mich wieder nach vorn. »Nein, würden sie nicht.«

»Ich will damit doch nur sagen, dass es auch ganz nett sein könnte, vor einem Haufen Fremder auf der Strandpromenade zu tanzen.«

»Nett oder nicht, ihr tanzt«, sagt Fifi.

Sie parkt das Auto und fördert aus ihrem Kofferraum das nötige Zubehör zutage: Trinkgelddose, Ghettoblaster und CDs. Dann machen wir uns auf den Weg.

Die Santa Monica Promenade ist im Grunde eine lange, breite, für den Autoverkehr gesperrte Shopping-Meile. Im Frühjahr und Sommer drängen sich hier die Touristen dicht an dicht, um den Straßenkünstlern zuzuschauen: Hip-Hoppern, Schülern, die ihren Vorbildern aus *School of Rock* nacheifern, Singer-Songwriter-Typen. Mein absoluter Favorit ist allerdings Grumpy Clown. Er sieht aus wie die übellaunige Version eines lustigen Clowns. Wenn er nicht gerade eine Zigarette rauchend die Promenade entlangspaziert und kleinen Kindern finstere Blicke zuwirft, sitzt er auf einer der Bänke und formt aus Luftballons Tiere, die einem Albträume verursachen können. Ganz im Ernst, sie sind echt gruselig.

Fifi sucht uns einen Platz unmittelbar neben einer der Dinosaurier-Skulpturen aus Buchsbaum, die die Promenade säumen.

Sie stellt die Trinkgelddose auf den Boden und legt zwanzig Dollar aus ihrer eigenen Brieftasche rein. »Leute mögen euch eher, wenn sie denken, andere Leute euch mögen«, erklärt sie auf meinen fragenden Blick hin.

X setzt den Ghettoblaster neben unserer Trinkgeldbox ab und Fifi legt eine CD ein.

»Fifi ...«, setze ich zu einem letzten Versuch an, mit meinen Bedenken bei ihr zu landen.

Aber sie will nichts davon wissen. »Wenn ihr bei Turnier mit elf Paaren auf Tanzfläche tanzen wollt, ihr dürft haben keine Angst. Ihr müsst Aufmerksamkeit von Wertungsrichtern auf euch ziehen und halten. Ihr müsst andere Paare ausstechen und unsichtbar werden lassen.«

»Mensch, Fifi, bei dir klingt es, als würden wir in den Krieg ziehen«, sagt X.

»Es *ist* Krieg«, sagt sie. »Und momentan ihr seid keine gute Waffe.« Sie klatscht in die Hände. »Auf Position.«

Ich atme zweimal tief durch, um mich zu beruhigen. Die Luft auf der Promenade duftet nach einer Mischung aus Meer, Blumen und neuem Leder. Die Mittagssonne steht hoch und heiß am Himmel. Es fühlt sich an wie ein Scheinwerfer, der auf uns herunterstrahlt.

»Ich gebe Starthilfe mit etwas Leichtem.« Fifi bückt sich und drückt auf Play.

Anfangs bewegen wir uns so steif wie der Blechmann in *Der Zauberer von Oz*. Ich bin total gehemmt und absolut auf mich selbst konzentriert, nehme dabei aber paradoxerweise jeden Vorbeigehenden überdeutlich wahr. Ich riskiere einen Blick auf unser potenzielles »Publikum«. Ein paar Touristen werfen uns kurze, neugierige Blicke zu. Leute von hier, die in der Nähe arbeiten und an Darbietungen aller Art gewöhnt sind, ignorieren uns komplett.

Fifi zischt uns aus dem Hintergrund Anweisungen zu: »Infinity Hips! Haltung! Augenkontakt!«

Der erste Song endet, aber sie lässt uns keine Zeit zum Ausruhen. Sie spielt noch drei weitere Bachata-Stücke. Das Tempo wird mit jedem Lied schneller, und beim vierten muss ich mich so konzentrieren, dass mir für Hemmungen keine Zeit bleibt. Als nach fünfzehn Minuten der letzte Song endet, sind X und ich völlig außer Atem.

Fifi winkt uns zu sich. »Was denkt ihr, ist Grund, warum zuschaut keiner?«

Ich antworte nicht. Ich erkenne es, wenn eine Frage rhetorisch gemeint ist.

Offenkundig erkennt X es ebenfalls, denn er antwortet auch nicht.

»Keiner bleibt stehen, weil ihr beide tanzt mit Kopf, nicht mit Herz. Und seid zu beschäftigt, auf Leute zu achten, die nicht achten auf euch.« Sie schaut X an. »Du spielst in Band. Du stehst auf Bühne. Wo ist Mut?«

»Singen und Gesellschaftstanz sind nicht dasselbe, Fifi«, wendet er ein.

»Aber du musst doch zeigen Charisma auf Bühne, oder nicht? Wo ist Charisma?«, beharrt sie.

Sie sieht mich an. »Technik ist nicht ganz schrecklich. Aber du bist Rauch ohne Feuer.«

Bestimmt hat sie recht. Trotzdem möchte ich betonen, dass

   a) Rauch sehr heiß ist

und

   b) genauso viele Menschen an Rauchvergiftung
      sterben wie in den eigentlichen Flammen.

Es auszusprechen wird mich in dem Fall allerdings nicht weiterbringen.

Ein paar kleine Kinder klettern auf die Mauer, die um die Dinosaurier-Skulptur herumläuft, und fangen an, Dinosaurier zu spielen. Sie stoßen lautes Gebrüll aus und ich würde am liebsten mit einstimmen.

»Versucht noch mal«, sagt Fifi.

X und ich nehmen wieder unsere Position ein.

»Lass deine Braids runter«, fordert er mich plötzlich auf und sieht mich an.

Ich fasse an meine Rastazöpfe, die ich auf dem Kopf zusammengebunden habe, und schaue X stirnrunzelnd an. »Warum?«

»Komm schon, sag einfach Ja«, bittet er. »Wir geben jetzt alles.«

Meine Haare zu lösen, kommt mir irgendwie sehr privat vor. Es macht mich verlegen und unsicher.

»Dann musst du deine Dreads aber auch aufbinden«,

sage ich im Versuch, das Gleichgewicht wiederherzustellen.

Er zieht mit einer Hand sein Haarband heraus. Seine Dreadlocks fallen ihm bis auf die Schultern und umrahmen sein Gesicht.

Unsere Blicke treffen sich, und es entsteht so eine Art Band zwischen uns – eine besondere Art von Verstehen. Ein kleiner, unkluger Teil in mir will an diesem Band festhalten und sehen, wohin es führt. Der größere, vernünftigere Teil in mir will zu einer riesigen Schere greifen und das Band in winzige Schnipsel zerschneiden.

Der nächste Song setzt ein. Vielleicht liegt es daran, dass wir unsere Haare aufgemacht haben, oder daran, dass uns Fifi quasi dazu herausgefordert hat, nicht mehr so grottenschlecht zu tanzen, oder woran auch immer, jedenfalls ist es diesmal anders.

Das Lied ist eine Schnulze. Der Sänger klingt, als hätte er soeben den Sinn des Lebens entdeckt und wollte einen unbedingt wissen lassen, worin er besteht. Seine Stimme wird von einem konstanten 4/4-Takt begleitet. X strafft die Schultern, richtet sich kerzengerade auf und lächelt mir in die Augen. Seine Führung ist selbstbewusst und souverän. Irgendwie ist jetzt auch die Federung meiner Hüften nicht mehr eingerostet. Ich kriege die Infinity Hips hin.

Wir schweben in noch einen Song hinein und dann in noch einen. Als wir aufhören, stehen fünfzehn oder zwanzig Leute um uns herum. Ein paar kommen sogar näher und werfen Geld in die Box.

Ich warte, bis sie davonschlendern, bevor ich unsere Einnahmen zähle. »Da sind siebenundfünfzig Dollar drin«, sage ich fassungslos.

»Abzüglich Fifis zwanzig Dollar sind das siebenunddreißig Ocken in vierzig Minuten«, stellt X fest.

Das ist ziemlich gut.

»Und wie haben wir ausgesehen, Fifi?«, fragt X.

Zu den letzten Songs haben wir so gut getanzt wie noch nie, aber das bedeutet nicht, dass es auch tatsächlich gut war.

Fifi ist ungewöhnlich schweigsam.

»Du machst mir Angst«, gestehe ich.

»Mir auch«, sagt X.

»Ist immer noch Anfängerstadium«, sagt sie.

»Ja«, pflichte ich ihr bei.

Sie wendet sich an mich. »Und Hüften sind besser, aber immer noch nicht richtig.«

»Okay.«

Sie wendet sich an X. »Und du könntest eine Kuh nicht auf Weide führen.«

Er lacht bloß.

»Aber vielleicht ihr beide zusammen habt was«, sagt sie lächelnd.

»Aber hauptsächlich ich, stimmt's?«, sagt X.

»Definitiv«, sagt sie.

»Hey«, sage ich. »Nur weil er so verdammt heiß ist…«

X dreht mir ruckartig den Kopf zu. »Du findest mich heiß?«

Baff lautet das Wort, das ich verwenden würde, um den Ausdruck zu beschreiben, mit dem er mich ansieht.

In Situationen wie diesen wünschen sich die meisten Menschen, dass sich ein Loch im Boden auftut und sie verschluckt. Aber das wünsche ich mir nicht. Was ich mir wünsche, ist, *das Loch zu sein*. Keine Ahnung, was das zu bedeuten hat, aber so ist es nun mal.

»Ich wollte damit sagen, *sie* findet dich heiß.« Ich zeige auf Fifi.

Fifi legt den Kopf schräg und mustert uns auf eine Art, wie man ein Kunstwerk im Museum betrachten würde, das man nicht so richtig versteht. »Aha«, sagt sie.

»Was?«, frage ich.

»Endlich ich weiß, was Problem ist.«

»Großartig. Vielleicht kannst du es mir erklären«, sagt X.

»Vergiss Problem«, erwidert sie. »Ich habe Lösung. Morgen anstatt Training ihr geht aus und lernt euch kennen.«

»Schon gut, lass nur ...«, beginne ich.

»Nicht schon gut«, unterbricht sie mich. »Zu wichtigsten Voraussetzungen von Gesellschaftstanz gehört, Chemie muss stimmen. Geht aus und werdet Freunde.«

So gesehen klingt es fast vernünftig.

X grinst. »Ja gut, wenn es hilft«, sagt er, weil er blöderweise zu allem Ja sagt.

Natürlich bleibt mir nichts anderes übrig, als auch einzuwilligen.

Wir führen drei weitere Tänze auf und nehmen noch weitere achtzehn Dollar ein.

Fifi zweigt zehn Prozent für sich ab.

Zurück im Studio tauschen X und ich unsere Handynummern aus, bevor wir jeder unserer Wege gehen.

———

Es gibt ein Untergenre von Liebesromanen, das ich »Schiffbrüchig« nenne. Darin sind die nichts Böses ahnenden (und gewöhnlich sich ständig beharkenden) Protagonisten durch irgendwelche widrigen Umstände dazu gezwungen, genug Zeit miteinander zu verbringen, bis sie schließlich merken, wie gern sie Zeit miteinander verbringen. Beispielsweise sitzt das Paar wegen eines Schneesturms in einer (sehr kleinen, sehr romantischen) Hütte im Wald fest. Oder das Paar ist durch sturmgepeitschte See auf einer (wunderschönen tropischen, kein bisschen gefährlichen) einsamen Insel gestrandet.

Damit will ich sagen, Fifi ist der Sturm, X und ich sind die nichts Böses ahnenden Protagonisten, und der Umstand, dass wir uns besser kennenlernen sollen, damit beim Tanzen die Chemie zwischen uns stimmt, ist die eingeschneite Hütte im Wald.

KAPITEL 18

Eine strenge Definition

Sophie, »Ich«, Cassidy und Martin >

Sophie: Nur damit ich das richtig verstehe – du hast ein Date mit diesem neuen heißen Typen, den du bei deinem neuen heißen Hobby kennengelernt hast?

Ich: Es ist kein Date

Sophie: Ich verwende die strenge Definition des Wortes

Cassidy: Die da lautet?

Sophie: Zwei oder mehr Menschen verabreden sich aus einem bestimmten Grund zu einer bestimmten Zeit an einem bestimmten Ort

Martin: Wohin geht ihr?

Ich: Uah

Ich: Uaaahhh

Ich: Er will eine von diesen Celebrity-Touren machen

Martin: Autsch

Ich: Ja, oder?!

Sophie: So eine Tour wollte ich auch immer schon mal machen

Cassidy: Echt? Hätte nie gedacht, dass du auf so was stehst

Sophie: Wieso? Ich kann auch oberflächlich sein

Cassidy: Ich find's gut, dass du nicht oberflächlich bist

Ich: Flirtet ihr zwei? Kommt mir fast so vor, als würdet ihr flirten

Cassidy: Tun wir nicht

Sophie: Tun wir nicht

Ich: WENN IHR MEINT

———

Sophie und »Ich« >

Sophie: Warum hast du gesagt, Cassidy und ich würden flirten?

Ich: War bloß ein Scherz

Ich: Wieso fragst du?

Ich: Willst du, dass ihr flirtet?

Sophie: Natürlich nicht

Sophie: Fand's nur komisch, dass du so was sagst

———

Cassidy und »Ich« >

Cassidy: Beim 1. Date ohne Zunge

Ich: Halt

Ich: Die
Ich: Klappe

———————

Martin und »Ich« >

Ich: Ich glaube, zwischen den beiden ist was im Busch
Martin: Ja, kann sein
Ich: Liegt bestimmt am Frühling
Ich: Kommt mir fast so vor, als würden die Leute von
den Pollen noch mehr Lust aufs Küssen kriegen
Martin: Willst du damit sagen, Küssen ist eine
allergische Reaktion?
Ich: Eine, gegen die es kein Mittel gibt

———————

KAPITEL 19

Kein Date, Teil 1 von 3

ICH TREFFE FÜNFZEHN MINUTEN vor der verabrede-
ten Zeit bei LaLaLand-Tours ein. Das Reisebüro befindet
sich in einer Ladenzeile zwischen einer Pfandleihe und einer
Wechselstube, auf dem Gehweg davor sind »Walk of Fame«-
Sterne eingelassen. Ironie, dein Name ist Hollywood.

Eine hübsche, aber extrem über-überschwängliche
junge Weiße, die ein Klemmbrett in der Hand hält und
ein T-Shirt mit dem Aufdruck *LaLaLand-Tours* trägt, gibt
mir gleich beim Eintreten ein Blatt Papier. Darauf stehen
häufig gestellte Fragen und ein deutlich ins Auge springen-
der Hinweis, dass man den Teilnehmern der Stadtrund-
fahrt leider keine Garantie dafür geben kann, dass sie Pos-
sen treibende Promis in ihrem natürlichen Lebensraum zu
Gesicht bekommen.

X trudelt zehn Minuten später als verabredet ein. Ich

vermute, das Leben im Hier und Jetzt bringt es mit sich, dass man zu Verabredungen zu spät kommt. Wie üblich hat er seine Dreadlocks auf dem Oberkopf hochgebunden. Er trägt schwarze Skinny-Jeans, ein kurzärmliges weißes Hemd und blaue Canvas-Schuhe mit floralem Muster. Ich schaue ihm nach, wie er durch den Raum schlendert, und stelle fest, dass ich nicht die Einzige bin, die ihn beobachtet. Er hat etwas Unwiderstehliches an sich und es ist nicht allein sein Aussehen. Vielleicht liegt es an seinem offenen Gesichtsausdruck? Oder daran, dass er an allem wahnsinnig interessiert wirkt, so als ob er genau jetzt genau hier sein will und nirgendwo anders?

Hübsche-Klemmbrett-Frau reicht ihm sein FAQ/Hinweisblatt.

Er lässt sein absurd betörendes Lächeln aufblitzen.

Sie reißt sich die Kleider vom Leib.

Nein, Scherz.

Tut sie nicht.

Aber sie möchte es.

»X«, rufe ich und winke, damit sie weiß, dass er hier mit jemandem verabredet ist.

Hübsche-Klemmbrett-Frau bittet alle Anwesenden um ihre Aufmerksamkeit und führt uns nach draußen zum Bus. Es ist ein offener Doppeldecker-Koloss, der mit Bildern von Sehenswürdigkeiten und grobkörnigen Fotos von überrumpelten und nicht gerade erfreut dreinblickenden Promis gepflastert ist.

»Ober- oder Unterdeck?«, fragt X.

Ich entscheide mich für das Oberdeck. Es ist schönes Wetter und trotzdem leicht bewölkt, sodass wir nicht ständig in der prallen Sonne braten werden.

»Wie viele von diesen Touren hast du schon mitgemacht?«, erkundigt er sich, als wir die Treppe hochsteigen.

»Keine«, sage ich.

»Echt nicht?«

»Ich komme von hier«, erinnere ich ihn.

»Umso mehr Grund«, erwidert er.

Die erste Hälfte der Fahrt ist zu meiner Überraschung ziemlich interessant. Wir sehen zwar keine Promis in freier Wildbahn, aber unsere Tourleiterin erzählt uns lustige Storys von früheren Sichtungen. Beispielsweise wie ein berühmter Fernsehstar beim Nasebohren ertappt wurde, als der Tour-Bus neben seinem Auto hielt. Sie sagt nicht, wer es war, gibt uns aber genügend Hinweise, dass wir es uns zusammenreimen können.

Als wir den Sunset Strip erreichen, wendet X sich mir mit bedeutsamer Miene zu.

»Was ist?«, frage ich.

»Da hinten ist das Roxy«, sagt er. »Und das Whisky a Go Go«. Das Roxy und das Whisky a Go Go sind beides legendäre Rock-Clubs. Er spricht die Namen mit solcher Ehrfurcht aus, dass ich von seiner Aufregung angesteckt werde.

Ich halte nach den Clubs Ausschau, aber mir ist klar, dass ich bloß irgendein altes Gemäuer sehe, wo er Rock-Geschichte vor Augen hat.

»Warst du schon mal da?«, frage ich.

»Noch nicht.« Er zückt sein Handy und beginnt Fotos zu machen. »Oh Mann, hast du eine Ahnung, welche Legenden im Roxy gespielt haben? Bob Marley and the Wailers. George Benson. Jane's Addiction. The Doors waren sogar mal eine Zeit lang Hausband im Whisky a Go Go.«

Ich schaue noch mal zu den alten Gemäuern und fange an, sie mit anderen Augen zu sehen. »Dann ist es also dein Traum, dort aufzutreten?«, frage ich.

»Ich werde es dahin schaffen«, sagt er.

»Bist du immer so … selbstsicher?«

»Du wollest ›großspurig‹ sagen, oder?«

»Nein«, lüge ich.

Ich glaub dir kein Wort, sagt sein Lächeln.

Es ist ein hübsches Lächeln. Ich muss mich davon ablenken. »Du möchtest Musiker werden?«

Er setzt sich so, dass er mir besser ins Gesicht sehen kann. »Wollen wir die Sache echt durchziehen?«, fragt er.

»Welche Sache?«

»Die uns Fifi aufgetragen hat. Das mit dem Besser-Kennenlernen.«

»Wenn es eine Tanz-Mafia gäbe, würde Fifi dort das Sagen haben. Es wird unser Leben leichter machen, wenn wir einfach tun, was sie sagt.«

»Ich weiß, was du meinst«, erwidert er mit einem kurzen Auflachen. Er dreht sich nach den Clubs um, als wir daran vorbeifahren. »Musiker bin ich schon. Was ich werden will, ist ein Rockstar. Ich will die Welt erobern. Ich will das ganz große Stadion. Die ausverkauften Tourneen. Aufs

Cover des *Rolling Stone*. Den Einzug in die Hall of Fame des Rock 'n' Roll.«

»Die Groupies«, werfe ich ein.

Er lacht und zuckt mit den Schultern.

»Die Chancen dafür stehen aber eher schlecht«, sage ich.

»Ja, hab ich auch schon gehört.« Er klingt trotzig und gleichzeitig müde.

Bestimmt bin ich nicht die Erste, die ihm sagt, dass die Wahrscheinlichkeit, den Durchbruch zu schaffen, ziemlich gering ist. Ich frage mich, was seine Eltern von seinem großen Traum halten. Eltern sind normalerweise nicht gerade erfreut, wenn ihre Kinder in Bezug auf ihre berufliche Zukunft irgendwelche Risiken eingehen.

»Aber weißt du was?«, sage ich. »Wenn sich jeder einen Kopf über seine Chancen machen würde, gäbe es überhaupt keine Rockstars.«

Sein Lächeln kehrt zurück, und ich freue mich mehr darüber, als ich es vermutlich sollte.

Unser Bus hält an einer roten Ampel. Ein paar Fußgänger winken uns zu, als wären *wir* die Berühmtheiten.

»Dann bist du nach Los Angeles gezogen, um Rockstar zu werden?«

»Auch.«

»Und warum noch?«

Er schaut mir ein paar Sekunden prüfend ins Gesicht. Es fühlt sich an, als würde er überlegen, wie viel er mir anvertrauen kann. »Clay, ein Freund von mir, ist letztes Jahr gestorben«, sagt er schließlich. »Er war unser Bassist.«

»Oh Gott, das tut mir furchtbar leid, X.«

Er nickt und senkt den Blick auf seine Hände. »Mir auch.«

Ich rechne nicht damit, dass er noch etwas sagt, aber dann tut er es doch. »Clay war am Bass, Jamal an den Drums, Kevin am Keyboard und ich an der Gitarre. Wir wollten uns ursprünglich *The Lonely Onlys* nennen.«

»Wieso denn das?«

»Es gibt nicht gerade viele Schwarze an den Schulen in Lake Elizabeth«, sagt er lächelnd. »Clay und ich kannten uns seit der Middleschool. Kevin und Jamal haben wir im ersten Jahr an der Highschool bei Bandproben kennengelernt. Es kam uns wie ein Wunder vor, dass wir vier uns gefunden hatten.« Die Erinnerung an diesen Tag steht ihm ins Gesicht geschrieben. »Und bevor du mich jetzt wieder fertigmachst, es war nicht meine Entscheidung, unsere Band X-Machine zu nennen.«

»Wann habe ich dich denn fertiggemacht?«

»Fragst du das im Ernst? Du erinnerst dich nicht? Bei unserer ersten Begegnung. Deine genauen Worte waren: ›Ach. Dann ist die Band also nach dir benannt?‹«

»Bist du sicher?«, frage ich, obwohl ich mich sehr wohl erinnere. »Das klingt gar nicht nach mir.«

»Hast du eine böse Zwillingsschwester?«

»Nein.«

»Dann warst du es.«

Wir grinsen uns an.

»Den Namen hat sich Clay ausgedacht. Er meinte, weil

ich der Frontmann bin und die Band gegründet habe, wäre es eine gute Idee. Wir fanden alle, X-Machine würde klingen, als kämen wir aus der Zukunft.« Er lässt den Kopf gegen die Nackenstütze sinken. Er schluckt schwer und dann noch einmal, als würde er versuchen, etwas unten zu halten, das nach draußen drängt. »Es ging alles so schnell. In der einen Minute war er noch da und in der nächsten tot.«

Jetzt wird mir einiges klar. Ich verstehe, warum er zu allem Ja sagt und warum er versucht, im Hier und Jetzt zu leben. Es hat mit dem Tod seines Freundes zu tun. Er ist überhaupt nicht der Angeber, für den ich ihn gehalten habe. Von dem ich *gehofft habe*, er wäre es. Er ist klug und nachdenklich und lustig, vielleicht sogar ein bisschen philosophisch.

Ich wünschte, er wäre weniger ... von allem.

Ich wünschte, er hätte irgendwo ein Geheimversteck mit abgeschnittenen Zehennägeln oder Nasenhaaren.

Der Bus schert weit nach links aus. Ich rutsche über den Sitz gegen X, meine Schulter drückt sich an seine. Ich muss abwarten, bis wir abgebogen sind, bevor ich wieder von ihm wegrücken kann.

»Wir hatten sowieso vor, nach der Highschool hierherzuziehen«, fährt er fort. »Nach Clays Tod haben Jamal, Kevin und ich beschlossen, jeden Tag so zu leben, als ob es unser letzter wäre. Wir haben die Highschool geschmissen.«

»Moment mal. Du hast die Schule abgebrochen?«

»Jep.«

»Aber warst du nicht in der Zwölften? Dann hättest du doch nur noch ein halbes Jahr bis zum Abschluss gehabt.«

»Manche Dinge dulden keinen Aufschub, Evie.«

»Hast du deshalb mit Jess Schluss gemacht?«, frage ich. »Weil du nach L. A. ziehen und Rockstar werden wolltest?«

»Wow, es wundert mich, dass du dich an ihren Namen erinnerst.«

»Ich hab ein gutes Namensgedächtnis.« Eigentlich stimmt das nicht, aber besser, er denkt, ich hätte eins.

»Das mit Jess und mir hätte nicht geklappt. Es hat einfach nicht gepasst.«

Es gibt jede Menge Fragen, die ich ihm dazu stellen möchte, aber ich sollte definitiv nicht tiefer in sein Liebesleben eintauchen. Es ist ein guter Zeitpunkt für einen Themenwechsel, beschließe ich.

»Wie finden es deine Eltern, dass du die Schule geschmissen hast?«

»Nicht so toll.« Er wendet mir das Gesicht zu. »Hast du dir schon mal etwas so sehr gewünscht, dass du einfach nicht warten konntest?«

»Ja«, sage ich, führe es aber nicht näher aus. Als ich damals nach der Schule mit dem Bus die ganze Strecke bis nach Santa Monica gefahren bin, war es mein sehnlichster Wunsch, Dad dazu zu überreden, wieder nach Hause zu kommen.

Den Rest der Tour verbringen wir größtenteils jeder in seine eigenen Gedanken versunken. »Tut mir leid, dass wir keine Promis gesehen haben«, sage ich, als wir aus dem Bus steigen.

»Macht nichts. Ich finde, es hat trotzdem was Gutes gebracht.«

»Und was?«

»Wir haben unsere Mission erfüllt und uns besser kennengelernt.«

Fifis Auftrag. Richtig. Irgendwie habe ich den Grund, warum wir überhaupt zusammen unterwegs waren, völlig aus den Augen verloren.

»Wir könnten vielleicht sogar Freunde werden«, sagt er.

»Fifi hat gesagt, wir sollen uns kennenlernen, nicht mögen«, frotzele ich.

»Ja, aber du magst mich. Das merke ich.«

»Hast du schon mal was von dem Spruch ›Sie verdrehte die Augen so sehr, dass sie ihr eigenes Hirn sehen konnte‹ gehört?«

Er schlägt sich mit der flachen Hand aufs Brustbein und bricht aus vollem Hals in lautes Lachen aus. Es ist ein großartiges Lachen.

»Können wir uns wenigstens darauf einigen, dass du mich nicht hasst?«, fragt er.

»Ich hasse dich nicht.«

Er legt grinsend einen Arm um mich. »Das ist doch schon mal ein Anfang.«

KAPITEL 20

Spätestens am Ende des 2. Akts

Sophie, »Ich«, Cassidy und Martin >

Sophie: Wow, noch ein Date?

Ich: Es. Ist. Kein. Date

Cassidy: Wtf? Der heiße rockstar lädt dich zu seinem
1. Gig in la ein damit du f2f siehst wie er singt +
gitarre spielt?

Martin: Gott, Cassidy, wäre es zu viel verlangt, wenn
du dich an die Groß- und Kleinschreibung hältst,
Wörter ausschreibst und Kommas
setzt? Ich musste das hier gerade fünfmal
lesen

Cassidy: FU

Cassidy: Wie dem auch sei

Cassidy: Wie heiß ist er genau?

Ich: Du stehst doch gar nicht auf Jungs

Cassidy: Rockstars sind keine Jungs. Sie sind nicht mal Menschen. Sie sind eine andere Spezies

Martin: Stimmt

Ich: Wir verabreden uns bloß, damit wir uns besser kennenlernen

Cassidy: Ofc. Wohl eher um die chemie zw. euch zu checken bevor ihr zusammen dirty dancing macht

Ich: GESELLSCHAFTSTANZ IST NICHT DAS GLEICHE WIE DIRTY DANCING

Cassidy: Ach komm schon. das ist sex mit klamotten an

Martin: Stimmt

Sophie: Omg, Cassidy

Cassidy: Was denn?

Cassidy: Sie ist so was wie die heldin in 1 ihrer liebesromane

Martin: Sie liest diese Bücher nicht mehr

Cassidy: Spätestens am Ende des 2. Akts wird sie sich verliebt haben, wetten?

Ich: Dir ist aber schon klar, dass das echte Leben keine 3-Akt-Struktur hat, oder?

Martin: Stimmt

———

KAPITEL 21

Kein Date, Teil 2 von 3

DER CLUB, IN DEM X auftritt, ist ein Dreckloch. Ohne Fenster. Und mit extrem schummrigem Licht. Im Grunde eine Höhle.

Ich spähe vom Eingang ins Dunkel und wünsche mir eine Stirnlampe, etwas, das ich mir vorher noch nie gewünscht habe. X entdecke ich nicht, aber unser Plan sieht vor, dass ich mir den Auftritt der Band anschaue und wir uns danach treffen.

Noch sind erst eine Handvoll Leute da, einige stehen an der Bar und ein paar an den Tischen weiter hinten. Vorne im Raum ist eine kleine Bühne aufgebaut. Ich sehe eine E-Gitarre mit einem *X-Machine*-Aufkleber an einem Verstärker lehnen. Ich fasse es nicht, dass er wirklich da hochgehen und vor einem Haufen fremder Leute singen und Gitarre spielen will. Ich fasse es nicht, wie nervös ich für ihn bin.

Ich nehme den Blick von der Bühne, sauge tief Luft ein und huste sie gleich wieder aus. Sie schmeckt nach Rauch, Bier, Pisse und den Reinigungsprodukten, die sie hier (erfolglos) verwenden, um den Gestank von Rauch, Bier und Pisse zu übertünchen. Ich entscheide mich für einen Tisch, der so weit wie möglich von der Bühne entfernt steht. Ich will X nicht mit meiner Nervosität nervös machen. Nicht, dass sie das könnte. Trotzdem, sicher ist sicher.

Die Show soll eigentlich um sechs losgehen, aber Rockkonzerten ist es (gesetzlich) untersagt, pünktlich anzufangen. Während der nächsten vierzig Minuten tröpfeln nach und nach immer mehr Leute rein, bis der Club irgendwann brechend voll ist. Schließlich steigt ein klein gewachsener, ganz in schwarzes Leder gekleideter Weißer mit Irokesenschnitt auf die Bühne und tritt ans Mikro. Er ist über und über mit Tattoos bedeckt, auch im Gesicht.

»Herzlich willkommen in Rickys Club«, sagt er mit starkem englischen Akzent. »Ich bin Ricky. Wir haben heute Abend eine echt gute Show für euch. Den Anfang machen X-Machine aus …« Er hört auf zu reden, dreht sich backstage und brüllt: »Woher kommt ihr noch mal?«

»Lake Elizabeth«, ruft eine Stimme.

»Genau«, sagt Ricky. »Lake Elizabeth.« Er schaut erneut nach hinten. »Und wo zum Teufel ist das?«

»Upstate New York«, antwortet dieselbe Stimme.

Ricky guckt wieder ins Publikum. »Da habt ihr's!«, sagt er. »Aus dem verdammten Upstate New York.«

Ich beobachte die Leute und versuche ihre Begeisterung einzuschätzen. Sie ist eher lau.

Meine Nervosität steigt rapide. Ich will wirklich, dass er gut ist. Nicht bloß gut, sondern sensationell gut. So sensationell gut, wie er es von sich selbst glaubt. Ich möchte nicht, dass ihm dieser unerreichbare Traum das Herz bricht.

Bevor Ricky von der Bühne geht, kündigt er noch die Band an, deren Vorgruppe X-Machine ist: »Unsere Lokalmatadore – Better Daze!« Die Reaktion der Leute ist alles andere als lau. Vermutlich sind die Hälfte der Zuschauer Freunde von ihnen, aber Enthusiasmus bleibt Enthusiasmus.

Das Licht im Club wird sogar noch dunkler gedimmt und die drei Bandmitglieder kommen auf die Bühne. Während unserer LaLaLand-Tour hat mir X ein bisschen über die anderen beiden erzählt. Jamal ist der Drummer und Kevin der Bassist. Kevin war früher an den Keyboards, hat aber nach Clays Tod angefangen, Bass zu spielen.

X greift sich die E-Gitarre und geht ans Mikro. Da oben sieht er irgendwie anders aus. Vielleicht weil ihm seine Dreadlocks offen über die Schultern fallen. Oder vielleicht weil das Bühnenlicht seine braune Haut leicht bläulich schimmern lässt. Seine Augen suchen die Menge ab. Es dauert eine Sekunde, bis ich begreife, dass er nach mir Ausschau hält. Ich reiße den Arm hoch und winke.

Er winkt zurück und ein paar Leute im Publikum drehen sich zu mir um.

»Hey alle«, sagt er ins Mikro. Seine Stimme klingt tiefer als sonst. »Wir sind X-Machine aus dem verdammten Upstate New York. Das hier ist unser erster Gig in L. A. Danke, dass ihr gekommen seid. Dieser Song heißt ›Abschlussball‹.«

Jamal schlägt in klassischer Rock-'n'-Roll-Drummer-Manier seine Drumsticks aneinander und zählt »One, two, three, four«.

Ich erwarte – und das Publikum erwartet – ein hartes, treibendes Tempo, aber das ist nicht, was wir bekommen. Der Song ist langsam. Zu langsam.

X' Stimme ist viel zu sanft und schmelzend. Er summt im Grunde zu dem ruhigen Mid-Tempo. Der Text ist viel zu süßlich und zu ernst – es geht um Korsagen und Verheißungen.

Einer von Dads Lieblingssprüchen lautet *Bring zu einer Schießerei kein Messer mit*. Alles, was ich im Moment denken kann, ist, bring auf einem Rockkonzert keine Ballade. Das Publikum beginnt unruhig zu werden.

Aber dann setzt die Band zum Refrain an und der Song bekommt eine ganz neue Richtung. X' Stimme wird lauter und drängender – nicht wütend, aber hart. Das Tempo wird schneller.

Ich geh nicht
Ich geh nicht
Ich geh nicht mit dir zum Abschlussball

Die restlichen Lyrics drehen sich mehr oder weniger darum, was an Abschlussbällen alles falsch ist – die Tüllkleider, die Fliegen, die grottenschlechte Musik, der Druck rumzumachen, ohne dabei zum Äußersten zu gehen, die unrealistische Erwartung, eines Tages mit seinem Prom-Date vor den Traualtar zu treten. Er ist witzig und eingängig und am Ende singen alle mit und lästern gemeinsam mit der Band über Abschlussbälle.

»Die Leute lassen sich erst mal immer vom harmlosen Anfang täuschen«, sagt X, als der Applaus verebbt. »Das nächste Stück heißt ›Rassismus ist scheiße‹.«

Dieser Song beginnt nicht langsam oder schnulzig. Er ist in Musik verpackte Wut und geht trotzdem ins Ohr. Ich weiß jetzt schon, dass ich den Refrain noch eine Weile im Kopf singen werde:

Du hast mir nicht zu sagen
Wer ich bin
Was ich will und wohin
Du hast mir nichts zu sagen
Nichts mehr, nie wieder
Nichts mehr, nie wieder
Nichts

Sie spielen noch zwei weitere Songs und ich kann die Augen nicht von X lassen. Sagen wir mal so, ich kapiere, warum um Rockstars so ein Wirbel gemacht wird. Ich kapiere, warum es Groupies gibt. Denn X mit seiner Gitarre da oben auf der Bühne ist einfach unglaublich sexy. Aber was mich echt umhaut, ist die Erkenntnis, dass er da hingehört. Ich sehe es daran, wie viel er von sich gibt.

Er zieht das Mikro nah zu sich. »Hier ist ein brandneuer Song, an dem wir erst gestern Abend angefangen haben zu arbeiten. Die Lyrics stehen noch nicht ganz, haben aber Potenzial. Mal schauen, was ihr davon haltet.«

Er nimmt seine Gitarre ab und lehnt sie an die Wand.

»Der Song heißt ›Black Box‹«, sagt er und umfasst mit beiden Händen den Mikrofonständer.

Bass und Drums setzen ein, bevor X zu singen beginnt. Als seine Stimme dazukommt, ist sie tief und tragend und voller Sehnsucht. Es spielt keine Rolle, dass er stellenweise nur summt und nuschelt. Beim Refrain neigt er den Mikrofonständer von sich weg, als würde er mehr Raum für seine Stimme brauchen, als würde er mehr Raum für das Gefühl brauchen, das er versucht, in uns allen entstehen zu lassen.

Eine Idee davon, wie seine Zukunft aussehen wird, steigt in mir auf. Kein winziger Club, sondern ein Stadion. Nicht fünfzig Leute, sondern fünfzigtausend. Kein unfertiger Song, sondern eine ganze Hitliste. In dieser Zukunft bekommt er alles, was er will. Aber dann schüttle ich den Kopf, weil es natürlich ziemlich sicher nicht so kommen wird. In den Visionen der vergangenen Wochen habe ich genug Herzschmerz gesehen, um zu wissen, dass es im Leben meistens ganz anders kommt, als man denkt.

Der Song endet und X zieht das Mikro wieder näher

zu sich. »Ich weiß, ihr findet es vermutlich seltsam, drei Schwarze hier oben auf der Bühne Rock ’n’ Roll spielen zu sehen. Aber vergesst nicht, es waren Schwarze, die den Rock ’n’ Roll erfunden haben.« Er zwinkert dem Publikum zu und lässt das gleiche Grinsen aufblitzen, mit dem er mich bei unserer ersten Begegnung verzaubert hat. Dieses Grinsen, das ihn überall nach vorn in die erste Reihe bringen wird. Es wirkt, die Leute lachen. Er wartet, bis der Beifall verebbt ist. »Wir sind X-Machine. Das war’s von uns. Danke für euer Kommen.«

Das Licht im Club wird etwas heller gedimmt, von sehr schummrig zu nicht mehr ganz so schummrig. Es vergehen noch weitere zwanzig Minuten mit dem Abbau der Instrumente und gegenseitigem Abklatschen und Bekundungen, dass es eine tolle Show war, bevor X zu mir kommt. Er hat Jamal und Kevin im Schlepptau.

»Du bist die, die unseren Frontmann zum Ballett gebracht hat?«, fragt Jamal. Er ist noch größer als X, hat ein kindliches Gesicht und einen Irokesenschnitt.

»Die bin ich«, sage ich.

»Es ist kein Ballett, Alter, sondern Gesellschaftstanz. Wie oft muss ich dir das noch erklären?«, stöhnt X. Ich bin mir sicher, es ist ein Running Gag zwischen ihnen.

Jamal umarmt mich kurz. »Halt ihn bloß weiter mit Tanzen auf Trab. Bevor du aufgetaucht bist, hat er uns mit seiner ständigen Proberei fast umgebracht.«

»Er ist auch längst nicht mehr so mies drauf«, sagt Kevin und beugt sich ebenfalls zu einer Umarmung vor. Er ist klein und stämmig und vollkommen kahl. In einem früheren Leben war er ein Felsbrocken.

»Zeit, dass ihr Blödmänner endlich von hier verschwindet«, sagt X.

Jamal lacht. »War schön, dich endlich kennenzulernen, Evie«, sagt er.

»Und mach weiter so!«, fügt Kevin hinzu.

Nachdem sie gegangen sind, dreht sich X wieder zu mir um. »Hey.« Seine Augen funkeln und er ist wie von einer pulsierenden Energie durchströmt.

Ich greife nach meinem Rucksack und halte ihn fest an mich gedrückt. »Hey«, erwidere ich. Und auch auf die Gefahr hin, wie ein Groupie zu erscheinen, muss ich ihm sagen, wie großartig er war. »Du warst unglaublich. Besser, als du es gesagt hast. Danke für die Einladung. Ich bin froh, dass ich euch spielen gesehen habe.«

Er strahlt. Was ich ihn noch nie habe tun sehen, aber es gefällt mir. Es gefällt mir so sehr, dass ich ihn dazu bringen möchte, es wieder zu tun.

———

»Sonst sieht es hier nicht so aus«, sage ich zu X, als wir uns in unsere Sitzecke im Surf City Waffle schieben. Spätabends war ich noch nie hier und es ist … anders. Die Tische sind mit hellrosa Spitzentüchern bedeckt. Rosenblüten schwimmen in flachen runden Schalen, die in der Mitte auf jedem Tisch stehen. Echte Kerzen in echten

Leuchtern säumen die Wände. Kerzenlicht schimmert. Romantisch.

X guckt sich demonstrativ im Raum um. »Du hast mich also nicht hergebracht, um mich zu verführen?«, fragt er.

Ich verschlucke mich fast. »Was?! Nein!«, stammele ich.

Er lehnt sich zurück und lacht laut, seine Riesenhände ruhen auf seinem Bauch. »Hab ich deinen wunden Punkt erwischt?«

»Lass meinen wunden Punkt in Ruhe«, brumme ich.

»Dann mach es mir nicht so einfach«, sagt er. Seine Dreadlocks hängen ihm halb ins Gesicht.

»Außerdem sollst du nicht mit mir flirten. Ich bin keins von deinen Groupies.«

Er macht das mit dem »Eine Braue hochziehen«. »Wer sagt denn, dass ich flirte?«

»Mein Flirtometer.«

Er beugt sich vor. »Wo hast du so was denn her?«

»Von da, wo ich auch mein Bullshit-Aufspürometer herhabe.« Ich lehne mich im Sitz zurück.

Noch ein lautes Lachen. »Du bist lustig«, sagt er.

»Ich wette, du flirtest mit jeder.«

Er schüttelt den Kopf. »Nicht mit jeder.«

Ich bohre weiter. »Aber du flirtest oft, oder?«

»Ich mag Mädchen.« Er dreht mit seinen langen Fingern langsam die Schale auf der Tischmitte. »Besonders die klugen, hübschen, spitzzüngigen, die nicht so leicht zu durchschauen sind.«

»So ein Pech, dass von denen keine hier ist«, sage ich.

Dann mache ich mir klar, dass er vermutlich schon mindestens zehntausend Freundinnen hatte. Ich frage mich, ob er eine von ihnen geliebt hat und ob ihm schon mal das Herz gebrochen wurde. Ich weiß genau, dass er Jess das Herz gebrochen hat, als er auf meinem Rad durch Studio 5 gefahren ist.

Ich wechsle das Thema, was ich schon ein paar Sätze vorher hätte machen sollen. »Was war das für ein Song, den ihr zuletzt gespielt habt? Der, für den die Lyrics noch nicht stehen?«

Bevor er antworten kann, bringt die Kellnerin unser Essen. Hühnchen und Waffeln für ihn. Eine Waffel mit Beeren für mich.

Er beißt in sein Hühnchen. »Verflucht, ist das gut.« Er verschlingt restlos alles in zwei Minuten. »'tschuldigung«, sagt er, als er sich danach die Hände mit einer Serviette abwischt. »Nach Auftritten habe ich immer einen Bärenhunger.« Er schaut mir zu, wie ich mir eine perfekte Gabelvoll Waffel mit Erdbeersirup und Sahne zusammenstelle.

Ich ziehe meinen Teller näher zu mir. »Denk nicht mal dran«, warne ich ihn.

»Keine Sorge, ich bin satt.« Er lehnt sich zurück. »Der Song heißt ›Black Box‹.«

»Und worum geht es darin?«

»Um vieles. Aber hauptsächlich um meinen Pops. Wir waren uns früher sehr nah, aber seit Clays Tod ist es schwierig zwischen uns. Ich sehe die Welt jetzt mit anderen Augen und anscheinend verstehen wir uns irgendwie nicht mehr.« In seiner Stimme mischen sich Bedauern und Verwirrung und Wut.

»Was ist passiert?«

»Wir sind unterschiedlicher Meinung darüber, welche Richtung ich in Zukunft einschlagen soll«, sagt er im tiefen, gebieterischen Tonfall eines Richters, der sein Urteil verkündet.

Ich rate. »Er will nicht, dass du Musiker wirst.«

»Er sagt, als Hobby findet er es in Ordnung.« X nimmt seine Gabel, zieht sie über seinen Teller und legt sie wieder ab. »Das Verrückte ist, *er* hat mir meine erste Gitarre geschenkt. *Er* hat mir meine ersten Stunden gegeben. Wir beide hatten sogar unsere eigene Band, als ich klein war.«

»Echt?« Ich stelle mir eine jüngere Version von X vor, die sich im Grunde kaum von der heutigen unterscheidet, nur kleiner und pausbäckiger und mit kleineren Händen.

»Wir haben uns die WoodsMen genannt. Du verstehst? Weil ich mit Nachnamen …«

Ich falle ihm ins Wort. »Ich bin nicht blöd, Xavier Woods.«

»Mein zweiter Vorname ist Darius.« Er grinst. »Falls du mich bei meinem vollen Namen zusammenstauchen willst, wenn du mich zusammenstauchst.«

»Vielen Dank, das ist sehr umsichtig von dir, Xavier Darius Woods«, sage ich lachend.

»Jedenfalls, Pops und ich haben für den Rest der Familie immer kleine Konzerte gegeben, zu Thanksgiving und Weihnachten und so.«

»Welche Musikrichtung?«

»Wir wollten uns kein Etikett aufkleben lassen.«

»Das heißt, ihr wart grottenschlecht, oder?«

Er lacht. »Schlechter als grottenschlecht.«

Eine Kellnerin kommt an unseren Tisch und gießt uns frisches Wasser nach.

»Tut mir leid, ich wollte nicht die Stimmung verderben mit dem Gerede über meinen Vater«, sagt X, als sie gegangen ist.

»Nein, ist schon okay. Ich weiß, wie du dich fühlst. Mein Dad und ich waren uns früher auch mal sehr nah.«

»Ja? Und was ist passiert?«

Ich zögere. Die einzigen Menschen außer Mom, die davon wissen, sind Martin, Sophie und Cassidy.

»Total in Ordnung, wenn du nicht mit mir darüber reden möchtest«, sagt er.

Aber ich möchte mit ihm darüber reden. Er weiß, wie es ist, wenn man sich danach zurücksehnt, wie es früher einmal war. »Er hat meine Mom betrogen und ich hab ihn dabei erwischt.«

X setzt sich kerzengerade auf. »Oh Gott, Evie.«

Ich erzähle ihm die ganze Geschichte. Es fällt mir schwer, ihn dabei anzusehen, deshalb schaue ich auf meinen Teller. »Jedenfalls ist es jetzt ungefähr sechs Monate her, dass ich ihn das letzte Mal gesehen hab.«

»Weiß es deine Mom?«

»Ja, aber meine Schwester nicht.«

»Oh Gott«, sagt er wieder, aber leise.

»Das Komische ist, Mom und Danica scheinen sich ganz gut mit der Trennung abzufinden. So als wäre in unserem Leben eine riesige Bombe hochgegangen und ich bin die Einzige, die verletzt wurde.«

Ich zwinge mich, ihn anzusehen. Seine Augen sind voller Mitgefühl. »Tja«, sagt er. »Ich glaube aber trotzdem, dass ich den Wettbewerb um die traurigste Geschichte gewinne.«

Zuerst bin ich viel zu geschockt, um zu reagieren. Damit habe ich nicht gerechnet. Ich habe Trost und Mitgefühl erwartet. Ich habe nicht damit gerechnet, dass er vergleichen würde, wie traurig meine Geschichte gemessen an seiner ist.

Er fängt laut an zu lachen und dann muss ich mitlachen.

Nach einer Weile kriegen wir uns wieder ein, aber unsere Blicke begegnen sich, und wir verharren so, bis ich merke, was hier gerade passiert, und wegschaue. »Wie wär's, wenn du mir den Song vorsingst?«, frage ich.

Eine Sekunde wirkt er irritiert, aber dann zückt er sein Handy und lässt die Musik ohne Vocals laufen.

Er fängt an zu singen. »*Alles brennt / Alles crasht / Und ... mhm, mhm, mhm ... hier fehlt was.*« Er hält inne und lacht. »Die dritte Zeile weiß ich noch nicht.«

»Immerhin kannst du super vor dich hin summen«, sage ich. »Du brauchst nur etwas, das sich auf *crasht* reimt.« Ich wickle nachdenklich ein paar meiner Braids um den Zeigefinger und überlege, bis mir etwas einfällt. »*Und ich frage mich, ist unsere Liebe echt*«, schlage ich vor.

»Oh, das ist gut.« Er tippt es in sein Handy ein und schaut dann wieder mich an. »Okay, die nächste Zeile verlangsamt das Tempo ziemlich, aber ich hab sie erst zur Hälfte. »*Du bist die Black Box ... mhm, mhm, mhm ... hier fehlt ...*«

»*... die ins Meer fällt*«, unterbreche ich ihn.

»Gut! Gut.« Er tippt schnell, dann beugt er sich vor, seine Augen funkeln. »Lass uns weitermachen.«

»Okay, dann brauchen wir aber was Richtiges zum Schreiben.«

Ich bitte die Kellnerin um Papier und Stift, und X notiert, was wir bisher haben. Dann singt er weiter. »*Eine Blackbox, die Geschichte bewahrt.*«

Ich schüttle den Kopf. »*Mit einer letzten Geschichte* anstatt *Geschichte bewahrt.*«

Er schreibt es auf.

Wir grinsen uns an, Stift und Papier wechseln zwischen uns hin und her. Als wir fertig sind, ist das Blatt ein Chaos aus durchgestrichenen Wörtern und Pfeilen, die kreuz und quer in alle Richtungen zeigen.

»Schade, dass ich meine Akustikgitarre nicht hierhabe.« X zieht den Zettel näher zu sich. Er startet noch mal die Musik auf seinem Handy und singt den ganzen Song.

Ich schließe die Augen, damit ich mich aufs Zuhören konzentrieren kann und nicht von seinem Gesicht abgelenkt werde. Es ist eigenartig, aber schön, seine Stimme die Worte singen zu hören, die wir gerade zusammen geschrieben haben. Dadurch, dass er sie singt, bekommen sie irgendwie mehr Gewicht. Sie fühlen sich echter an. Als er zu den letzten drei Zeilen kommt, öffne ich die Augen. Seine Stimme klingt so rau, so voller Sehnsucht nach etwas, das er nicht mehr zurückbekommen kann, dass ich sein Gesicht sehen muss.

»Du bist der Hammer«, sagt er. »Ähm … als Songtexterin, meine ich.« Er reibt sich mit der Hand über den Hinterkopf.

»Wir haben ihn zusammen getextet.«

»Ich habe noch nie mit jemandem einen Song zusammen geschrieben«, sagt er. »Nicht mal mit Clay.« Er wedelt mit dem Papier in meine Richtung. »Kann ich den verwenden?«

»Er gehört dir. Du hast ihn mitverfasst.«

»Das warst hauptsächlich du«, erwidert er.

Ich zucke mit den Schultern. »Ich bin Expertin in Sachen Herzschmerz. Was das angeht, habe ich magische Fähigkeiten.«

KAPITEL 22

»Black Box«, Lyrics Evie Thomas und Xavier Woods

[1]

Alles brennt
Alles crasht
Und ich frage mich, war unsere Liebe echt
Du bist die Black Box tief unten im Meer
Bis auf eine letzte Geschichte leer

[Refrain]

Öffne dich
Schau hinein
Weiß schon
Was ich dort finde
Nichts bleibt
Nichts bleibt
Nichts bleibt

(2)

Du, wie ich dich kannte,
Zerrinnst vor meinem Blick
Und ich bleibe zurück im Nichts
Aber das Nichts ist verdammt okay
Black Box auf dem Grund der See

[Refrain]

Öffne dich
Schau hinein
Weiß schon
Was ich dort finde
Nichts bleibt
Nichts bleibt
Nichts bleibt

[Bridge]

Es ist alles bloß in meinem Kopf
Eine Illusion, sag ich mir,
Und weiß, du bist fort
Alles lief so grandios falsch,
So falsch, so falsch, so falsch

[Refrain]

Öffne dich
Schau hinein
Weiß schon
Was ich dort finde

Nichts bleibt
Nichts bleibt
Nichts bleibt

KAPITEL 23

Fabelhaft, Hervorragend, Ausgezeichnet

»Ich«, Martin, Cassidy, Sophie >

Ich: Ich hab X zu unserem Lagerfeuer eingeladen

Martin: Okay

Cassidy: K

Sophie: Ok

Ich: Ähm

Ich: Sonst habt ihr nichts zu sagen?

Cassidy: Nö

Cassidy: Wieso?

Cassidy: Hast du noch was zu sagen?

Ich: Nö

Cassidy: Fabelhaft

Martin: Hervorragend

Sophie: Ausgezeichnet

Ich: Ihr seid unausstehlich, Leute

———

KAPITEL 24

Kein Date, Teil 3 von 3

DOCKWEILER STATE BEACH ist einer meiner absoluten Lieblingsplätze. Der breite lange Strand ist wunderschön, der Sand (größtenteils) sauber und gepflegt. Dahinter erstreckt sich bis zum Horizont ein tiefblauer, ständig aufgewühlter Ozean, der vom Ende der Welt herunterzufallen scheint. Es gibt einen Fahrradweg und einen Picknick-Bereich und sogar Duschen. Aber das Beste sind die kreisförmig angelegten Lagerfeuerstellen, die sich den Strand entlangziehen. Wenn man früh genug kommt, kann man eine für sich in Beschlag nehmen und mit seinen Freunden unter dem allmählich dunkler werdenden Abendhimmel ums Feuer sitzen und dem Tosen des Pazifiks lauschen. Der vielleicht vollkommenste Ort auf Erden.

»Ist er das?«, fragt Cassidy.

Ich blicke von der Feuerstelle hoch und sehe X mit wackligen Schritten durch den Sand eiern.

»Ohne Schuhe geht es leichter«, rufe ich ihm zu.

Er bleibt stehen, um sie auszuziehen, und eiert dann etwas weniger wacklig in unsere Richtung.

»Du bist also X«, sagt Cassidy, als er es bis zu uns geschafft hat. »Evies Freund.«

Ich weiß nicht, ob ich mir die kleine Pause zwischen »Evies« und »Freund« nur einbilde.

»Ich bin Cassidy«, stellt sie sich vor. »Ich bin die reiche, wilde, von ihren Eltern vernachlässigte Freundin. Ich hab dir was zu trinken mitgebracht.« Sie hebt zum Beweis eine von den fünf Flaschen Weißwein vom Boden auf, die sie von zu Hause geklaut hat. Als ich vorhin zu ihr gesagt habe, dass wir nicht so viele Flaschen brauchen würden, meinte sie: »Meine Eltern würden nicht mal merken, wenn zehn fehlen.«

»Ich bin Martin. Schätze, ich bin der Feinfühlige«, sagt Martin. »Ich hab dir einen Stuhl mitgebracht.« Er zeigt auf den Strandstuhl, der neben meinem in den Sand geschmiegt steht.

»Und ich bin Sophie«, klinkt sich Sophie ein. »Ich bin die Ruhige, die Langweilerin.«

Cassidy nimmt einen Schluck Wein. »Du bist nicht langweilig.«

»Danke.« Sophie lächelt sie an und wendet sich dann wieder X zu. »Ich hab dir das köstlichste Sandwich von ganz Los Angeles mitgebracht.«

X winkt in die Runde. »Danke, dass ich dazustoßen darf.«

»Evie sagt, du bist total krass«, behauptet Cassidy.

X' Brauen schießen in die Höhe.

»Total krass, was Musik angeht«, beeile ich mich klarzustellen. »Was Cassidy meint, ist, dass ich gesagt habe, du bist ein krass guter Musiker.«

»Ja genau«, bestätigt Cassidy und schaut fröhlich grinsend von ihm zu mir. »Das hab ich gemeint.«

Ich werfe ihr einen Blick zu, der sagt: *Niemand wird deinen zerstückelten, von den Fischen angenagten Leichnam auf dem Meeresgrund jemals finden.*

Sie beachtet mich nicht. »Jedenfalls kannst du uns was vorspielen. Jedes anständige Lagerfeuer braucht einen heißen Typen, der Gitarre spielt.«

»Du musst nicht spielen«, versichere ich ihm.

»Aber heiß musst du trotzdem sein«, sagt Cassidy.

»Von mir aus kann ich auch beides«, erwidert er grinsend.

Martin fordert ihn auf, sich zu setzen.

Sophie fordert ihn auf, was zu essen.

Cassidy reicht ihm einen fast bis zum Überlaufen gefüllten Becher mit Wein.

Statt bei ihnen zu sitzen, kümmere ich mich ums Feuer. Ich bin die Feuermacherin in unserer Truppe, weil ich die Einzige bin, die es gut kann. Meine Methode – zusammengeknülltes Zeitungspapier unter drei zu einer Pyramide aufgestellten Holzscheiten – habe ich von Dad ge-

lernt. Mom, Danica, er und ich sind früher jeden »Winter«
mindestens einmal die Woche hergekommen. Die Anführungszeichen um das Wort Winter hat Dad gesetzt. Er
stammt aus Washington DC, wo der Winter eine richtige Jahreszeit ist, mit Schnee und Eis und einer Kälte, die
einem die Tränen in die Augen treibt. Hier in L. A. sinken die Temperaturen selten unter zehn Grad. Und wenn
es doch einmal vorkommt, dient es uns nur als Vorwand,
stylishe Schals und Lammfell-Boots zu tragen und ein paar
Tage lang so zu tun, als würden wir frieren. Dad hat unsere
Lagerfeuer immer geliebt, weil es in L. A. im Winter nachts
am Strand am kältesten ist. Es hat ihn an zu Hause erinnert.

Ein paar Monate bevor uns Mom und Dad eröffnet
haben, dass sie sich scheiden lassen würden, waren wir das
letzte Mal als Familie hier draußen. Hätte ich gewusst, dass
es das letzte Mal sein würde, hätte ich mir jedes Detail
ganz genau eingeprägt. Alles, woran ich mich jetzt noch
erinnere, sind Vermutlichs.

Vermutlich hat Mom Eintopf gekocht, Ochsenschwanz-
oder Gulaschsuppe, und für jeden von uns eine Tupper-
dose zurechtgemacht. Vermutlich hat Dad wie besessen
im Feuer gestochert. Vermutlich haben wir alle darüber
gelacht und ihn einen Pyromanen genannt. Vermutlich
haben Mom und er irgendwann angefangen, Wein zu
trinken, und haben häufiger gelacht und sich häufiger berührt als sonst. Vermutlich haben sie peinliche Geschichten aus der Zeit erzählt, als Danica und ich noch in die

Windeln gemacht haben. Vermutlich haben Danica und ich uns im Feuerschein angelächelt und so getan, als wären wir verlegen. Am nächsten Tag haben wir vermutlich alle nach Rauch und Eintopf und Ozean gerochen. Ich bin mir sicher, wir hatten Sand in den Kleidern.

»Alles gut?«, ruft mir X aus seinem Strandstuhl zu. Er ist wirklich aufmerksamer, als er müsste.

»Ja«, antworte ich und stochere genau wie Dad in der Glut, die absolut kein Gestochere nötig hat.

»Pyromanin«, sagt X.

Es ist die perfekte Nacht für ein Lagerfeuer. Das Wetter ist genau richtig – es ist kalt genug, dass man nah am Feuer sitzen möchte, aber nicht so kalt, dass man lieber *im* Feuer säße. Sogar der Wind arbeitet für uns und weht nur ganz leicht, sodass der Rauch senkrecht aufsteigt, statt seitwärts in unsere Gesichter zu schlagen.

Ich lege noch ein Holzscheit nach und lausche dem Kennenlern-Geplauder der anderen. X erzählt ihnen, woher er kommt und von seiner Band und dass er die Highschool abgebrochen hat. Cassidy ist tief beeindruckt von Letzterem.

Ich versuche, X nicht ständig anzusehen, während er redet, aber ich kann nicht anders. Der Schein des Feuers flackert über sein Gesicht und bringt es zum Leuchten. Er grinst viel und lacht oft. Ich komme zu dem Schluss, dass ich Menschen mag, die großzügig mit ihrem Lachen umgehen.

Als X klar wird, dass wir vier schon seit der Middleschool befreundet sind, bittet er die anderen, ein paar lustige – soll heißen peinliche – Geschichten über mich zu erzählen. Ich drohe, das Feuer zu löschen. Cassidy erklärt, Kälte würde ihr nichts ausmachen, und gibt die Geschichte zum Besten, wie ich mir in der ersten Klasse in die Hose gepinkelt habe, während ich eine sehr lange Treppe hochgerannt bin. X lacht und erzählt, dass er sich in der zweiten Klasse mal im Schulbus in die Hose gemacht und so lange im Bus abgewartet hätte, bis alle ausgestiegen waren, bevor er aufgestanden und die ganze Strecke nach Hause wieder zurückgelaufen ist.

Schließlich kommen wir zum beschwipst-philosophischen Teil des Abends. Das bedeutet, wir sind alle beschwipst genug, um pseudophilosophische Fragen zu stellen und zu beantworten. Wir dürfen unseren Standpunkt nur knapp in einem kurzen Satz darlegen und wir dürfen nur ein einziges Mal »Ich weiß nicht« sagen.

Martin fängt an mit der Frage: Sind sieben Jahre eine zu lange Zeit, um unerwidert in jemanden verliebt zu sein?

Martin: Keine Zeitspanne ist zu lang für wahre Liebe.

Ich: Ja, besonders wenn dieser Jemand mit deiner besten Freundin verwandt ist.

Cassidy: Meine Liebe wurde bisher jedes Mal erwidert.

Sophie: Ja, leider.

X: Tja, ich weiß nicht, aber ich denke, ich finde es vielleicht bald raus.

Ich bin die Nächste: Wenn du rauskriegen könntest, wann und wie du sterben wirst, würdest du es wissen wollen?

Martin: Nein.

Cassidy: Neeeeein.

Sophie: Nein.

X: Niemals! Stellt euch nur mal das Grauen vor, das einen packt, während man darauf wartet, dass es passiert. Es würde einem alle Lebensfreude nehmen.

Ich: Ja. Es ist immer gut, gewappnet zu sein.

Jetzt ist Cassidy an der Reihe: Gibt es bedingungslose Liebe wirklich?

Martin: Selbstverständlich.

Cassidy: Auf keinen Fall.

Sophie: Ja.

X: Na klar.

Ich: Nein, und außerdem, sollte es nicht Bedingungen geben?

Dann Sophie: Gibt es so etwas wie ein glückliches gemeinsames Leben bis ans Ende aller Tage?

Martin: Ja.

Cassidy: Nein.

Sophie: Ja.

X: Ja, absolut!

Ich: Wie lange dauert bis ans Ende aller Tage? Ich sage »Nein«.

Und schließlich X: Gibt es ein Leben nach dem Tod?

Martin: Ich weiß nicht.

Cassidy: Oh Gott, hoffentlich nicht.

Sophie: Nein, laut Wissenschaft nicht.

X: Keine Ahnung, aber ich hoffe es.

Ich: Ich weiß es nicht und ich will es auch nicht wissen.

Wir spielen noch ein paar Runden. Martin fragt, ob Liebe ewig währen kann. Cassidy und ich sind die Einzigen, die sagen, dass sie es nicht kann. Cassidy ist einfach nur sie selbst, widerborstig und streitlustig wie immer.

Ich dagegen habe wirklich den Beweis, dass Liebe nicht ewig währt.

Obwohl wir die Regel aufgestellt haben, uns nicht in langatmige Diskussionen über unsere Antworten zu verstricken, tun wir es trotzdem. X kann nicht glauben, dass ich allen Ernstes wissen will, wo und wann ich sterbe. »Das wäre doch schrecklich«, sagt er. »Du hättest ständig eine riesige, Unheil verkündende schwarze Wolke über dir.«

Alle reden auf Cassidy ein, weil sie gesagt hat, sie hofft, dass es kein Leben nach dem Tod gibt. »Einmal reicht mir, vielen Dank auch«, erwidert sie. Am Ende gibt sie nach und sagt, es wäre okay, wenn sie »da endet, wo die ganzen coolen lustigen Leute sind«.

Keiner von uns weiß, ob sie damit den Himmel oder die Hölle meint oder einen anderen Ort.

Nach einer Weile fangen wir an, über unsere Mitschüler zu reden, was bedeutet, wir kauen ihr Liebesleben durch. Mir ist klar, dass als Nächstes unser eigenes Liebesleben Thema sein wird.

Ich bin mir nicht sicher, ob ich hören will, wie rege X' Liebesleben ist. »Ich muss pinkeln«, sage ich viel zu laut, weil ich einen Schwips habe.

»Ich bringe dich«, sagt Martin, wie er es immer tut, und steht auf. Die Toiletten liegen zu abgeschieden und zu weit weg, um allein hinzugehen, deshalb machen wir uns aus Sicherheitsgründen nur zu zweit auf den Weg. Martin ist jedes Mal der, der mitkommt.

»Ich muss auch mal«, sagt X.

Martin setzt sich wieder und zwinkert mir zu.

Wir gehen eine Weile den Strand entlang, ohne etwas zu sagen, bis X das Schweigen bricht.

»Ich mag deine Freunde. Danke, dass du mich eingeladen hast.«

»Sie mögen dich auch.«

»Cassidy ist echt witzig.«

»Ja, bloß schade, dass ihre Eltern echt ätzend sind.«

»Treffen sie und Sophie sich auch öfter mal allein?«

»Nein ... Wieso?«

Er zuckt mit den Schultern. »Nur so. Sie scheinen sich sehr nah zu sein.«

»Wir sind uns *alle* sehr nah. Wir haben gemeinsam die Peinlichkeitsorgie der Middleschool durchgestanden. Das schweißt einen lebenslänglich zusammen, wie Soldaten, die den Krieg überlebt haben.«

Er lacht. »Du warst also in der Middleschool peinlich?«

»War das nicht jeder?«

»Nö, ich war immer schon cool.«

»Du bist nicht cool«, behaupte ich, aber keiner von uns glaubt, dass ich es ernst meine.

Wir erreichen die Toilette und stehen gegenseitig Wache, bevor wir uns wieder auf den Rückweg machen.

Es ist wirklich eine perfekte Nacht. Eine, die mich spüren lässt, welches Glück ich habe, an einem so wunderschönen Ort zu leben. Der Strand ist hell erleuchtet vom Schein anderer Feuer. Jede Feuerstelle ist von einer eigenen Gruppe von Leuten umstanden, die lachen oder tanzen oder sich einfach an den Flammen wärmen. Ich presse meine Zehen fest in den feuchten Sand. Aus irgendeinem Grund möchte ich meinen Abdruck hinterlassen.

Wir sind auf halbem Weg zurück, als ein riesiges Flugzeug über uns hinwegfliegt. Eine Maschine der Air France. Wir bleiben stehen und starren zu ihr hoch. Das Dröhnen der Triebwerke löscht jedes andere Geräusch aus.

»Paris wäre schön«, seufze ich, als sie verschwunden ist.

»Ich bin ziemlich zufrieden hier, wo ich bin«, sagt er.

Ich weiß nicht, wann er aufgehört hat, zum Himmel

hochzuschauen, und angefangen hat, stattdessen mich anzusehen.

»Denkst du, Fifi hat recht? Dass wir jetzt besser tanzen, nachdem wir uns ein bisschen kennengelernt haben?«,
fragt er.

»Ich glaub schon«, sage ich. Die Wahrheit ist, ich hatte
vergessen, dass es der Grund war, warum wir überhaupt
angefangen haben, etwas zusammen zu unternehmen.

»Das lässt sich rausfinden.« X nimmt mit seiner linken
Hand meine rechte und legt seine rechte Hand an meine
Taille. Wir befinden uns beinahe in der Geschlossenen
Position. Ich muss nur noch meine linke Hand auf seine
Schulter legen, was ich auch tue.

»Lust, jetzt zu üben?«, fragt er.

Er schiebt seinen rechten Arm von meiner Taille nach
oben unter mein Schulterblatt und drückt leicht seinen
Handballen gegen meinen Rücken, um mich näher zu sich
heranzubringen. Fifi wäre stolz auf seine Führung. Wir stehen uns in einer perfekten Geschlossenen Position gegenüber.

Ein Abstand von mindestens fünf Zentimetern liegt
zwischen uns.

Ich traue mich nicht, aufzublicken und ihn anzusehen,
und schaue stattdessen auf sein Schlüsselbein.

»Ich möchte dich wirklich gern küssen«, sagt er.

Jetzt *muss* ich aufblicken und ihn ansehen. »Beim Tanzen wird nicht geküsst.«

Er lächelt ein Lächeln, das irgendwie breiter ist als sein

Gesicht. Er nimmt den Blick nicht von meinen Lippen. »Ist das ein Ja?«

Mein Herz setzt kurz aus und schlägt dann ganz langsam weiter. Komischerweise bin ich erleichtert. Ich weiß, dass ich ihn küssen werde. Offen gestanden gibt es nichts, das mich davon abhalten könnte, ihn zu küssen. Ich will ihn schon seit einer Weile küssen. Vermutlich seit unserer LaLaLand-Tour. Vermutlich schon vorher.

Ich habe es nur deshalb noch nicht getan, weil ich Angst habe. Wegen Dad und der Scheidung. Wegen der Visionen. Was, wenn ich unsere Zukunft sehe? Was, wenn es keine gute ist?

Aber ich will mich nicht mehr fürchten.

Ich neige mich vor und hebe ihm mein Gesicht entgegen.

Unsere Zähne stoßen aneinander.

Er lächelt an meinen Lippen und löst sich kurz von ihnen. Aber dann umfasst er mit beiden Händen mein Gesicht und küsst mich noch mal. Ich lege meine Arme um seinen Nacken, weil ich ihm noch näher kommen will – ihm noch näher kommen muss. Seine Hände gleiten meinen Rücken hinab und dann … tiefer. Nie wieder werde ich mich über seine riesigen Hände lustig machen. Ihre Größe ist perfekt.

»Wow, das war besser, als ich dachte, und ich dachte mir schon, dass es gut werden würde«, sagt er, als wir uns schließlich voneinander lösen.

Ich lache. »Wie viel hast du denn darüber nachgedacht?«

»Ziemlich viel«, sagt er und küsst mich gleich noch mal, und es ist mehr als gut.

Es ist himmlisch.

Überirdisch.

Göttlich.

Paradiesisch.

Jedes Synonym für *himmlisch*, das jemals ersonnen wurde.

Ich werde mir morgen bestimmt Sorgen machen wegen diesem Kuss und seiner möglichen Bedeutung, aber jetzt in diesem Moment lehne ich mich vor und küsse ihn wieder, so froh, im Hier und Jetzt zu sein.

KAPITEL 25

Was man nicht kommen sieht, Teil 1

»WARUM FASST DU DIR ständig so an die Lippen?«, fragt Sophie und presst zwei Finger an ihre Lippen, um mich zu imitieren.

Cassidy hält im Kauen ihres Erdnussbutter-Marmeladen-Sandwiches inne. »Du benimmst dich echt komischer als sonst.«

»Ist gestern Abend was passiert zwischen dir und X?«, erkundigt sich Sophie.

Martin beobachtet mich nur schweigend über den Tisch hinweg.

Die Schwierigkeit daran, dass man Freunde hat, besonders wenn es langjährige sind, ist, wie gut sie dich kennen.

»*Könnte sein*, dass wir uns geküsst haben«, sage ich.

»Siehst du? Ich hab's gewusst!« Cassidy stößt Sophie mit

der Schulter an. »Hab ich gestern Abend nicht gesagt, sie hat geschwollene Lippen vom Küssen?«

»Hast du«, bestätigt Sophie lachend.

Martin beteiligt sich an dem Geplänkel. »War es ein guter Kuss?«

»Unendlich gut auf einer Skala von eins bis zehn«, sage ich mit einem gigantisch breiten Lächeln, dass ich einfach nicht kleiner hinbekomme.

Sie machen sich noch weiter über mich lustig. Cassidy behauptet, sie würde über einen Kuss-Radar verfügen – »Kussadar« nennt sie es. Sophie fragt, wann wir wieder ein Lagerfeuer mit meinem »Freund« machen.

Sie *dein Freund* sagen zu hören, versetzt mich leicht in Panik. Erstens sind X und ich nicht offiziell zusammen. Zweitens haben mir meine Visionen doch wohl gezeigt, dass Beziehungen zerbrechen, oder etwa nicht? Drittens weiß ich nicht, warum ich gestern Abend keine Vision von X und mir hatte. Möglicherweise lautet eine der Regeln für die Visionen, dass ich nicht in meine eigene Zukunft schauen kann? Oder vielleicht muss ich den Kuss tatsächlich *sehen*, damit es geschieht? Dagegen hätte ich nichts einzuwenden. Mir gefällt es, mit geschlossenen Augen zu küssen.

Ich stehe auf und greife nach meinem Tablett. »Ich hole mir noch einen Kakao. Wenn ich wiederkomme, reden wir über was anderes als über meine Lippen.«

Ich gehe zur Getränketheke und weiche auf dem Weg dorthin diversen von freudigen spitzen Schreien begleiteten Umarmungen, Schulterklopfern und Abklatsch-Manövern aus. Am ersten Tag nach den Ferien ist die Cafeteria immer schrecklich laut und überfüllt, was heute definitiv der Fall ist. Aber das ist es nicht allein. Es sind nur noch zehn Wochen bis zu den Abschlussprüfungen und die Oberstufenschüler sind momentan besonders sentimental. Nie gab es so viele Trennungen, Versöhnungen, Affären, Zuneigungsbekundungen und Floskel-Austausche. Die Flure sind ein Minenfeld aus Nostalgie-Bomben und Reue-Granaten. Die meisten Gespräche beginnen entweder mit *Weißt du noch* oder mit *Ich wünschte, ich hätte*. Es werden jede Menge Gruppen-Selfies gemacht. Die Leute lachen lauter und länger, als wäre das, was gerade gesagt wurde, das Lustigste auf der Welt. Menschen, die seit der Unterstufe nichts mehr miteinander zu tun hatten, sitzen plötzlich wieder zusammen. Es ist, als hätte auf einmal jeder begriffen, dass sich die Highschool-Zeit dem Ende zuneigt, und wollte jetzt versuchen, jeden Moment auszukosten.

Ich schnappe mir den letzten Kakao und gehe wieder zu unserem Tisch zurück. Als ich ankomme, sind Sophie und Cassidy verschwunden.

»Wo sind sie hin?«, frage ich Martin.

Er zuckt mit den Schultern. »Keine Ahnung. Sophie hatte was zu erledigen und Cassidy ist mit ihr gegangen.«

Er wartet, bis ich mich wieder gesetzt habe, bevor er mit seinem Verhör beginnt. »Dann hattest du also keine Vision, als ihr euch geküsst habt?«

Ich federe ein bisschen auf meinem Sitz auf und ab. »Nope, nicht mal ansatzweise.«

»Hm. Ich frage mich, warum.«

»Ich versuche, mich *nicht* zu fragen, warum.«

»Ich freue mich für dich, Eves. Ihr beide passt gut zusammen.« Er lächelt, aber ich kann spüren, dass ihn etwas bedrückt.

»Was ist los mit *dir*?«, frage ich.

»Ich glaube, Danica liegt wirklich einiges an ihrem neuen Freund«, sagt er. »Sie postet sehr viel über ihn. Was, wenn ich meine Chance verpasst habe?«

Ich weiß nicht, was ich sagen soll. Ich bin hin- und hergerissen, denn einerseits will ich, dass er sich besser fühlt, andererseits möchte ich ihn nicht in etwas bestärken, von dem ich weiß, dass es niemals passieren wird.

»Ich glaub nicht, dass du deine Chance verpasst hast«, erwidere ich.

Der Gong lässt uns wissen, dass in vier Minuten der Unterricht beginnt, und wir sammeln unsere Sachen ein und machen uns auf den Weg. Unser nächster Kurs findet im dritten Stock statt. Martin drückt die Tür zum Treppenhaus auf und bleibt dann so abrupt stehen, dass ich fast in ihn hineingerannt wäre. »Ich fasse es nicht«, sagt er.

Zuerst denke ich, Danica müsste hier irgendwo sein, weil Martin immer wie angewurzelt stehen bleibt, wenn er sie sieht. Aber dann folge ich seinem Blick. Es ist nicht Danica.

Es sind Sophie und Cassidy, die da mitten auf der Treppe stehen.

Sie küssen sich.

Und ich sehe.

KAPITEL 26

Sophie und Cassidy

SOPHIE UND CASSIDY VOR Cassidys palastartigem Elternhaus. Es ist spät am Abend. Cassidy hat Mühe, mit ihrem Schlüssel das Türschloss zu finden.

»Warte, ich helfe dir«, sagt Sophie. Sie versucht, Cassidy den Schlüssel abzunehmen, aber Cassidy lässt nicht los, sondern versucht, Sophie näher zu sich zu ziehen.

Sophie wehrt sich.

Cassidy sagt: »Du bist so hübsch. Wieso hab ich so lange gebraucht, um zu merken, wie hübsch du bist?« Sie torkelt ein kleines bisschen.

Sophies dunkle Augen schauen hoffnungsvoll und vorsichtig. »Wie betrunken bist du?«, fragt sie halb witzig, halb ernst gemeint.

Cassidy schüttelt den Kopf. »Du bist auch hübsch, wenn ich nüchtern bin.«

Als Cassidy sie diesmal an sich zieht, wehrt sich Sophie nicht.

Cassidy schleust Sophie durch die Türen des Planetariums im Griffith Observatory. Abgesehen von einem Wachmann und einem Fremdenführer ist niemand da.

»Wie hast du das denn geschafft?«, fragt Sophie aufgeregt und ehrfurchtsvoll.

Cassidy zuckt mit den Schultern. »Ich kann das Geld meiner Eltern ja auch mal für was Gutes ausgeben.«

Der Moment jetzt, die beiden stehen auf der Treppe und küssen sich, als gäbe es kein Morgen.

Eine Late-Night-Poolparty in irgendeinem Garten. Weihnachtslichterketten kreuz und quer am Himmel aufgespannt. Highschool-Kids kreuz und quer auf dem Rasen verteilt.

Cassidy verliert das Gleichgewicht, fällt beinahe in den Pool und zieht Sophie beinahe mit sich.

»Gott, Cassidy, wie viel hast du getrunken?«, fragt Sophie.

»Sei nicht so, Sophie«, sagt Cassidy. »Entspann dich.«

Sophie senkt den Blick zum Pool. Er ist von innen beleuchtet, sendet blaugrünes Licht in die Nacht. Zu Cassidy sagt sie: »Aber ich dachte, du magst mich so?«

Wir vier bei Surf City Waffle. Martins Landkarte steckt zusammengefaltet zwischen der Wand und den Sirupflaschen.

Sophie und Cassidy sitzen nebeneinander, berühren sich aber nicht.

Cassidy schaut aus dem Fenster. Ihr Gesicht sagt, sie wäre lieber woanders, egal wo.

Sophie schaut Cassidy an. Ihr Gesicht sagt, sie möchte das Gleiche.

Cassidy beginnt, Seiten aus ihrem USA-Roadtrip-Reiseführer herauszureißen.

Sie schaut weder Sophie noch Martin oder mich an, als sie geht.

KAPITEL 27

Was man nicht kommen sieht, Teil 2

DIE VISION ENDET UND ich bin wieder zurück im Treppenhaus.

Sophie und Cassidy küssen sich nicht mehr. Stattdessen winken sie Martin und mir zu, einen albernen glückseligen Ausdruck im Gesicht.

Martin stupst meine Schulter an. »Mist«, raunt er. »Du hast sie *gesehen*, oder?«

Zu bestürzt, um etwas zu sagen, nicke ich bloß.

Sophie und Cassidy merken, dass etwas nicht stimmt. Sie sind im Begriff, zu uns die Treppe herunterzukommen.

Ich kann nicht hierbleiben und so tun, als würde ich mich für sie freuen, wenn ich weiß, welchen Schmerz sie sich zufügen werden.

»Ich muss gehen«, sage ich und dränge mich zur Tür raus.

Eigentlich merkwürdig, denn ich habe mittlerweile schon so viele Visionen gehabt und gehe sowieso davon aus, dass alle Beziehungen enden. Aber das Ende unserer Freundschaft ist ein Herzschmerz, den ich nicht habe kommen sehen.

KAPITEL 28

Der Sturz

ICH WEISS SOFORT, dass etwas nicht stimmt, als ich von der Schule nach Hause komme.

In erster Linie weil die Glasschiebetür, die zu unserer Terrasse und zum begrünten Innenhof führt, weit aufsteht. Mom lässt sie so gut wie nie offen, weil sie die Natur verabscheut. Hauptsächlich verabscheut sie Insekten, aber Insekten sind nun mal Teil der Natur. Sie steht mit dem Rücken zum Wohnzimmer und umklammert den Türrahmen, als würde sie Halt brauchen.

Ich schaue stirnrunzelnd zu Danica. Sie sitzt auf der Couch, hält mit einer Hand ihr Handy ans Ohr und zupft mit der anderen an den Spitzen ihres Afros herum. »Okay, Daddy«, sagt sie mit ihrer üblichen freudig fröhlichen Daddy-Mädchenstimme.

Ich habe keine solche Stimme mehr für Dad. Wenn

Danica den wahren Grund wüsste, warum sich Mom und Dad haben scheiden lassen, hätte sie diese Stimme sicher auch nicht mehr.

Ich drehe mich auf dem Absatz um und versuche, nach oben zu flüchten, um nicht mit ihm sprechen zu müssen.

Mom verhindert meine Flucht. »Dein Vater muss mit dir reden, Evie.«

Ich will schon protestieren, aber sie sieht derart mitgenommen aus, dass ich es lasse. »Was ist los?«

»Dein Vater wird es dir erklären.« Sie spricht mit starkem jamaikanischen Akzent; es klingt, als wäre sie gestern erst eingewandert.

Danica streckt mir ihr Handy entgegen.

Ich nehme es, halte es mir aber noch nicht gleich ans Ohr. Ich brauche immer erst ein paar Sekunden, bevor ich mit Dad sprechen kann. In mir wohnen zwei Evies: die, die ihn mal geliebt hat, und die, die ihn immer noch liebt, es aber nicht mehr will.

»Hi«, sage ich mit meiner tonlosesten Stimme.

»Hi, Zuckererbse.« Er hat mich auf Lautsprecher gestellt. Ich hasse es, auf Lautsprecher gestellt zu sein.

»Ich mag es nicht, wenn du mich so nennst.«

Er seufzt. Ich kann mir genau vorstellen, was er jetzt tut: sich mit Daumen und Zeigefinger in den Nasenrücken kneifen und mit der anderen Hand den Nacken reiben. »Ich habe Neuigkeiten«, sagt er.

Ich sage gar nichts.

»Ich hätte es dir gern persönlich erzählt, aber …«

Er verstummt. Was er sagen will, ist, dass er es mir nicht persönlich erzählen kann, weil ich mich weigere, ihn zu besuchen.

Mom ist inzwischen ganz nach draußen auf die Terrasse gegangen.

Danicas Blick aus ihren großen dunklen Augen streift über mein Gesicht.

»Es geht um Shirley«, erklärt er.

Eine Sekunde denke ich, er würde verkünden, dass sie sich getrennt haben. Eine Sekunde sehe ich uns vier wieder in unserem alten Haus zusammen Blaubeerpfannkuchen frühstücken.

Aber das ist nicht das, was er verkündet. »Wir wollen heiraten.«

Es gab eine Zeit, da hätte er statt *heiraten* eine hochgestochene Phrase wie *uns das Ehegelöbnis geben* benutzt. Er hätte mich dazu gebracht, mit ihm über die Herkunft dieser Redewendung zu debattieren, und ich hätte ihn einen Wort-Nerd genannt und mich über seine Spitzfindigkeit lustig gemacht, obwohl ich selbst ein Wort-Nerd bin.

Wir waren uns vor der Scheidung so nah. Wir haben den gleichen Humor: leicht schräg und beißend. Wir haben den gleichen Blick auf die Welt: irgendwas zwischen amüsiert und irritiert.

Ich kann immer noch nicht fassen, wie weit wir uns voneinander entfernt haben.

Er seufzt in mein Schweigen hinein. »Sag doch was, Zuckererbse.«

»Nenn mich nicht Zuckererbse.«

»Ich weiß, du machst gerade eine schwere Zeit durch…« Seine Stimme ist voller Mitgefühl.

Sein Mitgefühl macht mich einfach nur wütend. Wenn er kein doppeltes Spiel getrieben hätte, würde ich sein Mitgefühl jetzt nicht brauchen. »Tu doch nicht so, als würde es dich interessieren, wie es mir geht, wir wissen doch beide, dass…«

»Stopp«, sagt er. Durch den Lautsprecher hat seine Stimme ein Echo.

Ich setze mich auf die unterste Treppenstufe. Jetzt verstehe ich, warum Mom vorhin Halt gesucht hat.

Danica guckt mich stirnrunzelnd an und schüttelt missbilligend den Kopf.

»Ich möchte, dass du zur Hochzeit kommst«, sagt er.

»Nein. Auf keinen Fall.«

»Lass uns darüber reden, Evie. Ich möchte dich wirklich gern dabei… «

»Nein. Ich will nicht und du kannst mich nicht dazu zwingen.«

Er holt tief Luft, und ich weiß, dass er zu einem Versuch Anlauf nimmt, mich mit einer Flut von Worten zu überreden.

»Ich muss aufs Klo«, sage ich.

»Evie, ich…«

»Ich muss dringend pinkeln«, beharre ich. »Ich gehe jetzt.«

Er gibt auf. »Okay.«

Ich lege auf, rühre mich aber nicht von der Stufe weg.

Mom kommt wieder rein und schiebt die Glastür zu. Jetzt fühlt es sich an, als würden wir uns in unserer eigenen kleinen Blase befinden, abgeschnitten vom Rest der Welt.

»Okay, gut«, sagt Mom und lässt sich in den Sessel sinken. »Ich denke, wir sollten reden.«

»Wann hat er es dir erzählt?«, frage ich, bevor sie zu irgendeinem mütterlichen Vortrag ansetzen kann.

»Wir haben gestern Abend darüber gesprochen, aber er wollte es euch selbst sagen.« Sie sieht Danica an und verschränkt die Hände im Schoß. »Wie geht's dir mit der Neuigkeit, D?«

»Für mich ist es okay.«

»Und dir, Evie?«

»Du weißt, wie es mir damit geht«, sage ich.

Sie schaut zur Glastür und nickt. »Mir ist bewusst, dass es eine herausfordernde Zeit ist«, fängt sie an, als würde sie aus einem Eltern-Ratgeber vorlesen. *Wie man mit seinen Kindern über Scheidung spricht.*

Nur dass ich kein Kind mehr bin. Ich bin fast achtzehn. Die Visionen haben mir mehr darüber beigebracht, wie das mit der Liebe wirklich läuft, als ich je wissen wollte oder zu wissen erwartet habe.

Ich unterbreche sie. »Bitte zwing mich nicht, zu der Hochzeit zu gehen, Mom.«

Sie umklammert die Sessellehnen so fest, dass ihre Fingerknöchel weiß hervortreten. »Es ist deinem Vater sehr wichtig.«

»Was ist mit dem, was mir wichtig ist?«

Danica klatscht sich auf den Oberschenkel. »Warum bist du immer so wütend auf Dad? Er hat doch nichts Falsches getan. Sie lieben sich nicht mehr und haben sich scheiden lassen. So was kommt vor.«

Ich presse einen Moment fest meine Lippen zusammen, damit ich nicht irgendwas sage, das ich nicht sagen sollte.

»Mom, bitte zwing mich nicht, hinzugehen«, flehe ich dann.

»Ich glaube zwar, dass du es bereuen wirst, aber ich werde dich nicht zwingen.« Sie steht auf und steuert auf den Garderobenschrank im Flur zu. »Du hast also wirklich vor, deinen Vater derart vor den Kopf zu stoßen?«

Wir beide kennen die Antwort auf diese Frage.

»Versprich mir, dass du wenigstens darüber nachdenkst«, sagt sie.

Ich weiß nicht, ob ich schon jemals so erleichtert war. »Okay«, sage ich, aber nur, damit sie sich besser fühlt. Ich werde bestimmt nicht darüber nachdenken.

Mom zieht sich ein Sweatshirt über. »Ich mache einen Spaziergang.«

Danica sieht mich kopfschüttelnd an, sagt aber nichts. Sie steht von der Couch auf, schiebt sich auf der Treppe an mir vorbei und geht nach oben. Ich bleibe allein auf der untersten Stufe zurück.

Mom irrt sich, wenn sie denkt, dass ich es bereuen werde, nicht hingegangen zu sein. Was ich bereuen würde, wäre, sehen zu müssen, wie sich Dad und Shirley küssen, und zu erfahren, welches Schicksal ihnen bevorsteht. Ich würde es bereuen, so tun zu müssen, als würde ich mich für ihn freuen. Ich würde es bereuen, sehen zu müssen, wie glücklich er in seinem neuen Leben ist, und zu wissen, dass er früher in unseres gehörte. Und am meisten würde ich es bereuen, dabei sein zu müssen, wenn ganz offiziell das Ende von uns als Familie gefeiert wird.

———

Ich verbringe den restlichen Abend damit, Nachrichten zu beantworten (und nicht zu beantworten). Sophie schreibt, es würde ihr leidtun, dass sie mir nicht schon früher von sich und Cassidy erzählt hat, aber sei es nicht toll, dass sie zusammen sind? Sie scheint echt glücklich zu sein. Cassidy schreibt auch. Sie entschuldigt sich nicht dafür, dass sie ihre Beziehung vor mir verheimlicht hat, und ist genauso euphorisch wie Sophie. *OMG, sie ist jetzt meine FREUN-DIN, unfassbar, oder????*

Vermutlich weil ich vorhin einfach abgehauen bin, wollen beide wissen, wie ich dazu stehe. Ich antworte, dass ich mich für sie freue, und würde es gern ehrlich meinen. Aber ich kann nur sehen, was ihre Beziehung mit unserer Freundschaft macht.

X schreibt mir, als ich ins Bett gehe.

Mein Magen tanzt einen beschwingten kleinen Boogie, als sein Name auf dem Display erscheint, aber dann wird aus dem Boogie ein langsamer Walzer. Was mache ich da eigentlich? Nach Dads Neuigkeit und der Vision von Sophie und Cassidy brauche ich doch wohl kaum noch mehr Weckrufe, warum es keine gute Idee ist, mit X zusammen zu sein.

X: Hey, will nur Hey sagen
X: War dein Tag gut?

Ich brauche zehn Minuten, um mir etwas auszudenken, das seine Frage beantwortet, ohne ihn zu irgendwelchen Folge-Fragen zu ermuntern.

Ich: Jep. Gehe aber jetzt ins Bett
Ich: Hab eine gute Nacht
X: OK
X: Schlaf gut

Ich liege noch lange wach und grübele. Die Leute sagen ständig solche Sachen wie »Der Liebe eine Chance geben«, »Liebe ist jedes Risiko wert« und so weiter.

Aber die Visionen haben mich etwas anderes gelehrt. Dads Verlobung mit der Frau, mit der er Mom betrogen hat, hat mich etwas anderes gelehrt. Ja, es stimmt: Um sich zu verlieben, muss man vertrauen und sich fallen lassen. Aber die Leute lassen sich doch nur deshalb fallen, weil sie nicht wissen, wie der Boden aussieht. Sie *glauben*, dass sie sanft landen werden. Sie denken, dass der Boden weich abgepolstert ist – mit Daunenbetten, Kopfkissen, kuscheligen Baby-Decken, dickflauschigsten Flauschteppichen. Aber ich habe den Boden gesehen. Er ist mit tödlichen Stacheln gespickt – die Knochensplitter von denen, die sich haben fallen lassen.

Diesen Sturz überlebt man nicht.

KAPITEL 29

Was man nicht kommen sieht, Teil 3

AM NÄCHSTEN TAG SCHAFFE ich es, Sophie und
Cassidy aus dem Weg zu gehen und dabei so zu tun, als
würde ich ihnen nicht aus dem Weg gehen. Morgens bin
ich zehn Minuten früher als sonst an meinem Spind. Als
sie mir mittags aus der Cafeteria schreiben, antworte ich,
dass ich in der Bibliothek bin und Hausaufgaben nach-
hole. Nach der Schule sage ich, dass ich Besorgungen für
Mom machen muss.

Aber sie ahnen, dass was nicht stimmt.

Noch am selben Abend klopft Mom an meine Zimmertür. »Deine Freundinnen sind da«, sagt sie. »Ich hab gar
nicht gewusst, dass sie vorbeikommen wollen.«

Ich auch nicht.

Als ich nach unten gehe, essen Sophie und Cassidy Zi-
tronen-Blaubeer-Cookies nach Moms neuestem Rezept-

Experiment. Sophie trinkt sogar ein Glas Milch. Mom bleibt noch ein paar Minuten bei uns und stellt Fragen, die Eltern so stellen: *Wie geht's zu Hause? Wie läuft euer letztes Highschool-Jahr? Gewappnet fürs College?* Schneller, als mir lieb ist, hat Mom alle ihre Fragen gestellt und die beiden haben alle ihre Cookies verspeist. Mom setzt sich wieder vor den Fernseher und schaut ihre Backsendung.

»Lass uns nach oben in dein Zimmer gehen«, sagt Cassidy.

Sie legt los, kaum dass ich die Tür geschlossen habe. »Warum gehst du uns aus dem Weg?«

»Tu ich gar nicht.« Ich weiche ihrem Blick aus. Wir wissen beide, dass ich lüge. Ich versuche es noch mal. »Ich hab nur gerade echt ...«

»Viel zu tun. Ja, wissen wir schon«, sagt Cassidy.

Sophie geht zu meinem Bett und setzt sich. »Wir haben uns gefragt, ob es dir vielleicht unangenehm ist, uns beide zusammen zu sehen.«

»Warum sollte mir das unangenehm sein?«

Cassidy seufzt genervt, aber Sophie lässt sich nicht beirren. »Weil Cassidy und ich jetzt ein Paar sind und sich die Dinge für uns vier dadurch ändern.«

»Martin hat kein Problem damit«, wirft Cassidy ein.

Sophie schießt Cassidy einen *»Bitte sei still«*-Blick zu.

Cassidy tut so, als würde sie ihre Lippen mit einem Reißverschluss verschließen.

»Was ist los mit dir?«, fragt Sophie.

»Ich bin okay«, sage ich.

»Nein, bist du nicht«, erwidert Cassidy. Sie stößt sich von der Tür ab und setzt sich neben Sophie auf mein Bett. »Du bist gemein und verletzend ...«

Obwohl sie recht hat, fühle ich mich angegriffen, als stünde ich unter irgendeiner Art von Beschuss. Aber ich bin nicht diejenige, die Rettung braucht.

»Ich finde, ihr solltet nicht zusammen sein«, platze ich heraus.

»Siehst du?«, wendet sich Cassidy an Sophie. »Ich wusste es!«

Sophie senkt den Blick auf ihre Hände. »Aber wieso denn?«

»Ich hab Angst davor, was mit unserer Freundschaft passiert, wenn ihr euch trennt«, sage ich, so behutsam ich kann. Aber so was lässt sich unmöglich behutsam sagen.

Sophie verschränkt die Arme vor der Brust und klopft mit dem Fuß auf den Boden. »Wer sagt, dass wir uns trennen?«

»Na ja ... die meisten Paare machen doch irgendwann Schluss, oder?«

Bizarrerweise ist es Cassidy, die versucht, mich vor mir selbst zu retten. »Jetzt komm schon, Eves. Wir sind verliebt. Freu dich doch einfach mit uns.«

»Sorry«, flüstere ich kopfschüttelnd. »Ich kann nicht so tun, als würde ich mich über das Ende unserer Freundschaft freuen.«

Schon komisch, wie viele verschiedene Arten von Schweigen es gibt. Dieses ist erschrocken und enttäuscht und endgültig.

Ich könnte ihnen von Dad und seiner Verlobung mit Shirley erzählen. Cassidy würde an meiner Stelle wütend werden und Sophie würde mit mir mitfühlen. Beide würden mir verzeihen, was ich gerade Schreckliches gesagt habe, aber ich tue es nicht. Ich versuche doch nur, sie davon abhalten, sich gegenseitig wehzutun. Uns allen wehzutun.

Sie stehen beide gleichzeitig auf. Ich spüre ihre Blicke auf mir, starre aber stumm auf meine Füße. Ich schaue nicht hoch, weder als ich meine Zimmertür aufgehen noch als ich ihre schweren Schritte auf der Treppe oder das Zuschlagen der Haustür höre.

Ich weiß, dass sich unsere Freundschaft sowieso verändert hätte. Wir gehen im Herbst alle auf verschiedene Colleges. Aber ich dachte, wir hätten noch den Rest des Sommers für unseren epischen Roadtrip, eine Schonfrist, in der alles so bleibt, wie es war. Jetzt zeigt sich, dass wir keine Zeit mehr haben.

KAPITEL 30

Von der Klippe

ALS ICH AM NÄCHSTEN TAG von der Schule nach Hause komme, sitzen Mom und Danica am Küchentisch vor Danicas Laptop.

Mom begrüßt mich mit einem kurzen Hallo und tippt dann weiter.

Danica seufzt und zieht ihr den Laptop weg. »Nein, Mom, du sollst was Interessantes über dich selbst schreiben«, mäkelt sie. »Nicht über dein Leben als Mutter, sondern über *dich*.«

Ich muss nicht erst Moms Gesicht sehen, um zu wissen, dass sie ihr *»Ach du ahnungsloses Küken«*-Lächeln aufgesetzt hat. »Das lässt sich nicht trennen, D!«

»Aber Muttersein ist nicht sexy.«

»Ich werde dich in ungefähr zwanzig Jahren daran erinnern«, erwidert Mom.

Ich fasse es nicht. Danica ermuntert Mom dazu, sich bei einer Dating-App anzumelden.

Erst verlobt sich Dad mit dieser Frau, dann die Sache mit Sophie und Cassidy und jetzt auch noch das?

Als mir Martin fünf Minuten später eine Nachricht schickt und vorschlägt, uns bei den La Brea Tar Pits zu treffen, schwinge ich mich sofort aufs Rad. Mir ist alles recht, Hauptsache, ich entkomme meinen Gedanken.

Die La Brea Pits heißen La Brea Tar Pits, weil sie sich auf der La Brea Avenue befinden und aus einer Ansammlung von ... Pits, also Teergruben, bestehen. Lake Pit, die größte Teergrube, liegt ganz in der Nähe vom Haupteingang. Ihr Teer ist grünlich schwarz und dickflüssig. Hin und wieder steigt eine dicke Blase an die Oberfläche und rülpst stinkende Gase aus.

Lake Pit ist deshalb meine Lieblingsteergrube, weil sich dort eine der makabersten Skulpturen befindet, die ich je gesehen habe. Sie besteht aus drei riesigen Mammuts – zwei ausgewachsene und ein Junges. Eins der erwachsenen Mammuts steckt bis zum Bauch im Teer fest. Das andere große Mammut und das Baby-Mammut sind an Land in Sicherheit, aber das Baby trompetet eindeutig in großer Not. Sein Maul ist weit aufgerissen zu einer Fanfare. Es hält den Rüssel starr geradeaus auf das gefangene Mammut gerichtet. Das andere große Mammut wirkt schicksalsergeben.

Das Besondere an der Skulptur ist, dass sie einen Moment einfängt, der sich auf zwei Arten deuten lässt. Entweder das Mammut in der Grube hat es gleich hinter sich und wir sehen seine letzten Sekunden auf dieser Erde. Oder wir sehen tatsächlich den Beginn seines wundersamen Entkommens.

Wie ich die Sache deute, hängt von meiner Laune ab.

Heute entscheide ich, dass das Mammut in der Grube nicht mehr zu retten ist.

Ich überlasse die Mammut-Familie ihrer nicht enden wollenden Tragödie, steige den großen Hügel hinauf und setze mich oben ins Gras. Es ist drei Uhr. Um diese Zeit ist der Park hauptsächlich von Familien mit Kindern bevölkert. Ich schaue den Kleinen dabei zu, wie sie wieder und wieder den Hügel hochrennen und sich von der Kuppe runterrollen lassen. Ich beobachte ihre ängstlichen Eltern, die ihren Sprösslingen beklommen dabei zusehen.

Zehn Minuten später kommt Martin den Hügel hochgeschlendert. Er trägt ein Kaki-Hemd, Kaki-Shorts und einen Kaki-Hut. Um den Hals hat er ein rotes Tuch gebunden.

»Du siehst aus wie ein Park-Ranger«, begrüße ich ihn.

»Danke.« Er setzt sich und wischt sich die Stirn. Mit dem Tuch.

Bevor ich mich noch weiter über sein Outfit lustig machen kann, fällt mir ein kleiner Junge auf, der die Mammut-Skulptur anstarrt. Seine Mutter ist bei ihm. Ich kann nicht hören, was sie sagen, aber es ist offensichtlich, dass der Junge völlig aufgelöst ist und dass seine Mom versucht, ihn zu trösten.

»Das Ding bringt einem die grausame Wahrheit mit dem Holzhammer bei«, stelle ich fest.

»Ich muss dich wohl nicht erst nach deiner Laune fragen«, erwidert Martin.

Ich zucke mit den Schultern und seufze dann.

»Sophie und Cassidy haben mir von eurem Streit erzählt«, sagt er.

»Ja, dachte ich mir.« Ich lehne den Kopf an seine Schulter und blicke über den Park.

»Sag mir, was du siehst.« Beim Wort *siehst* malt er mit beiden Mittel- und Zeigefingern Anführungszeichen in die Luft.

»Du willst, dass ich dir sage, wie es am Ende für die Leute hier ausgeht?«, frage ich, und er nickt.

Ich halte nach einem Paar Ausschau, das kurz davor ist, sich zu küssen. Ich finde eins, ein Junge und ein Mädchen, die unter einem großen Ahornbaum picknicken. Ich mache Martin auf sie aufmerksam. Als ihre Vision endet, erzähle ich ihm, was ich gesehen habe: »Sie verbringt ein Auslandssemester in Japan und verliebt sich in eine Japanerin.«

»Autsch.«

Ich entdecke ein anderes Paar, das Händchen hält. Wieder zeige ich es Martin. Ich muss nicht lange auf den unausweichlichen Kuss warten. »Er macht ihr einen Heiratsantrag und sie lehnt ab. Sie liebt ihn nicht genug.«

Ein weiteres Paar auf einer Decke küsst sich bereits. Er zieht bald nach New York.

Wir verbringen die nächste Stunde so. Ich sehe all die Dinge, die ich zu sehen erwarte. Viele berauschende Anfänge. Viele bittere Enden. Affären, Todesfälle, Krankheiten, Ernüchterung und Langeweile.

Nach einer Weile ertrage ich es nicht mehr und höre auf.

Menschen senden gewisse Signale aus, kurz bevor sie sich küssen: eine leichte Berührung der Schulter oder der Taille, ein kaum wahrnehmbares Aufeinanderzurücken. Die einzige Möglichkeit, mit diesem Fluch zu leben, besteht darin, dass ich es vermeide, Paare beim Küssen zu sehen. Ich muss lernen, rechtzeitig wegzugucken.

»Vielleicht könntest du ihnen von den Visionen erzählen und davon, was mit ihnen passiert«, sagt Martin. Er spricht von Sophie und Cassidy, aber ich weiß, er meint es im Grunde nicht ernst. Er ist bloß genauso verwirrt und frustriert wie ich. Es wäre herzlos, ihnen zu erzählen, was auf sie zukommt. Ich würde sie damit bloß um ihr Glück bringen.

Ich schüttle den Kopf. »Sie würden mir niemals glauben.« Verliebte Paare glauben, dass sie ewig verliebt sein werden. Das ist eins der Anzeichen, an denen man überhaupt erst erkennt, dass man verliebt ist.

»Kannst du nicht einfach so tun, als wüsstest du von nichts?«

»Du hast nicht gesehen, was ich gesehen habe, Martin. Es ist echt schlimm. Sie werden sich gegenseitig wahnsinnig traurig machen. Außerdem geht es nicht nur darum, dass sie *miteinander* Schluss machen. Sie werden uns alle vier auseinanderbringen. Wir sind dann keine Freunde mehr. Kein epischer Roadtrip mehr. Keine Gruppen-Chats. Keine gemeinsamen College-Ferien. Kein gar nichts mehr.«

»Ja, schon gut, ich hab's kapiert«, sagt Martin und schaut wieder zu den Paaren im Park. »Aber sehen die nicht alle unglaublich glücklich aus?«

Ich weiß, was er meint. Nach jeder Vision beobachte ich das jeweilige Paar, um festzustellen, ob ich irgendeinen Hinweis auf das erkennen kann, was ihnen bevorsteht, aber ich kann nie ein Anzeichen entdecken. Jetzt und hier, im selben Park wie die todgeweihten Mammuts, sind sie glücklich.

Mein Handy summt. Es ist X. Ich zeige es Martin und er zieht ein verzücktes Gesicht. Ich ramme ihm den Ellbogen in die Seite.

X: Hey
Ich: Hi
X: Beschäftigt?
Ich: Eigentlich nicht
X: Lust, was zu unternehmen?
Ich: Wann?
X: Jetzt

Ich halte Martin das Handy hin, damit er vom Display ablesen kann. »Triff dich mit ihm«, sagt er.

»Das ist wahrscheinlich keine so gute Idee.« Ich mache

eine ausholende Armbewegung, die den Park und die Paare umfassen soll, deren Zukunft ich gerade vorhergesehen und ihm beschrieben habe.

»Zählt es denn gar nichts, dass sie jetzt im Moment glücklich sind, Eves?«

Keine Ahnung.

Kann sein.

Mein Handy summt wieder.

X: Oder wir treffen uns ein andermal

Ich zeige Martin noch mal mein Handy. »Du hast ihm auf einer Skala von eins bis zehn ein Unendlich gegeben. Wieso fragst du überhaupt?«, will er wissen. »Schreib ihm.«

Ich: Lass uns jetzt was machen

Ich: Jetzt passt gut

X: Toll!

X: Wohin gehen wir? Du bestimmst.

Ich: Wieso ich?

X: Ich hab schon die Lalaland Tour vorgeschlagen und meinen Gig im Club

X: Du bloß das Lagerfeuer

X: Zwei Dates gegen eins... also, du bestimmst

Ich: Das waren keine Dates

Ich: Das waren nur so Treffen

Ich: Fifi zuliebe

X: Ah verstehe

Was versteht er?, frage ich mich.

> **X:** Lust auf ein Treffen nur so? In einer Stunde?
> **X:** Schreib mir wo, und ich komm hin
> **Ich:** Ok

»Dich hat's echt schlimm erwischt«, sagt Martin.

»Das ist doch kein Hautausschlag«, erwidere ich.

Ich radele nach Hause, ziehe mich schnell um und mache mich dann wieder auf den Weg. Mein Magen schlägt immer kompliziertere Saltos. Was tue ich da eigentlich?, frage ich mich. Vor zwei Tagen habe ich Dad gesagt, dass ich nicht zu seiner Hochzeit komme. Ich habe sich verlieben mit dem Sturz von einer Klippe verglichen. Und erst gestern Abend habe ich zu Sophie und Cassidy gesagt, dass alle Beziehungen enden.

Scheinheiligkeit, dein Name ist Evie.

Ich presse mir eine Hand vor den Mund und hoffe nur, dass ich mich geirrt habe, was die Tödlichkeit des Sturzes angeht.

KAPITEL 31

Definitiv ein Date

»WIR SPIELEN BILLARD?«, fragt X, als er auf mich zu-kommt. Ich stehe unter dem Schild von Wilshire Billiards.

»Hast du keine Lust?« Ich wusste nicht, welchen Ort ich für unser erstes offizielles *Treffen/Date/oder wie immer wir es nennen wollen* aussuchen sollte. Jetzt habe ich Angst, es könnte ihm nicht gefallen.

Er bleibt vor mir stehen. »Doch, ich bin bloß über-rascht, das ist alles.«

Wir starren uns an. Es ist peinlich und seltsam prickelnd zugleich. Bei unserer letzten Verabredung haben wir uns geküsst, aber weil wir nicht darüber gesprochen haben, was die Küsse bedeuten, wissen wir jetzt beide nicht so richtig, wohin mit unseren Händen. Oder Lippen.

Ich winke ihm. Er winkt zurück. Aus einem halben Meter Entfernung.

Schließlich prustet er los und ich auch.

»Ich freu mich echt, dich zu sehen«, sagt er.

»Ich freu mich auch.« Mir ist nach einer Umarmung oder so, aber keiner von uns macht den ersten Schritt.

Er hält mir die Tür auf. »Dann also auf zum Billard?«

»Ich hab mir gedacht, du bist bestimmt ein guter Pool-Spieler, denn was kann man in Lake Elizabeth sonst groß unternehmen?«

»Wow.« Er mimt den Entrüsteten. »Großstadt-Snob.«

Ich grinse ihn an. Aber es stimmt schon, ich kann mir nicht vorstellen, irgendwo anders zu wohnen als in einer großen pulsierenden Stadt, in der die unterschiedlichsten Menschen leben.

Drinnen steuere ich sofort auf den Anmeldetresen zu. Julio, der etwa sechzigjährige Geschäftsführer, erkennt mich sofort. »Señorita Evie«, singt er. »Lange nicht gesehen.« Er beugt sich über den Tresen, küsst mich rechts und links auf die Wangen und schaut dann über meine Schulter. »Aber wo ist dein Papa?«

»Dad ist heute nicht da.« Ich zupfe an meinen Rucksackriemen. »Bloß ich und mein Freund X.«

X und er geben sich die Hand und begrüßen sich mit »Hey Mann«.

Julio lässt den Blick zwischen X und mir hin- und herwandern, als wollte er herausfinden, ob wir *befreundet* sind oder bloß Freunde. Keine Ahnung, zu welchem Schluss er kommt. »Vor ihr musst du dich in Acht nehmen«, warnt er X. »Sie ist ein Pool-Hai.«

»Das Gefühl hab ich auch«, sagt X und tippt auf mein Queue-Case, das aus meinem Rucksack ragt.

»Tisch 17«, sagt Julio. Er reicht mir ein Ball-Rack und Kreide. An Tisch 17 haben Dad und ich immer gespielt. Er steht etwas abseits hinten rechts in der Ecke in der Nähe der Dartscheiben, die nie jemand benutzt.

Aber ich will jetzt nicht noch mehr an Dad erinnert werden. Seit ich ihm gesagt habe, dass ich nicht zu seiner Hochzeit komme, hat er mir drei Nachrichten geschickt. Zuerst ein Foto vom Banner des diesjährigen Taco-Abends, das an einem der Laternenmasten auf der Wilshire Avenue hängt. Als Nächstes eine Liste aller Food-Trucks, die an dem Abend dort sein werden. Dann als Drittes ein Bild von ihm und mir beim Taco-Abend vor zwei Jahren. Wir beißen in Chicken Chimichangas (frittierte Burritos gefüllt mit Reis, Käse, Bohnen, Hähnchenfleisch und purer Wonne). Unsere Augen sind geschlossen und unsere Mienen ekstatisch. Ich könnte vermutlich auch mit Mom oder Martin oder einer meiner anderen Freunde hingehen, aber ich weiß, das werde ich nicht. Niemand sonst ist so ein Connaisseur wie Dad. Niemand sonst wird die verschiedenen Salsa-Soßen so genießen und die feinen Unterschiede herausschmecken wie Dad.

Ich bitte Julio um einen der Tische auf der linken Seite neben den Flipperautomaten.

Wilshire Billiards ist keiner von diesen dämmrigen schäbigen Billardschuppen, wie man sie manchmal in Filmen sieht. Es ist ein sauberer Saal mit tadellos gepflegten Tischen, polierten Queues und Wandhalterungen aus dunklem Holz. Das Licht im Raum ist zwar stark heruntergedimmt, aber über jedem Tisch hängt eine eigene Deckenlampe. Mir hat schon immer gefallen, wie es hier aussieht – große Areale kühler Dunkelheit unterbrochen von Lachen aus gelbem Licht.

Es ist Mittwoch und spät am Nachmittag, daher stehen die meisten Tische leer, bis auf einige wenige im vorderen Bereich, an denen ein paar Leute spielen. Es sind hauptsächlich grauhaarige, knurrig aussehende alte weiße Männer, aber hervorragende Pool-Spieler. Ein paar von ihnen kennen mich und nicken zum Gruß.

Wir gehen zu unserem Tisch und ich hole mein Queue-Case aus dem Rucksack. Gute Billardspielstöcke bestehen aus zwei Teilen. Ich spüre X' Augen auf mir, als ich mein Case öffne und die beiden Teile zusammenschraube.

»Was ist?«, frage ich.

»Hat Julio recht damit, dass du ein Pool-Hai bist?«

»Ich spiele ganz okay«, untertreibe ich.

»Nein, du bist ein Hai«, erwidert er lachend. Er nimmt ein Queue aus der Wandhalterung. »Okay, zeig mir, wie's geht, Großstadt-Snob.«

Und das tue ich.

Ich zeige ihm, wie man sich vergewissert, ob ein Queue gerade ist, nämlich indem man es auf den Tisch legt und rollt. Wenn es nicht eiert, ist es gerade. Ich zeige ihm, wie man die Kugeln anordnet und wie man Kreide aufs Queue streicht und Puder auf die Stelle zwischen Daumen und Zeigefinger, wo das Queue vor- und zurückgleitet. Schließlich erkläre ich ihm die Regeln: Einer der Spieler versenkt die vollfarbigen Kugeln (die Vollen) – außer der Schwarzen, der Acht –, der andere die gestreiften Kugeln (die Halben). Wer als Erster alle Kugeln seiner Farbe korrekt versenkt hat, darf die Acht spielen.

»Jetzt zeige ich dir, wie man anstößt.« Ich stelle mich an den Tisch und stoße die weiße Kugel in das Dreieck der aufgebauten Kugeln. Die Kugeln sprengen auseinander und verteilen sich über den Tisch.

Ich baue die Kugeln wieder für ihn auf. »Jetzt du.«

Er tritt hinter den Tisch. Und es ist schwer vorstellbar, dass man mehr falsch machen kann als er. Er hält das Queue viel zu hoch, legt es auf die falschen Finger ab und bringt den Kopf nicht in eine Linie mit der Schussrichtung. Als er anstößt, rutscht sein Queue von der weißen Kugel ab, sodass sie nur ein paar Zentimeter weit rollt, bevor sie zum Stehen kommt.

Er grinst mich an. »Vielleicht sollte ich es noch mal versuchen.«

Ich lache. »Das war echt traurig.« Ich schüttele den Kopf. Aber insgeheim finde ich es aufregend, einen Vorwand zu haben, ihm näher kommen zu können und seine Haltung zu korrigieren.

Ich gehe im Geiste jede Liebeskomödie mit einer Szene in einem Billardsalon durch, die ich gesehen habe. Dabei ist es normalerweise der Junge, der vorschlägt, Billard spielen zu gehen, weil er:

1) mit seinem Können glänzen will

und

2) dem Mädchen unter dem Vorwand näher
   kommen kann, ihr beibringen zu wollen,
   wie man es richtig macht.

Ich baue die Kugeln wieder auf. »Schau her, ich zeig es dir.«
Ich stelle mich neben ihn, beuge mich über den Tisch und
führe ihm die richtige Haltung vor.

Er versucht es erneut. Dieses Mal trifft die Weiße das
Dreieck, aber mit so wenig Wucht, dass sich die Kugeln
kaum von der Stelle rühren.

Ich halte mir die Hand vor den Mund, um mein Lachen
zu verbergen.

Nachdem ich die Kugeln noch mal aufgebaut habe,
laufe ich um den Tisch herum, beuge mich zu X vor und
lege meinen Arm auf seinen, damit ich seine Haltung korrigieren kann.

Er dreht den Kopf. Auf einmal ist sein Gesicht (und sein
Mund) *direkt vor mir.*

»Danke, dass du mir hilfst«, sagt er.

»Gern.«

Sein Blick wandert zu meinen Lippen und bleibt dort.

»Draußen auf dem Schild steht Wilshire *Billiards*, nicht
Wilshire *Rummachen*«, ertönt Julios Stimme von irgendwo
hinter uns.

Ich springe praktisch von X weg. »Ich hab ihm nur gezeigt, wie man richtig spielt.«

X bleibt, wo er ist, und lacht in seinen ausgestreckten Arm.

Julio lächelt und schüttelt den Kopf. »Nenn es, wie du willst, aber reißt euch hier drin zusammen. Mir zuliebe. Ich kenne deinen Dad, Herrgott noch mal«, sagt er im Weggehen.

X lacht nur noch mehr.

Ich stupse ihm mein Queue in die Seite. »Hör auf zu lachen.«

»Okay, mal sehen, ob ich es kapiert habe«, sagt er und schaut wieder auf den Tisch. Plötzlich vollzieht sich eine Verwandlung in ihm. Seine Haltung verändert sich von lax zu formvollendet. Er hält das Queue genau richtig und seinen Kopf so, dass die Visierlinie absolut perfekt ist.

Er stößt mit einem lauten Knall die Weiße an, die das Dreieck aus Kugeln perfekt trifft, und versenkt dabei eine der Vollfarbigen. Dann macht er sich daran, noch vier Volle in Folge zu versenken, bevor er die sechste knapp verfehlt. Er dreht sich um, fängt meinen Blick auf und grinst mich mit dem selbstgefälligsten Grinsen an, das ich je gesehen habe.

»Schätze, du hast richtiggelegen mit deiner Vermutung, dass in Lake Elizabeth sonst nicht viel los ist.«

Ich. Wurde. Verarscht.

Ich klopfe mit meinem Queue-Ende auf den Boden.

»Warum hast du so getan, als könntest du nicht Billard spielen?«

»Vielleicht wollte ich, dass du es mir beibringst.« Er zwinkert mir zu. »Oder vielleicht weil du dich über den Ort lustig gemacht hast, wo ich herkomme. Zeig, was du draufhast, Stadtkind.«

Ich verenge die Augen zu schmalen Schlitzen. »Du gehst so was von unter, Landei.« Ich ziele auf die Neun, verfehle sie aber. Ich bin noch immer aus der Fassung gebracht von seiner Schwindelei und davon, wie gut er ist. Ich bekomme keine weitere Chance zu gewinnen, weil er jetzt seine verbliebenen Vollen versenkt und dann die Acht.

Ich fluche lauter, als ich sollte, und er lacht über mich. »Mir gefällt diese Seite an dir.«

»Versuch nicht, mich abzulenken.« Ich schaue ihn mit gespielt finsterer Miene an, aber eigentlich bin ich froh, dass er so gut spielt. Billard macht viel mehr Spaß, wenn man einen ernst zu nehmenden Gegner hat.

Ich gewinne die nächsten beiden Spiele, aber er gewinnt das vierte und fünfte. Ich heimse den Sieg über das sechste ein, weil er einen todsicheren Stoß auf die schwarze Acht vergeigt. Wir haben einen Drei-zu-drei-Gleichstand.

»Sollen wir es dabei belassen?«, fragt er.

»Wieso? Hast du Angst zu verlieren?«

»Klar doch. Sag hinterher nicht, ich hätte dir keine Chance gegeben, mit Würde aus der Sache rauszukommen«, erwidert er.

Ich verdrehe die Augen. »Meine Würde lass mal meine

Sorge sein«, sage ich. »Aber wollen wir vorher noch was essen? Ich sterbe vor Hunger und die Burger hier sind wirklich gut.«

Wir geben an der Bar unsere Bestellung auf und setzen uns an einen der kleinen Tische davor.

X schaut sich um. Es ist jetzt mehr los als vorhin beim Reinkommen. Einer der älteren Männer steht an der Jukebox und wählt einen Country-Song aus, der aus einer fernen Epoche im letzten Jahrhundert stammt. Ich sehe zu Julio rüber, der lachend mit den Schultern zuckt. Er verspricht schon seit Jahren, für eine bessere Musikauswahl in der Jukebox sorgen.

»Du warst also früher regelmäßig mit deinem Dad hier?«, fragt X.

»Jeden Samstagmorgen. Er und Julio haben mir abwechselnd Unterricht gegeben und danach haben wir stundenlang gespielt.«

»Oh Mann, klingt nach einem echt tollen Dad«, sagt er, dann fällt ihm wieder ein, dass ich Dad inzwischen nicht mehr so toll finde. »Sorry, ich...«

»Nein, schon gut. Ich meine, ich hab ihn ja auch mal toll gefunden. Ehrlich gesagt ist das mit ein Grund, wieso jetzt alles so ätzend ist. Schlimm genug, dass er Mom betrogen hat, aber für mich ist es, als hätte er mich auch betrogen, nämlich um das Bild, das ich von ihm hatte. Und jetzt will er wieder heiraten und dann wird es nie mehr so wie früher werden. Keine Ahnung. Vermutlich rede ich dummes Zeug.«

»Scheiße, Evie, mir war nicht klar, dass er wieder heiraten will.« X legt für ein paar Sekunden seine Hand auf meine. »Aber ich weiß, was du meinst. Es ist, als wäre er nicht der, für den du ihn gehalten hast.«

»Ja, wie im Film, wenn es plötzlich eine Wendung gibt und sich rausstellt, dass der, den du für den Guten gehalten hast, eigentlich der Böse ist.« Mein Herz ist wie eingeschnürt. Ich will die Dinge zwischen uns nicht unnötig düster machen, aber ich habe das Bedürfnis, X offen und ehrlich zu sagen, wie ich mich fühle und was in mir vorgeht.

»Ich war nicht immer so.«

»Wie, so?«

In dem Moment bringt Julio unsere Burger, was gut ist, denn es verschafft mir Zeit, mir darüber klar zu werden, was ich sagen will.

X beißt in seinen Burger und gibt einen wohligen »*Ist das köstlich*«-Laut von sich. Wir genießen eine Weile schweigend unser Essen, bevor er nachhakt. »Du warst nicht immer so …«, souffliert er.

Ich beuge mich vor. »Ich weiß nicht, ob ich noch an den ganzen Kram glaube.«

»Welchen Kram?«, fragt er langsam kauend.

Ich zeige mit einem Handwedeln von ihm zu mir. »Dates und den ganzen Kram.«

Er legt seinen Burger auf den Teller und hält die Augen auf mich gerichtet, während er darauf wartet, dass ich fortfahre. »Am Lagerfeuer wolltest du wissen, ob sich Sophie und Cassidy manchmal auch allein treffen, weißt du noch?«, frage ich.

»Ja, warum?« Ich sehe, wie ihm ein Licht aufgeht. »Sie sind zusammen?«

Ich nicke.

Sein Blick wandert über mein Gesicht. »Wieso bist du traurig deswegen?«

Ich will ihm nichts von unserem Streit erzählen und dass ich die beiden die ganze Woche nicht gesehen habe. »Ich glaube nicht, dass es gut geht mit ihnen, und wenn sie Schluss machen, ist auch unsere Freundschaft zerstört.«

»Wer sagt denn, dass sie Schluss machen werden?«

Wie erkläre ich ihm das, ohne ihm von den Visionen zu erzählen?

»Nichts hält ewig«, sage ich. »Meine Eltern waren früher glücklich miteinander. Hättest du die Evie von vor anderthalb Jahren gekannt und ihr gesagt, dass ihr Dad ihre Mom betrügen wird und ihre Eltern sich scheiden lassen und ihr Dad noch mal heiraten würde, hätte sie dich gnadenlos ausgelacht.«

»Na ja, ich kenne die alte Evie nicht, aber die neue gefällt mir sehr«, sagt er. »Es ist okay, wenn du die Dinge zurzeit ein bisschen schwarzsiehst. Es ist okay, wenn du momentan keinem so richtig über den Weg traust. Du hast gute Gründe.«

Und einfach so mag ich ihn plötzlich noch mehr als sowieso schon. Er steckt voller Überraschungen, er ist ein

Angeber, und gleichzeitig ist er verständnisvoll, achtsam und freundlich.

Wir essen unsere Burger auf und gehen wieder an unseren Billardtisch zurück. »Bereit zu verlieren?«, fragt er und greift nach seinem Queue.

Ich mache mir nicht mal die Mühe, ihn spöttisch anzusehen. Sobald er mit dem Aufbau der Kugeln fertig ist, mache ich den Anstoß und versenke zwei Volle. Danach gehe ich dazu über, den Tisch abzuräumen, als wäre es mein Job. Nur die schwarze Acht ist noch übrig. Ich drehe mich um und bedenke ihn mit dem großspurigsten Grinsen, das ich zustande bringe.

Er lacht dröhnend. »Ich hab's nicht anders verdient.«

»Vielleicht versenke ich sie ja blind«, sage ich.

»Glaub ich nicht«, sagt er. »Nie im Leben gehst du so ein Risiko ein.«

Aber es ist ein leichter Stoß für mich. Ich gehe kein großes Risiko ein. Ich versenke die Kugel mit geschlossenen Augen. Als ich sie wieder öffne, ist X ganz nah bei mir.

Er nimmt mir mein Queue ab und legt es auf den Tisch. »Gut gespielt«, sagt er und zieht mich zu einer Umarmung an sich.

Ich schlinge meine Arme um ihn und presse mein Gesicht an seine Brust.

Wir bleiben ein Weilchen so stehen. »Wir können es langsam angehen lassen, wenn du möchtest.« Er löst sich ein wenig, um mir ins Gesicht zu sehen. »Also, vorausgesetzt, du möchtest das wiederholen. Also mit mir, meine ich.«

Es ist süß, wie nervös er ist. Ich lächle zu ihm auf. »Okay, lassen wir es langsam angehen.«

»Heißt das, wir können das hier jetzt offiziell ein Date nennen?«, fragt er.

Ich lache und lege meinen Kopf wieder an seine Brust.

»Es ist definitiv ein Date«, sage ich.

KAPITEL 32

Nacho Problemo

MOM HAT HEUTE ABEND ihr allererstes Date. Sein Name ist Bob, er ist Kinderarzt mit Fachrichtung Onkologie. Als ich sie gefragt habe, was sie glaubt, warum ein gut aussehender Arzt mit siebenundvierzig noch nie verheiratet war, hat sie mich nur angeguckt und gesagt: »Er rettet Kindern das Leben, Evie. Kindern, die Krebs haben.«

Mir ist zwar nicht ganz klar, was das eine mit dem anderen zu tun hat, aber ich lasse es dabei bewenden.

»Du siehst wunderschön aus, Mom, vertrau mir«, sagt Danica, als beide die Treppe herunterkommen.

Keine Ahnung, wie es Danica geschafft hat, Mom zu golden schimmerndem Lidschatten und knallrotem Lippenstift zu überreden, aber sie hat recht. Mom sieht umwerfend aus. Sie trägt ein dunkelblaues Kleid mit fließendem, hüftumspielendem Rock, dazu ihre Lieblingspumps mit der zwar bequemen, aber immer noch sexy Absatz-höhe. Das letzte Mal habe ich diese Schuhe an ihr gesehen, als sie mit Dad zum Abendessen ausgegangen ist.

Sie mustert im Spiegel in der Diele prüfend ihr Gesicht und dreht sich zu Danica um. »Bist du dir sicher mit dem Lippenstift? Findest du ihn nicht zu …«

»… *herausfordernd?*« Beende ich den Satz für sie. Feuer-wehrautos sind weniger rot.

»Das trifft es«, sagt Mom.

Danica zieht ein paarmal kurz hintereinander vielsagend die Brauen hoch. »Genau darum geht es, *ihn herauszufor-dern.*«

»Ha!«, sagt Mom. Sie betrachtet sich noch einmal im Spiegel und probiert verschiedene Arten zu lächeln aus. Ich bin froh, dass sie sich freut und aufgeregt ist, und gleichzeitig bin ich davon genervt.

Es klingelt.

»Ist er das?«, frage ich und stehe von der Couch auf. »Hät-test du dich nicht besser im Restaurant mit ihm verabreden sollen, damit er nicht gleich weiß, wo wir wohnen, nur für den Fall, dass er ein Serienkiller-Krebskinderarzt ist?«

»Ich *bin* im Restaurant mit ihm verabredet«, sagt Mom und guckt stirnrunzelnd zur Tür.

Danica späht durch den Spion. »Oh, es ist Dad«, ruft sie mit heller, glücklicher Stimme und reißt die Tür auf.

Ein Blick in Moms Gesicht verrät mir, dass sie genauso überrascht ist wie ich.

Sie geht zur Tür. »Ich wusste gar nicht, dass du heute

Abend vorbeikommen wolltest.« Ihr Tonfall ist barsch, barscher als erwartet, als würde sie ihn zurechtweisen.

Dad hört es auch und fährt sich durch die Haare. »Hallo Grace«, sagt er. »Du siehst hübsch aus.«

Bei seinem Kompliment weicht Mom einen Schritt zurück. Sie verschränkt die Arme vor der Brust und wartet. »Was soll das?«

»Tut mir leid, wenn ich ungelegen komme«, sagt er. »Ich wollte Evi überraschen.«

»Du hast uns alle überrascht, so viel ist sicher«, sagt Mom. Ihr jamaikanischer Akzent ist kaum wahrnehmbar, aber vorhanden. Sie tritt zur Seite und lässt Dad rein.

Ich habe ihn sechs Monate nicht gesehen, nicht mehr seit dem Abend, als er Danica zum Kennenlern-Essen mit Shirley abgeholt hat und ich mich geweigert habe, mitzukommen.

Er sieht aus wie immer und doch anders. Ich habe ihn zum Beispiel noch nie in diesem grünen Hemd gesehen. Und in seinem Afro zeigen sich erste graue Haare. Sogar in seinem Schnurrbart sprießen ein paar. Und ist er dünner geworden? Ich weiß es nicht. Möglicherweise gehört das zu den Dingen, die einem nur auffallen, wenn man jemanden lange nicht gesehen hat. Vielleicht hatte er schon graue Haare, bevor er uns verlassen hat. Aber das grüne Hemd ist neu. Zumindest für mich.

»Es ist Taco-Abend, Evie.« Er sagt es, als wäre es etwas Heiliges. Als wären wir in der Kirche und das Abendmahl eine Maistortilla. Was natürlich ... ja okay. Der Taco-

Abend *ist* so was wie eine religiöse Erfahrung und ihn zu verpassen eindeutig ein Sakrileg. Aber es ist seine Schuld, dass wir ihn verpassen.

Er greift in die Tasche seines Jacketts (neu) und holt seine Brille raus (auch neu).

»Schau mal«, sagt er. »Ich hab uns Tickets für Mariscos Chente besorgt, damit wir nicht anstehen müssen.«

Ich bin sprachlos. Alle Blicke sind auf mich gerichtet. Dads ist hoffnungsvoll. Danicas wachsam. Und Moms ist... schwer zu deuten. Niemand ist schwieriger zu durchschauen als sie. Das bringt der Beruf als Krankenschwester wohl mit sich.

Mom nimmt meine Hand. »Komm mal bitte kurz mit nach oben, ich möchte mit dir reden.«

Sie schließt die Tür, als wir in ihrem Zimmer sind. »Ich möchte, dass du deinen Vater begleitest.«

Etwas, das mir vorher nie aufgefallen ist: Sie sagt »dein Vater« anstatt »dein Dad«.

»Mom, ich will nicht...«, setze ich an zu widersprechen.

Sie fällt mir ins Wort. »Du willst schon nicht zu seiner Hochzeit.«

»Du weißt, warum ich nicht hinwill.«

»Davon sprechen wir nicht.« Ihr Tonfall ist entschieden. Sie sieht mir in die Augen. »Weißt du, was zu den Dingen gehört, die einem als Mutter am schwersten fallen?«

»Was?«

»Zusehen zu müssen, wie dein Kind etwas tut, von dem man genau weiß, dass es das bereuen wird.«

Jetzt hat sie mich. Ich willige ein mitzugehen. Ich möchte es ihr nicht noch schwerer machen, besonders wenn es sich um Dad dreht.

Als ich die Treppe runterkomme, höre ich gerade noch, wie Danica Dad von ihrem neuen Freund erzählt. »Er heißt Archer«, sagt sie.

»Archer bedeutet Bogenschütze, und das ist eine Bezeichnung, kein Name«, sagt er in typischer Dad-Manier.

Bevor ich es mir verkneifen kann, steige ich in das Spiel ein. »Eigentlich ist es eher eine olympische Disziplin.«

»Sommer oder Winter?«, fragt Dad.

»Mit Sicherheit Sommer.«

Dad und ich lächeln uns an, bis mir wieder einfällt, dass ich ihn nicht mehr anlächeln darf. Es wäre so leicht, nachzugeben und wieder in den alten Rhythmus mit ihm zu verfallen.

Danica schaut von ihm zu mir und verdreht die Augen. »Jedenfalls heißt er Archer und er ist toll.«

Ich gehe zur Tür, bereit zum Aufbruch. Danica und Dad umarmen sich zum Abschied. Mom und Dad nicken sich bloß wortlos zu. Und dann sind wir weg.

———

Es sind nur fünfzehn Minuten zu Fuß von unserer Wohnanlage bis zum Wilshire Boulevard. Die ersten fünf Minuten spielen sich folgendermaßen ab:

Dad: Wie läuft's in der Schule?
Ich: Gut.

Langes unbehagliches Schweigen.

Dad: Ich hab von Danica gehört, dass du Gesellschaftstanz lernst. Wie gefällt es dir?
Ich: Gut.

Noch längeres unbehagliches Schweigen.

Dad: Wie geht's deinen Freunden?
Ich: Die Antwort kannst du dir vermutlich denken, oder?

Er bleibt stehen. Ich auch. »Denk nur nicht, dass du mich mit Tacos bestechen kannst, dir zu verzeihen«, sage ich.

»Womit kann ich dich dann bestechen?«, fragt er.

Ich verschränke die Arme vor der Brust und starre auf den Boden. Vermodernde Jacarandablüten, mehr braun als lila, übersäen den Gehweg. Schon komisch, dass sie am Baum so wunderschön sind und wenn sie abfallen so lästig und hässlich.

»Können wir für heute Abend einen Taco-Waffenstillstand schließen?«, fragt er.

Das letzte Mal habe ich seine Stimme so gehört, als er Danica und mir versprochen hat, dass er uns nicht weniger lieben würde, nur weil wir nicht mehr zusammenwohnen.

Ich seufze und stimme dem Waffenstillstand mit einem Nicken zu.

Er strahlt, als hätte ich ihm gesagt, dass er der beste Dad der Welt wäre oder so was in der Art.

Es fehlt mir wirklich, ihn für den besten Dad der Welt zu halten.

Wir gehen weiter. »Sollten wir uns nicht einen Schlachtplan zurechtlegen?«, fragt er. »Wir müssen uns überlegen, an welchen Wagen und in welcher Reihenfolge wir was essen wollen«, erklärt er auf meinen verwirrten Blick hin.

Ich kann mir ein Lächeln nicht verkneifen. »Spielst du auf den großen Chimichanga-Vorfall letztes Jahr an?«

»Wer aus der Vergangenheit nicht lernt…«

»…ist dazu verdammt, sie zu wiederholen«, beende ich in gespielt feierlichem Ernst den Satz.

Letztes Mal haben wir mit Frittiertem angefangen, was ein großer Fehler war. Frittiertes liegt viel zu schwer im Magen. Nach drei Chimichangas waren wir pappsatt.

»Lass uns mit Ceviche anfangen«, schlägt er vor.

Wir einigen uns darauf und verbringen dann noch ein paar Minuten damit, festzulegen, wann wir welche Food-Trucks anlaufen wollen. Nachdem das geklärt ist, reden wir über unseren Lieblingssport: die National Spelling Bee, den landesweiten Buchstabierwettbewerb. Ich habe zuerst bestritten, dass es ein Sport ist, aber dann hat mich Dad schließlich doch davon überzeugt. »Hast du gesehen, wie stark die Schüler beim Nachdenken ins Schwitzen kommen?«

Wir reden über das Gewinnerwort vom letzten Jahr: *Prädiktabilität.* Es bedeutet »Vorhersagbarkeit« – was ziemlich kurios ist, wenn man bedenkt, in welchem Dilemma ich zurzeit stecke.

Wir reden nicht darüber, wieso wir die Sendung nicht zusammen angesehen haben.

Wir reden nicht darüber, dass die diesjährige Endausscheidung in nur zwei Monaten stattfindet und wir sie vermutlich ebenfalls nicht zusammen anschauen werden. Vielleicht verfolgt er den Wettbewerb ja gar nicht mehr. Ich frage mich, ob Shirley ein Wort-Nerd ist.

Wir überqueren die Sixth Street und gehen durch den Pan Pacific Park, bis wir schließlich auf dem Wilshire Boulevard sind. Von Weitem schimmern Taco-Trucks.

»Ich rieche meine Zukunft«, sagt Dad.

»Sie riecht nach Salsasoße«, erwidere ich.

Er lacht und ich lache auch.

Wir essen, bis uns der Magen wehtut. Es stellt sich heraus, dass es völlig egal ist, ob man mit etwas leichter Bekömmlichem anfängt, solange man trotzdem zu viel davon isst.

Auf dem Heimweg erzählt Dad mir grauenhafte Witze über mexikanisches Essen.

Frage: *Wie nennt man eine gepfefferte Schote?*

Antwort: *Jalapeño*

und

Fragt die eine Tortilla die andere: »Möchtest du darüber reden?«

Sagt die andere: »*Nö. Nacho Problemo.*«

Die Witze sind so grottenschlecht, dass ich unwillkürlich lachen muss. Ich glaube, der Begriff »schlechter Scherz« wurde überhaupt nur wegen meinem Dad erfunden.

Nach den unterirdischen Witzen reden wir über unsere Favoriten des Abends. Für ihn ist es Taco al pastor. Für mich Garnelenceviche. Es ist wie an unseren früheren Taco-Abenden, nur dass er und ich jetzt jeder woanders wohnen.

Wir sind nur noch ein paar Apartmentblocks von meinem neuen Zuhause entfernt, als er damit herausrückt, dass er mir was zu sagen hat.

»Shirley und ich überlegen, die Hochzeit zu verschieben.«

Hoffnung flammt in meinem Herzen auf, in dem kleinen störrischen Teil von mir, der zu viele Liebesromane gelesen hat. Vielleicht meint er ja damit, dass er es sich noch mal überlegt. Vielleicht meint er ja damit, dass es Hoffnung gibt für Mom und ihn. Aber das Gefühl hält nur eine Sekunde an. Ich weiß, das ist nicht das, was er damit meint.

»Warum?«, frage ich.

»Um dir mehr Zeit zu geben, dich an den Gedanken zu gewöhnen. Ich möchte dich dabeihaben. Es ist mir wichtig.«

Die Ernsthaftigkeit in seinem Gesicht ist schwer zu ertragen. Ich würde gern Ja sagen. Nein. Ich würde gern Ja sagen wollen. Aber ich kann nicht so tun, als würde ich mich für ihn und Shirley freuen.

Trotzdem, es ist schön, dass er mich dabeihaben will.

Ich schüttle den Kopf. »Mach das nicht, Dad«, sage ich. »Verschieb nicht meinetwegen die Hochzeit.«

Ich kann ihm ansehen, dass er seine väterliche Autorität spielen lassen und mein Kommen erzwingen will, aber er tut es nicht.

»Okay«, sagt er. »Aber versprich mir, dass du wenigstens darüber nachdenkst.«

Schon irgendwie komisch, dass er und Mom mich beide um dieses Versprechen gebeten haben.

Bevor ich etwas darauf erwidern kann, höre ich jemanden meinen Namen rufen. »Hey, Evie.«

Es ist X. Mein Herz gibt eine bizarre kleine Freestyle-Tanzeinlage. Er trägt seine Dreadlocks offen und strahlt mich mit seinen dunklen Augen an. Seine Gitarre trägt er auf den Rücken geschnallt.

Dad tritt vor, als müsste er mich vor X' gutem Aussehen beschützen.

»Hey, X«, sage ich mit einem kleinen Winken.

Dad räuspert sich.

Ach ja, richtig. Vorstellen. »Das ist X, Dad«, sage ich. »Das ist mein Dad, X.«

Dad lacht schallend. »Du heißt X? Wie die unbekannte Variable *x*?«

»Was meinen Namen angeht, hab ich schon von Ihrer Tochter mein Fett wegbekommen, Mr Thomas«, sagt X und reicht Dad die Hand.

»Das will ich hoffen.« Dad schüttelt sie. Er deutet auf

X' Haare. »Haben die Dreadlocks religiöse Gründe oder lediglich modische?«

»Bloß modische, Mr T.«

»Für dich immer noch Mr Thomas, mein Junge, so viel Zeit muss sein. Und was ist mit der Gitarre? Ist die auch bloß modisches Beiwerk?«

X lacht. »Nein, Mr Thomas. Die Gitarre ist echt.«

Dad fängt an, X über seine Vergangenheit und seine Zukunftspläne auszufragen. X überspringt den Teil mit der abgebrochenen Highschool der Einfachheit halber.

Dad ist anscheinend zufrieden mit X' Antworten, weil er schließlich sagt: »Kann ich euch beide bedenkenlos allein lassen?«

»Ja klar«, sage ich.

Dad wendet sich mir zu. »Ein Witz noch, bevor ich gehe.«

»Gut«, sage ich und schüttle schon im Voraus den Kopf, weil ich ahne, wie grottenschlecht er sein wird.

»Kennst du den mit der Quesadilla?«, fragt er.

Ich spiele mit. »Nein. Wieso?«

Er winkt mit übertriebener Geste ab. »Macht nichts, ist sowieso Käse.«

X lacht schallend und hält sich die Hand vor den Mund. »Der war gut, Mr Thomas.«

Sich freuen wie ein Schneekönig ist eine Redewendung, die Dad häufig benutzt. Gerade jetzt trifft sie auf ihn selbst zu. »Du gefällst mir, trotz deines albernen Namens«, sagt er zu X.

»Danke, Mr T«, erwidert X. »Hab nur einen Scherz gemacht, Mr Thomas«, fügt er hastig hinzu, als er Dads grimmigen Blick auffängt.

»Bitte denk darüber nach, was ich dir wegen der Hochzeit gesagt habe, Evie«, sagt Dad.

»Okay«, antworte ich und meine es auch so. Morgen bin ich vermutlich wieder wütend auf ihn, aber jetzt im Moment ist mein Bauch gefüllt mit köstlichen Speisen, und mein Gesicht lächelt noch über seine unterirdisch schlechten Witze, und es fühlt sich an wie früher, als er noch mein allerbester Freund war. Er zieht mich in eine Umarmung und drückt mich fest an sich, und ich erwidere seine Umarmung genauso fest und wünsche mir aus tiefstem Herzen, in dem kleinen störrischen Teil von mir, dass das Gefühl nie aufhört.

KAPITEL 33

Die Zeit, die wir haben

X UND ICH STEHEN AUF dem Gehweg und sehen Dad beim Wegfahren zu. Als sein Wagen um die Kurve verschwindet, drehe ich mich zu X um.

»Habt ihr heute Abend nicht Bandprobe?«

»Schon, aber wir haben früher aufgehört.« Er zupft an seinem Gitarrengurt herum. Seine Stimme klingt irgendwie traurig, und ich schaue ihn prüfend an, aber er sagt nichts weiter dazu, warum sie die Probe abgebrochen haben. »Wir sind mit dem Track zu ›Black Box‹ fertig geworden. Ich dachte, ich komm einfach vorbei und überrasche dich damit. Ist das okay?«

Ich nicke. Eigentlich wollten wir es ja langsam angehen lassen, aber es ist mehr als okay für mich, dass er spontan vor meiner Haustür aufkreuzt.

Drinnen biete ich ihm ein Glas Wasser an, das er in

einem Zug hinunterstürzt. Ich schenke ihm nach und auch diesmal kippt er es in einem Zug hinunter. Am dritten Glas nippt er nur noch. Wir verlassen die Küche und bleiben unschlüssig zwischen Wohn- und Essbereich stehen. Er schnallt seine Gitarre ab und lehnt sie neben der Terrassentür an die Wand.

»Du warst also mit deinem Dad unterwegs?«

Ich erzähle ihm von unserer Taco-Abend-Tradition und dass mich Dad überrascht hat.

»Wie war's denn?«, fragt er.

»Eigentlich war's … ganz schön.«

»Und jetzt bist du irgendwie sauer, weil ihr Spaß zusammen hattet, stimmt's?«

»Woher weißt du das?«

»Nach Clays Tod hab ich es mir selbst übel genommen, dass ich auch ohne ihn Spaß daran habe, Musik zu machen.«

»Wann hast du aufgehört, es dir übel zu nehmen?«

»Gar nicht«, sagt er.

Ich frage ihn, ob ich ihn durch die Wohnung führen soll, bevor mir klar wird, dass er dann ja auch mein Zimmer zu sehen bekommt. Zählt es noch als langsam angehen, ihm mein Zimmer zu zeigen? Tut es nicht.

Er folgt mir nach oben. Ich zeige ihm unser einziges Bad und Moms und Danicas Zimmer.

»Wann lerne ich deine Schwester kennen?«, fragt er.

»Sie hat einen Freund«, platze ich heraus und beantworte eine Frage, die er gar nicht gestellt hat.

Er schaut mich eine Sekunde lang prüfend an. »Und ich kann sie nicht kennenlernen, weil er sie wie im Märchen in einem Turm gefangen hält?« Das kleine Lächeln um seine Mundwinkel verrät mir, dass er sich über mich lustig macht.

»Nein, ich will damit sagen, dass sie heute Abend mit ihrem Freund unterwegs ist. Deswegen kannst du sie nicht kennenlernen.«

Er nickt, aber sein Lächeln bleibt, wo es ist. »Und deine Mom?«

»Hat auch ein Date.« Wir sind am Flurende angekommen. »Und das ist mein Zimmer.« Meine Tür ist geschlossen. Ich bleibe ein paar Schritte davor stehen und starre sie an.

Er schaut zwischen der Tür und mir hin und her. »Willst du sie mit der Kraft deiner Gedanken öffnen oder …?«

»Was? Nein. Telekinese gehört nicht zu meinen übernatürlichen Fähigkeiten. Ich war mit meinen Gedanken nur gerade woanders.«

»Okay.« Jetzt starren wir beide die Tür an.

»Lass mich nur kurz nachsehen, ob drinnen nicht irgendwas Komisches rumliegt.« Ich öffne die Tür gerade so weit, dass ich durch den Spalt hindurchpasse, und schlage sie ihm vor der Nase zu.

Mit »Komisches« meine ich Unterwäsche oder sonstige Peinlichkeiten. Ich stopfe zwei BHs in die Kommodenschublade.

Ich mache mein Bett.

Schließlich öffne ich die Tür. »Komm rein«, sage ich und versuche, möglichst cool zu klingen, aber es ist schwer, cool zu tun, wenn du gerade deine Unterwäsche versteckt hast.

X bleibt bei der Tür stehen und lässt den Blick langsam durch den Raum schweifen. Er fängt auf der linken Seite mit meinem Schrank an, lässt ihn daran vorbei zu meinem Schreibtisch unterm Fenster wandern, dann zum Bücherregal und der Kommode und schließlich zu meinem Bett.

Ich fühle mich nackt (bildlich gesprochen).

Er steuert auf das Bücherregal zu. Ich kann es ihm nicht verübeln. Ich würde das Gleiche tun. Er überfliegt die Titel, und ich versuche zu erahnen, was sie ihm wohl über mich verraten.

»Du beschriftest deine Regalfächer«, stellt er fest und dreht sich zu mir um.

»Ist das gut oder schlecht?«

»Da bin ich mir noch nicht sicher«, antwortet er mit einem Lachen. »Was ist denn mit den ganzen Büchern passiert?« Er deutet mit einem Handwedeln zum Bereich Zeitgenössische Liebesromane.

»Hatte sie einfach über.«

Er nickt, als würde er verstehen, denn er versteht wirklich. Er weiß, wie es ist, wenn sich das Leben in eine Zeit »davor« und eine Zeit »danach« unterteilt. Es gibt eine Evie vor der Scheidung und eine Evie nach der Scheidung. Sie sehen gleich aus, sind es aber nicht.

Er berührt das leere Fach. »Hattest du einen Lieblingsliebesroman?«

Ich muss nicht lange überlegen. »*Cupcakes and Kisses.*« Die Kussszene mit dem Chefkoch und der Schönen, während sie den Nachtisch machen, blitzt vor meinem inneren Auge auf. Ich beschließe, dass es Zeit wird, mein Zimmer zu verlassen. X sieht immer mehr zum Anbeißen aus.

»Okay, das ist dann also mein Zimmer«, sage ich. »Es gibt hier sonst nichts weiter zu sehen. Wollen wir jetzt wieder runtergehen?« Gedacht in meinem Kopf hat es viel beiläufiger geklungen.

»Aber ja. Wollen wir?«, antwortet er gespielt förmlich und macht sich total lustig über mich.

Wir gehen nach unten, und er schnappt sich seine Gitarre, bevor wir nach draußen auf die Terrasse treten.

Es ist schon spät, fast neun. In den meisten Wohnungen brennt Licht. Alle Terrassen sind mit kleinen orangegelben Lichtkreisen gesprenkelt. Jemand kocht, vermutlich Mrs Chabra. Die Nachtluft duftet köstlich nach Kurkuma und Zwiebeln.

Wir setzen uns, ich in den Sessel und er auf das Sofa mir gegenüber. Er lächelt mich kurz an und richtet den Blick dann in den begrünten Innenhof.

Ihn bedrückt ganz eindeutig etwas. »Alles okay mit dir?«, frage ich.

Er seufzt tief. »Es ist der Jahrestag von Clays ... ich will sagen, es ist heute ein Jahr her. Ich hätte nicht gedacht, dass es so schwer werden würde. Heute bei der Probe hat jeder versucht, so zu tun, als wäre alles wie immer.« Er starrt ein paar Sekunden hoch zum Himmel.

»Möchtest du darüber reden?«, frage ich nach einer Weile.

Zuerst bin ich mir nicht sicher, ob er antworten wird. Er schlägt ein paar Akkorde auf seiner Gitarre an und klimpert ein bisschen vor sich hin.

»Was mich am meisten fertigmacht, ist, wie blödsinnig es war«, sagt er irgendwann. »Er ist über die Straße gegangen. Irgendein Typ hat beim Fahren eine Nachricht geschrieben. Es wäre so verdammt leicht zu verhindern gewesen. Es steht im Gesetz: beim Autofahren Finger weg vom Handy.«

Er lässt einen kurzen, zornigen Akkord hören. »Und es war keiner von uns verantwortungslosen Jugendlichen. Es war ein verdammter Erwachsener. Er hätte es besser wissen müssen. Ist das nicht das Gute am Erwachsensein? Dass man es besser weiß?« Er stößt ein abschätziges Schnauben aus. »Einen Scheiß wissen sie. Sie können einfach nur besser so tun als ob.«

Er schrammt wieder über die Saiten, aber diesmal ruhiger. »Wir hatten einen Gig. Bei einem End-of-Summer-Konzert in Barrington Park. Clay hatte sich verspätet, aber er kam ständig zu spät, deswegen hab ich nicht geahnt ...« Er schüttelt den Kopf, als hätte er etwas falsch gemacht mit seiner Ahnungslosigkeit. »Dann hat seine Schwester angerufen und uns erzählt, was passiert ist. Als Jamal, Kevin und ich an den Unfallort kamen, war er schon tot. Er ist auf der Straße gestorben.«

Er beugt sich tief über seine Gitarre, sodass es aussieht,

als würde er sie zärtlich an sich drücken. Seine Dreadlocks fallen ihm ins Gesicht und verdecken es, deshalb kann ich nicht sehen, ob er weint oder nicht. Ich weiß nicht, was ich tun oder sagen soll, um ihm beizustehen, aber beistehen muss ich ihm.

Ich stehe auf, nehme ihm die Gitarre aus den Händen und lege sie zur Seite.

Ohne sie sackt er noch tiefer in sich zusammen und bedeckt sein Gesicht mit den Händen. Ich setze mich neben ihn und lege meinen Arm um seine Schulter. Er lehnt sich an mich und ich lege auch meinen anderen Arm um ihn.

Ich sage nicht, dass es schon gut ist, weil es nicht stimmt. Sein bester Freund ist einen absolut vermeidbaren Tod gestorben, und das ist zum Kotzen und es ergibt überhaupt keinen Sinn und gar nichts ist gut.

Ich weiß nicht, wie viel Zeit vergeht, aber nach einer Weile richtet er sich auf, und ich lasse ihn los. Er wischt sich mit den Handballen über die Augen und lächelt, ein Lächeln irgendwo zwischen Verlegenheit und Dankbarkeit.

»Ich hol dir ein Glas Wasser«, sage ich und stehe auf. Nicht weil ich denke, dass er mehr trinken muss, sondern um ihm Zeit zu geben, sich zu sammeln. Das jedenfalls würde ich an seiner Stelle wollen.

»Nein, lass, ich hab keinen Durst.«

»Ich versuche nur, dir eine Minute für dich allein zu geben«, erkläre ich.

»Mir ist schon klar, was du versuchst, Evie«, sagt er.

»Und ich bin dir dankbar dafür, aber mir wäre es lieber, wenn du bei mir bleibst. Wenn das okay ist.«

Ich weiß nicht, wie er es fertigbringt, sich so verletzlich zu zeigen. Ich setze mich wieder neben ihn und wir schauen gemeinsam dem Himmel beim Dunkelwerden zu.

Ich bitte ihn, mir von Clay zu erzählen, und das tut er. Sie haben sich als Kinder in einem Musikgeschäft kennengelernt. Beide hatten gerade angefangen, Gitarrenstunden zu nehmen, und ihre Dads waren mit ihnen in den Laden gekommen, um Noten zu kaufen.

»Clay saß in der Gitarren-Abteilung und hielt einen Bass, der ungefähr doppelt so groß war wie er. Wir sind in dem Moment Freunde geworden, in dem ich mich neben ihn gesetzt habe.« Er schaut mich an. »Er hätte dich gemocht. Deine Spitzzüngigkeit hätte ihm gefallen.«

»Ich bin in meinem ganzen Leben noch nie spitzzüngig gewesen.«

Er lacht. »Sagt das spitzzüngige Mädchen spitz.«

Gegenüber auf der anderen Hofseite macht Mrs Chabra Musik an. Der Song beginnt langsam, wird aber fast sofort schneller.

X klopft mit dem Fuß den Takt mit. »Hast du schon mal zu Bollywood-Musik getanzt?«, fragt er.

Ich schüttle den Kopf.

»Einer meiner Kumpels zu Hause hat indische Wurzeln. Oh Mann, seine Eltern wissen echt, wie man eine Party schmeißt. Die Musik ist immer wahnsinnig laut und alle tanzen total hemmungslos.« Er grinst jetzt und ich war noch nie so froh und dankbar für Mrs Chabras Musik. »Nicht dieser Geschlossene-Position-Kram«, sagt er.

»Führ's mir mal vor«, sage ich.

Er springt auf, und plötzlich ist sein ganzer Körper in Bewegung – er schiebt den Kopf vor und zurück und nach rechts und links, dreht die Handgelenke, lässt die Hüften kreisen. Er klopft sich sogar auf die Knie. Er sieht aus wie ein euphorischer Roboter mit Fehlfunktion.

Ich bin mir sicher, er wird dem Bollywood-Tanz in keiner Weise gerecht, aber es ist so schön, ihn lächeln statt weinen zu sehen, dass ich darüber hinwegsehe.

Ich mache mit und tanze die Moves, die ich aus den wenigen Bollywood-Filmen »gelernt« habe, die ich kenne. Ziemlich bald versuchen wir uns gegenseitig mit immer ausgefeilteren Kopf- und Handbewegungen zu übertrumpfen. Irgendwie wird mein Tanzstil zunehmend roboterhaft. X bleibt stehen und lacht mich aus und ich zeige ihm (roboterhaft) den Stinkefinger. Daraufhin muss er nur noch mehr lachen, und dann sieht er mich auf die gleiche Weise an wie am Strand, kurz bevor wir uns geküsst haben. Seine Hände sind auf meinen Hüften und meine Handflächen liegen flach auf seiner Brust.

Im Augenwinkel sehe ich Licht aufblitzen. Ich weiß, eigentlich sollte ich dorthin schauen, aber ich bin gerade absolut darauf fokussiert, wie nah seine Lippen an meinen sind.

X ist derjenige, der uns bremst. »Ich glaube, da ist jemand nach Hause gekommen«, sagt er.

Ich löse mich von ihm und mache gerade noch rechtzeitig einen Schritt zurück, bevor Mom um die Ecke ins Wohnzimmer kommt.

Sie schiebt die Terrassentür auf und kommt heraus. »Was geht hier vor?«

Wir tun keins von den Dingen, worüber sich Eltern normalerweise Sorgen machen – Sex, Drogen, Piercing-Experimente –, trotzdem fühle ich mich ertappt.

Mom mustert prüfend den Zustand meiner Kleidung. Sobald sie sich davon überzeugt hat, dass ich noch alle meine Sachen anhabe, und zwar auf genau die Art und Weise, wie man sie anhaben sollte, wechselt ihr Gesichtsausdruck von finster zu misstrauisch. »Wer ist das?«, fragt sie.

»Das ist X«, sage ich.

»Schön, Sie kennenzulernen, Ms Thomas.«

»Ach so. Du bist der Junge aus dem Tanzstudio. Der Enkel«, sagt sie. »Wie klappt's mit dem Tanzunterricht?«

»Gut, gut. Noch hat unsere Lehrerin uns nicht umgebracht«, sagt X.

»Komisch. Ich hatte keine Ahnung, dass ich Gefahr laufe, meine Älteste zu verlieren«, sagt Mom mit todernstem Gesicht.

X lacht. »Gesellschaftstanz ist tödlicher, als die meisten ahnen, Ms Thomas.«

Mom legt den Kopf schräg und überlegt. »Du bist witzig«, sagt sie. »Freut mich, dich kennenzulernen. Du und meine Tochter werdet die Tanzerei hoffentlich überleben.«

Sie ist schon halb wieder drinnen, als mir einfällt, warum sie so gute Laune hat. »Wie war dein Date, Mom?«

»Es war … ziemlich gut«, sagt sie mit einem glücklichen Lächeln. »Wir treffen uns nächstes Wochenende wieder. Wir gehen wandern.«

»Aber du bist nicht gern draußen in der Natur«, erinnere ich sie. »Und du wanderst nicht.«

»Das weiß ich«, erwidert sie und lächelt schon wieder. »In fünf Minuten ist für euch Zapfenstreich.«

X dreht sich zu mir, sobald die Glasschiebetür vollständig geschlossen ist. »Oh Mann, das war knapp«, sagt er. »Ich will nicht, dass deine Mom gleich beim ersten Kennenlernen einen schlechten Eindruck von mir hat. Sie soll mich mögen.«

»Sie mag dich«, sage ich so voller Überzeugung, dass ich mir sicher bin, ihm ist klar, dass ich eigentlich von mir rede. »Mein Dad mag dich auch.«

»Das ist gut.«

Wir sehen uns noch ein paar Sekunden länger in die Augen. Wäre Mom doch nur eine Minute später nach Hause gekommen.

»Ich gehe jetzt besser.« Er nimmt seine Gitarre und schnallt sie sich auf den Rücken. »Ich bin gar nicht dazu gekommen, dir den Song vorzuspielen.«

»Nächstes Mal.« Ich begleite ihn durch die Wohnung zur Haustür nach draußen.

»Meinst du, deine Freunde haben morgen Abend Lust auf ein Lagerfeuer?«

Ich will schon Ja sagen, als mir der Stand der Dinge mit Sophie und Cassidy wieder einfällt.

»Das ist keine so gute Idee.«

Er reibt sich den Nacken. »Sorry, ich weiß, du hast gesagt, du willst es langsam angehen lassen.«

»Nein, nein, das ist es nicht«, versichere ich hastig. Ich erzähle ihm, was mit Sophie und Cassidy passiert ist.

Als ich zum Ende komme, legt er den Kopf schräg und schaut mich verwirrt an. »Moment mal. Du hast dich mit ihnen zerstritten, weil sie jetzt ein Paar sind?«

»Nicht, weil sie *jetzt* ein Paar sind. Weil sie irgendwann *aufhören* werden, eins zu sein. Sie werden sich gegenseitig das Herz brechen. Ich will es nicht mit ansehen, es tut einfach zu weh.«

»Seid ihr also keine Freundinnen mehr?«

»Doch, wir sind noch Freundinnen. Wir hängen bloß nicht mehr zusammen ab.« Ich weiß, wie widersinnig das klingt. Ich versuche es mit einem Lächeln, um die Stimmung aufzulockern und vom Thema abzulenken, aber es funktioniert nicht.

»Evie, du hast deine Freundinnen abserviert, die du seit der Middleschool kennst.«

Ich stoße ein frustriertes Seufzen aus. »Ich kann es nicht erklären.«

»Weil es unlogisch ist. Selbst wenn du richtigliegst und sie irgendwann Schluss machen und alles auseinanderbricht, denk doch mal an die Zeit, die du *jetzt* mit ihnen verpasst.« Er dreht sich um und starrt über die Straße, als gäbe es da etwas zu sehen, worauf er schon sehr lange wartet. »Menschen kommen nicht zurück, Evie. Die Zeit, die wir haben, ist die Zeit, die uns bleibt.« Sein Tonfall ist drängend, als wollte er mir unbedingt begreiflich machen, was er mir zu sagen versucht. Er würde alles dafür geben, noch einen Tag mit Clay zu haben.

Ich gehe eine Stufe nach unten und schlinge meine Arme um ihn. Es dauert ein paar Sekunden, bis er meine Umarmung erwidert.

»Ich werd drüber nachdenken, was du gesagt hast«, verspreche ich.

»War das gerade unser erster Streit?«, fragt er.

»Glaub schon.«

»War gar nicht so schlimm.« Er grinst zu mir runter.

Ich lächle zu ihm hoch. »Wir können uns ja das nächste Mal mehr anstrengen.«

KAPITEL 34

I Got You, Babe

ICH WACHE AUF UND weiß, was ich zu tun habe. Es ist Sonntag, das heißt, es ist Surf-City-Waffle-Brunchtag. Als ich Martin schreibe, dass ich zu ihnen dazustoßen will, antwortet er, dass ich stattdessen zu Cassidy nach Hause kommen soll. Sophie wollte nicht zu Surf City Waffle gehen, wenn wir nicht alle vier zusammen sind. Ich schwinge mich auf mein Rad und versuche, nicht über all die Treffen nachzudenken, die wir in Zukunft nicht mehr haben werden. X' Worte von gestern Abend kommen mir wieder in den Sinn: Die Zeit, die wir haben, ist die Zeit, die uns bleibt.

Als ich Cassidy das erste Mal in ihrem Haus in Beverly Hills besucht habe, war ich in der Middleschool. Die Villa ist so groß, dass ich dachte, Dad hätte die Adresse falsch verstanden und mich zu einem Hotel oder zu einem Country Club gefahren. Von wegen.

Ich klingle und Martin macht die Tür auf. »Ich muss dich warnen, sie sind immer noch ziemlich sauer auf dich«, sagt er statt einer Begrüßung.

»Wie sauer ist ziemlich sauer?«

»Bereite dich darauf vor, eins deiner Organe zu opfern.« Er schließt die Tür hinter mir.

»Wer ist wütender?«

»Sophie ist etwas weniger geneigt, auf dich einzudreschen.«

»Okay.«

»Außerdem solltest du wissen, dass sie auf öffentliche Liebesbekundungen stehen. Sie küssen sich die ganze Zeit und sagen ständig ›Babe‹ zueinander.«

»Sogar Cassidy?«

»Besonders Cassidy. Wenn du wüsstest, was ich alles sehen musste.«

Ich lach-schaudere. Es ist mehr Schaudern als Lachen. Dreiundsechzig Prozent Schaudern.

»Zum Glück bist du wieder da«, sagt er. »Ohne dich ist es nicht dasselbe.«

Er führt mich durchs Haus und nach draußen zum Pool.

Sie sehen mich zuerst nicht. Sie sind viel zu sehr damit beschäftigt, im Wasser rumzumachen. Ich will sie nicht stören und setze mich auf der Terrasse an den Tisch. Er ist mit edlem Porzellan, echtem Silberbesteck und kristallenen Champagnergläsern gedeckt. Ich sehe Waffelreste und diverse Sirupsorten.

»Habt ihr euch Waffeln von Surf City Waffle mitgenommen?«, frage ich.

»Nein, wie's aussieht, haben sie neuerdings einen eigenen Koch«, antwortet Martin.

»Gott, sie sind so reich.«

»Jep«, sagt er und gibt mir einen Teller.

Ich bin zu nervös, um etwas runterzubekommen, deshalb sitze ich nur da und warte. Es dauert nicht lang, bis Cassidy entdeckt, dass ich da bin.

»Ich kann mich nicht erinnern, dich eingeladen zu haben«, sagt sie mit ihrer *»Ich stecke gleich die Welt in Brand«*-Stimme.

Martin stellt pantomimisch die Entnahme und Darbietung eines Organs dar.

Ich fange lieber erst mal mit den Basics an. »Hey.«

Sophie kommt aus dem Wasser, wickelt sich ein Handtuch um und setzt sich in einen Loungechair. »Hi, Evie«, murmelt sie, sieht mich aber nicht an.

Cassidy steigt aus dem Pool und folgt Sophie. Mich lässt sie völlig links liegen. »Warum ist sie hier?«, fragt sie Martin.

»Ich bin hier, weil ich mich bei euch entschuldigen möchte«, sage ich.

In Sophies Augen kann ich sehen, dass sie mir verzeihen will. Sie legt ihre Hand auf Cassidys Schulter und drückt sie, aber Cassidy verschränkt nur schweigend die Arme vor der Brust.

Ich schaue Hilfe suchend zu Martin. »Winsele um Gnade«, formt er lautlos mit den Lippen.

Ich hätte nicht gedacht, dass es so schwer werden würde, mich wieder mit ihnen zu versöhnen. Aber jetzt begreife ich, dass die Entscheidung vielleicht gar nicht bei mir liegt. Was, wenn sie beschließen, mir nicht zu verzeihen? Dann hätte X recht und der Bruch unserer Freundschaft ginge auf mein Konto. Nicht auf ihres.

»Warum hast du gesagt, dass wir uns trennen sollen?«, fragt Cassidy. »Es liegt an mir, stimmt's? Du findest, ich bin nicht gut genug für Sophie.«

Ich kann nicht glauben, dass sie das denkt. Oder doch, ich glaube es. Denn es ist im Grunde genommen das, was ihr ihre Eltern mit ihrer ständigen Gleichgültigkeit schon ihr ganzes Leben sagen.

Ich gehe zum Loungechair rüber und lasse mich vor ihr in die Hocke sinken. »Nein, Cassidy, daran liegt es absolut nicht. Es liegt an mir. Seit Mom und Dad …«

Sophie drückt wieder Cassidys Schulter. »Siehst du, ich hab's dir ja gesagt.«

Ich bin froh zu hören, dass Sophie ihr Vertrauen in mich nicht verloren hat.

Aber Cassidy ist noch nicht gewillt, mir zu verzeihen. »Du solltest dich langsam mal damit abfinden. Seit es passiert ist, bist du …«

Sophie fällt ihr ins Wort. »Was Cassidy meint, ist, dass wir die alte Evie vermissen. Nicht allen Paaren geht es wie deinen Eltern. Manche sind glücklich miteinander.«

»Tut mir leid, dass ich so egozentrisch war. Ich hab mich idiotisch verhalten«, entschuldige ich mich bei Cassidy.

Sie schüttelt den Kopf, aber ich erhasche den Hauch eines winzigen Lächelns. »Du hast dich wie ein total idiotisches Miststück aufgeführt«, stellt sie klar.

»Es tut mir leid, dass ich mich wie ein total idiotisches Miststück aufgeführt habe«, wiederhole ich brav und erwidere ihr Lächeln. »Was ich gesagt habe, war nicht so gemeint. Ich freue mich, dass ihr beide so glücklich seid.«

Cassidy strahlt. Möglicherweise ist es das erste Strahlen in Cassidys Leben.

»Du strahlst«, stelle ich fest.

Ihre Miene verfinstert sich. »Ich strahle nicht.«

»Doch, tust du«, widerspricht Sophie.

Und dann tut Cassidy noch etwas für sie absolut Untypisches: Sie wird rot.

Wir alle starren sie an.

»Fuck«, sagt sie.

Wir verbringen den Rest des Tages damit, uns zu erzählen, was es Neues gibt. Martin hat recht, Sophie und Cassidy sind Gründungsmitglieder des Fanclubs für öffentliche Liebesbekundungen. Und das Wort »Babe« sollte dringend aus ihrem Vokabular ausgemerzt werden. Und es *ist* echt seltsam, ihnen dabei zuzusehen, wie sie sich ständig berühren und küssen.

Aber ich kann nicht bestreiten, dass sie glücklich sind. Richtig glücklich.

Ich wünschte, ich könnte was machen, dass es so bleibt. *Das* ist die übersinnliche Fähigkeit, die ich haben sollte: machen können, dass Liebe ewig hält.

Wir hängen zusammen ab, bis ich mich zum Abendessen auf den Heimweg machen muss.

Sophie zieht mich in eine Umarmung. »Du hast uns gefehlt, Evie.«

Cassidy kommt zu der Umarmung dazu. »Nächstes Mal verzeihen wir dir aber nicht so leicht.«

»Das war leicht?«

»Du hast immer noch alle deine Organe«, gibt Martin zu bedenken und legt seine Arme um uns drei.

»Das stimmt«, sage ich. »Ihr habt mir auch gefehlt, Leute.«

KAPITEL 35

Bachata-Montag

»ICH BIN FROH, DASS du dich wieder mit ihnen vertragen hast«, sagt X, als er Montagabend ins Studio kommt.

Ich habe ihm gestern Abend geschrieben, dass ich die Sache mit Sophie und Cassidy wieder in Ordnung gebracht habe.

»Ich auch«, sage ich. »Du hattest recht.«

Er umarmt mich. »Ich hab oft recht. Daran wirst du dich gewöhnen müssen.«

»Ach, sei still«, sage ich. Unsere Augen finden sich. Die Stimmung zwischen uns schlägt von neckisch zu sehnsüchtig um.

»Wenn ich sage, lernt euch kennen, ich nicht meine es im biblischen Sinn«, sagt Fifi laut. Sie steht kichernd im Türrahmen.

Wir schrecken auseinander. Fifi kichert noch mehr.

»Turnier ist schon in sechs Wochen. Langsam es wird Zeit, Ernst zu machen.«

Wir trainieren zwei Stunden ohne Pause. Am Ende sind X und ich beide völlig durchgeschwitzt und ausgepowert.

»Das war bestes Training bisher. Chemie ist schon viel besser«, sagt Fifi augenzwinkernd. »Aber leider man braucht mehr als nur Chemie, um zu gewinnen.«

Sie stellt uns einen mörderischen Trainingsplan auf. Montag Bachata. Dienstag Salsa. Mittwoch West Coast Swing. Donnerstag Hustle. Und weil Tango Argentino am schwierigsten ist, setzt sie dafür gleich drei Tage an: Freitag, Samstag und Sonntag.

Nachdem wir uns mit dem Programm einverstanden erklärt haben, klatscht sie in die Hände. »Jetzt es wird Zeit zu sehen, aus welchem Holz ihr seid wirklich geschnitzt.«

KAPITEL 36

Salsa-Dienstag

‹Dienstag, 00:13 Uhr›

X: Fifi spinnt

Ich: Mehr caliente! Mehr caliente!

Ich: Ich glaube, caliente ist das einzige spanische Wort, das sie kennt

X: Wie oft hat sie es wohl gesagt, was denkst du?

Ich: Fünfzig- oder sechzigmal

X: Vielleicht öfter

X: Ich lese übrigens das Buch, von dem du mir erzählt hast

Ich: Welches?

X: *Cupcakes and Kisses*

X: Ich hätte nicht gedacht, dass es so VERSAUT ist

Ich: Du bist bei der ersten Backszene

X: Zuckerguss gehört auf Kuchen

Ich: Du bist ganz schön spießig

X: Was sind prachtvolle Fleischhügel?

X: So was hatte ich in Bio nicht

Ich: Solche Sachen bringen sie einem erst im letzten
Halbjahr vor den Abschlussprüfungen bei

X: Autsch!

Ich: Sorry

X: Echt, ich glaub kaum, dass die Sache mit dem
Zuckerguss hygienisch einwandfrei ist

Ich: Gute Nacht, X

X: Nie wieder setze ich einen Fuß in eine Bäckerei

Ich: Ich schlafe jetzt

X: Wer weiß, wo das Gebäck herkommt

X: Das Geheimnis liegt in der Soße. Oh Mann, krass

X: Bist du noch da?

Ich: Ja, sorry. Hab mich nur fast totgelacht

X: Ich bring dich gern zum Lachen

Ich: Das kannst du ziemlich gut

———

KAPITEL 37

West-Coast-Swing-Mittwoch

ICH BIN IM TIEFSCHLAF und mitten in einem Traum, als mein Handy piept.

X: Bist du wach?
Ich: Ja
X: Kann ich dich anrufen?
Ich: Ja

Sofort klingelt mein Handy. »Hi«, sage ich und versuche, nicht so zu klingen, als hätte ich eben noch tief und fest geschlafen und geträumt.

Es klappt nicht. »Oh Mann, ich hab dich geweckt«, sagt er.

»Nein, ist schon gut.« Ich blinzle in die Dunkelheit. »Wie geht's dir? Wie lief euer Gig?«

»Der Gig lief super.« Er sagt eine Weile nichts. Ich höre sein Bettzeug rascheln und ziehe meine Decke hoch bis unter die Arme, kuschele mich in meine Kissen und warte darauf, dass er weiterredet.

»Mein Pops hat angerufen. Wir haben uns wieder mal gestritten«, sagt er.

»Worüber?«

»Worüber wir immer streiten. Dass ich mein Leben wegwerfe mit dem Musik-Quatsch.«

»Das tut mir leid, X.«

»Ja«, sagt er. Wir verfallen in Schweigen. Es fühlt sich an, als würden wir in einem kleinen Boot nebeneinander-liegen und auf einem dunklen ruhigen See dahintreiben.

»Soll ich dir ein Geheimnis verraten?« Seine Stimme ist kratzig und leise.

»Was?«

»Manchmal frage ich mich, ob er nicht recht hat.«

Ich bin zu überrascht, um sofort etwas zu sagen. Ich hätte nie gedacht, dass X an der Musik Zweifel hat, so wie er darüber spricht und sich auf der Bühne gibt.

»Weißt du noch, was du mir beim Billardspielen erzählt hast? Dass es dir so vorgekommen ist, als hätte dich dein Dad um das Bild betrogen, das du dir von ihm gemacht hast, nachdem du das mit seiner Affäre herausgefunden hast?«

»Ja.«

»Ich denke, so ähnlich geht es meinem Vater mit mir. Vor Clays Tod war die Band für mich bloß ein Hobby. Für

Pops und mich war unausgesprochen immer klar, dass ich aufs College gehen und was Nützliches studieren würde. Aber Clays Tod hat für mich alles verändert. Ich hab angefangen, mich zu fragen, welchen Sinn das Leben hat und was mein Platz darin ist.«

Seine Stimme ist jetzt so leise, dass ich mein Handy ans Ohr pressen muss, um ihn zu hören. »Im Endeffekt ist mir aber immer nur eingefallen, wie gern ich Gitarre spiele und singe und auf der Bühne stehe. Mir wurde klar, dass mir die Band mehr bedeutet, als ich gedacht hatte. Und wenn du erst mal rausgefunden hast, was du am meisten liebst, hast du keine Zeit mehr für was anderes. Das konnte ich Pops aber nicht begreiflich machen. Mir ist schon klar, warum er sauer auf mich ist. Ich hab, ohne ihn zu fragen, die Regeln geändert.«

Ich drehe mich auf die Seite. Meine Jalousien sind leicht geöffnet und der Mondschein malt lange schmale Rechtecke auf den Boden. »Ich sag dir jetzt was, du musst nicht antworten, aber du darfst mir auch nicht böse sein. Ich stelle es nur so in den Raum.«

»Okay, was?«, fragt er.

»Ich finde, du solltest die Highschool zu Ende machen.«

Eine Weile sagt er keinen Ton, und ich fürchte schon, unser metaphorisches kleines Boot auf dem See droht zu kentern. Aber dann fängt er an zu lachen.

»Unfassbar. Ich lass dich in mein Herz schauen, und du sagst, ich soll die Highschool zu Ende machen.«

»Dein Herz ist ganz wunderbar. Wirklich. Und du irrst

dich bestimmt nicht, was die Musik angeht. Ich hab dich auf der Bühne gesehen. Du bist dafür geschaffen. Trotzdem, mach einfach die Highschool zu Ende. Du hast doch nur noch ein halbes Jahr bis zum Abschluss, und dein Dad wird sehr viel weniger wütend auf dich sein, da bin ich mir ganz sicher.«

Sein Lachen wird zu einem leisen Kichern. »Okay, jetzt bin ich dran, dir was zu sagen, und du darfst mir nicht böse sein.«

»Oje.«

»Keine Sorge. So schlimm ist es nicht.«

»Oje«, sage ich noch mal.

»Ich finde, du solltest dich mit deinem Dad aussprechen. Ich finde, du solltest zu seiner Hochzeit gehen.«

Jetzt kentert unser Boot. Ich setze mich kerzengerade auf. »Nach dem, was er getan hat? Warum sagst du das?«

»Als Clay gestorben ist, hab ich ihn anfangs ständig überall gesehen. Aber es war seltsam. Ich hab nicht die Sachen gesehen, die wir gemacht haben. Ich hab immer nur die Sachen gesehen, die wir *hätten machen sollen.*« Er räuspert sich. »Ergibt das Sinn?«

»Du hast die Zukunft vermisst, die ihr hättet haben sollen.«

»Ja, es war, als hätte ich Erinnerungen an Dinge gehabt, die jetzt nicht mehr passieren werden.«

Ich denke an Dad und all die Dinge, die wir jetzt nicht mehr zusammen erleben. Es sind größere Sachen, so wie Billard spielen, und es sind auch alberne kleine Dinge.

Dass er mich jeden Morgen am Küchentisch auf die Stirn geküsst hat zum Beispiel. Oder sonntagmorgens immer Ella Fitzgerald oder Nina Simone gehört hat. Dass er ständig die Küchenschranktüren offen gelassen und Mom damit zur Weißglut gebracht hat.

Man kann auch mit Menschen, die noch leben, die Zukunft verpassen.

»Okay«, sage ich. »Ich überleg's mir.« Ich versuche, ein Gähnen zu unterdrücken, aber es entschlüpft mir trotzdem.

»Ich lass dich jetzt schlafen«, sagt er. »Tut mir leid, dass ich dich geweckt hab.«

»Muss es nicht. Du darfst mich jederzeit wecken«, erwidere ich. »Gute Nacht, X.«

»Gute Nacht, Evie.«

KAPITEL 38

Hustle-Donnerstag

‹Donnerstag, 20:55 Uhr›

Ich: Du warst gut heute beim Hustle

X: Ich mag den Tanz

X: Ist im Grunde Discotanzen nur mit Partner

Ich: Gut beschrieben

X: Ist nicht auf meinem Mist gewachsen

X: Hab's irgendwo im Netz gelesen

X: Ich versuch dich mit meinen umwerfenden Erkenntnissen zu beeindrucken

X: Hat es geklappt?

Ich: Ein bisschen

X: Ha!

X: Ich hab überlegt, ob deine Freunde am Samstag vielleicht zum Gig kommen wollen

Ich: Darf ich auch?

X: Nee, nur deine Freunde

Ich: Hihi

X: Ist das ein Ja?

Ich: Ich frag sie, aber sie wollen bestimmt

Ich: Sie mögen dich

X: Ich mag sie auch

———————

‹21:38 Uhr›

Ich: Hab über das nachgedacht, was du gestern Abend über Dad und die Hochzeit gesagt hast

X: Ja?

Ich: Ich weiß noch nicht, was ich mache

Ich: Aber ich überlege noch

X: Das ist gut

X: Ich denke über das nach, was du wegen der Schule gesagt hast

Ich: Und?

X: Ich überlege noch

Ich: Das ist gut

———————

‹00:05 Uhr›

X: Lese gerade noch mal *Cupcakes and Kisses*

Ich: Kannst wohl nicht genug davon kriegen, was?

X: Sie hat gerade sagt, ihr Freund riecht wie Zimt-Schokoladen-Buttercreme

Ich: Sehr speziell

X: Wonach rieche ich?

Ich: Du bist geruchlos

X: Nee

X: Ich rieche nach Rock and Roll

X: Und Männerschweiß

X: Und dem Blut meiner besiegten Feinde

X: Bist du noch da?

Ich: Muss lachen

X: Lass dir Zeit

———————

KAPITEL 39

Tango-Argentino-Freitag

FREITAG ERSCHEINT FIFI in voller Tango-Montur: kurzes kirschrotes Kleid, asymmetrisch geschnitten und mit Fransen. Die Fransen sind auch asymmetrisch. Ihre Schuhe sind rote hohe Riemchen-Stilettos.

X stößt einen bewundernden Pfiff aus, als sie hereinkommt. »Du siehst heute brandheiß aus.«

Sie wirft sich theatralisch in Pose, die rechte Hüfte vorgeschoben und das linke Bein seitlich ausgestreckt. Ihre Miene drückt irgendwas zwischen *Ich will dich küssen* und *Ich will dich umbringen* aus. Sie begegnet meinem Blick im Spiegel. »Du wirst tragen ganz ähnliches Outfit bei Turnier«, sagt sie.

»Es ist ein bisschen kurz, Fifi«, wende ich ein.

»Du hast Beine dafür.« Es ist Kompliment *und* Anweisung zugleich.

X neben mir grinst ziemlich schadenfroh.

»Also los«, sagt sie und klatscht in die Hände. »Tango Argentino ist mein allerliebster Lieblingstanz. Er ist verführerisch. Voller Schmerz. Erotisch.« *Värrführrärisch. Vollärr Schmärrz. Ärrotisch.*

X schaut mich an, in seinen Augen tanzt ein Lachen. Ich halte mir den Mund zu, um einen Kicheranfall zu unterdrücken.

»Mein erster Tango-Lehrer hat gesagt, er will letzte drei Minuten in seinem Leben nur noch Tango tanzen. Wenn ihr beide auch so fühlt, dann ihr wisst, ihr seid so weit.«

»Verdammt, Fi, das ist ganz schön viel Druck«, sagt X.

»Das ist Tango«, sagt sie und stampft mit dem Fuß auf. »Fangen wir an.«

Sie dirigiert uns in die Mitte des Studios, ein paar Meter von der Spiegelfront entfernt. »Wichtig ist präzise Stellung«, sagt sie und bessert unsere Armhaltung nach. Als sie damit zufrieden ist, umkreist sie uns und korrigiert unsere Haltung, bis unsere Wirbelsäulen kerzengerade sind und wir trotzdem leicht zueinandergeneigt stehen. »Jetzt ihr bringt Brustkorb zusammen.«

Mein Herz beginnt, auf Hochtouren zu rasen. Ich bin mir nicht sicher, wohin.

Als Nächstes lässt sie uns das Tango-Gehen üben, was mehr ein dramatisches Gleiten ist als ein Gehen. Beim Gehen berühren normalerweise als Erstes die Fersen den Boden, dann der Mittelfuß, dann die Zehen. Beim Tango-Gehen passiert das Gegenteil.

»Auch noch wichtig, Tango lebt von Improvisation. Ich euch bringe Schritte und Technik bei, aber ihr müsst alles bringen zusammen, wenn ihr tanzt. Ihr müsst es fühlen.«

Sie dreht sich zum Spiegel und beginnt, sich zu einer Melodie in ihrem Kopf zu wiegen. »Du musst bringen sie mit deinem Tanz in ihre Leidenschaft, X. Du musst verführen mit deinem Körper ihren Verstand, bis sie ist bereit, sich von dir nehmen zu lassen. Und du, Evie, musst dich ihm geben hin ...«

»Das ist total sexistisch«, sage ich.

Sie winkt ab. »Ja, natürlich. Ist Tango.«

Wir üben zwei Stunden. Mal lobt Fifi meine Technik, mal beklagt sie meine Unfähigkeit, mich der Leidenschaft der Musik hinzugeben.

»Tango ist Tanz von Begehren und Sehnsucht. Für die drei Minuten Tango es gibt nur X für dich. Solange ihr tanzt, du gehörst ihm.«

»Wieder total sexistisch«, sage ich.

»Begehrt zu werden, ist doch auch machtvoll, oder nicht?«, entgegnet sie.

Da kann ich nicht mitreden.

Aber die Wahrheit ist, dass ich verstehe, worauf sie hinauswill. Ich halte mich tatsächlich zurück. Ich fürchte mich wirklich davor, mich völlig dem hinzugeben, was ich für X fühle.

»Keine Sorge«, sagt sie zu mir, als wir uns verabschieden. »Tango zieht jeden in Sog. Irgendwann du lernst loslassen.«

KAPITEL 40

Erklärungen

»IHR WART VIEL BESSER, als ich gedacht hab!«, ruft Cassidy, als X, Jamal und Kevin nach ihrem Auftritt zu uns an den Tisch kommen.

X lacht. »Das werte ich mal als Kompliment«, sagt er und zieht ein paar zusätzliche Stühle heran.

Wer bist du überhaupt, weißes Mädchen?, sagt der Blick, den ihr Kevin und Jamal zuwerfen. Sie lässt ihn mit einem Achselzucken an sich abperlen.

»Hört nicht auf Cassidy«, sagt Sophie. »Ihr wart sensationell.«

»Das war mein erstes Rockkonzert.« Martin klingt wie ein Ur-Ur-Ur-Großvater von einem anderen Planeten. »Es war unglaublich.«

X übernimmt das Vorstellen und kommt dann um den Tisch herum zu mir. Er hat wieder dieses elektrisierte Fun-

keln in den Augen, das mir schon beim ersten Mal aufgefallen ist, als ich ihn spielen gesehen habe. Er zieht mich
vom Stuhl, hebt mich hoch und wirbelt mich im Kreis
herum. Ich kreische auf und klammere mich an ihn, während er in meine Haare hineinlacht.

»Waren wir okay?«, fragt er.

»Ihr wart fantastisch.«

Er lächelt an meinem Nacken und seine Dreads kitzeln
an meinen Wangen.

Ich presse mich enger an ihn. Mein Inneres fühlt sich
an wie ein Ballon, der kurz vorm Platzen ist. Wir verbringen neuerdings viel Zeit miteinander, nur wir beide: tanzen, uns gegenseitig schreiben und reden bis spät in die
Nacht. Es fühlt sich gut an, mit unseren Freunden unterwegs zu sein, aber es fühlt sich auch wie ein großer Schritt
an. Als würden wir eine öffentliche Erklärung vor ihnen
abgeben.

Für mich ist es, als würde ich vor mir selbst eine Erklärung abgeben. Trotz allem, was mir die Visionen gezeigt
haben, lasse ich die Sache mit X weiterlaufen.

X setzt sich auf meinen Stuhl und ich nehme auf seinem
Schoß Platz. Er legt seine Arme um mich. Alle reden und
lachen, aber ich höre kaum hin. Der Club ist noch dunkler und kleiner und übel riechender, als ich ihn in Erinnerung habe. Ich glaube, sogar die Putzmittel bestehen hier
aus abgestandenem Bier und Pipi. Die Bühne wird für den
heutigen Hauptact umgebaut und der Raum füllt sich mit
noch mehr Leuten. X lacht laut über etwas und ich spüre

sein Lachen an meinem Rücken kollern. Ich liebe die Art, wie er lacht, so frei und offen, so ganz er selbst.

Nach einer Weile stehen Jamal und Kevin auf. Sie sind mit ein paar »besonders reizenden Konzertbesuchern verabredet«, wie es Jamal ausdrückt. X verabschiedet sich mit einem Faustcheck von den beiden. Ich schaue ihnen nach und beobachte, wie sie in den Umarmungen einer Gruppe mit unfassbar hippen Leuten verschwinden.

Da keiner von uns will, dass der Abend schon zu Ende ist, verschlägt es uns wieder zu Cassidy nach Hause. Ihre Eltern sind wie üblich nicht da, sondern irgendwo am Drehort eines Films. Sie führt uns nach draußen zum »Outdoor-Spaßbereich«. Es ist mehr ein Freizeitpark im Miniaturformat als ein Garten und einfach wunderschön. Am besten gefällt mir der blaugrüne Lazy-River, ein künstlich angelegter Fluss, der sich glucksend durch die hügelige Rasenfläche schlängelt.

Über uns zwischen den hohen Palmen mit ihren ausladenden Fächern schimmern Lichterketten wie aufgezogene Perlen. Es gibt eine voll ausgestattete Bar, lange Couches, kleine Zweiersofas und sogar eine offene Gas-Feuerstelle, die mit blauen feuerfesten Glas- und Lavasteinen gefüllt ist.

Cassidy zündet die Feuerstelle an und holt von der Bar für uns alle Getränke. Irgendwas hat Feuer an sich, das einen dazu bringt, hineinstarren zu wollen. Ein paar Minuten sitzen wir nur still da, beobachten die Flammen und lauschen dem Blubbern des Pools und dem Rauschen des Santa-Ana-Windes in den Palmen.

»Meine Eltern sind nie hier draußen«, sagt Cassidy in unser Schweigen hinein.

Sophie legt den Kopf auf ihre Schulter, und Cassidy nimmt einen Schluck von was immer es ist, das sie gerade trinkt.

»Danke für die Einladung«, sagt X. »Das ist die coolste Hausparty, auf der ich je war.«

Sie lacht. »Es ist mega, oder? Ich bin froh, dass ihr mitgekommen seid.«

Martin sitzt X und mir in einem Sessel gegenüber. Er stupst mich mit dem Fuß an. »Ist der Text zu ›Black Box‹ wirklich von dir?«, fragt er.

Bevor die Band vorhin den Song gespielt hat, hat X dem Publikum verkündet, dass die Lyrics von mir sind.

»Der Song hat mir von allen am besten gefallen«, sagt Sophie.

»Ich hab bloß dabei mitgeholfen«, erwidere ich.

X schüttelt den Kopf. »Sie ist unersetzlich.«

Alle Augen sind auf uns gerichtet und ich bin mehr als nur ein bisschen verlegen.

Das schelmische Glitzern in Cassidys Augen verrät mir, dass sie mich gleich noch mehr blamieren wird. »Ohhh, wie niedlich ihr beide seid«, frotzelt sie.

»Ja, nicht?«, sagt X, ohne auch nur im geringsten verlegen zu sein.

Martin steht plötzlich auf. »Ich habe eine Erklärung abzugeben.« Er räuspert sich. »Wenn Danica das nächste Mal Single ist, werde ich sie um eine Verabredung bitten.«

»Gut, Mann!«, ruft X und applaudiert. »Ich hoffe, sie sagt Ja.«

In mir keimt Sorge auf, aber ich unterdrücke sie. Schließlich wage ich mich selbst mit X ins Ungewisse.

»Ich hoffe auch, dass sie Ja sagt«, sage ich.

Martin schaut überrascht. »Ich dachte, du würdest versuchen, es mir auszureden.«

»Evie wächst über sich hinaus«, sagt Cassidy lachend und hebt ihr Glas.

»Darf ich auch eine Erklärung abgeben?«, fragt Sophie.

»Klar, Babe! Erklärungen machen jetzt hier die Runde.«

»Ich erkläre, dass ich eines Tages bei der Internationalen Weltraumstation ISS dabei sein werde.«

Dann ist Cassidy dran. »Ich erkläre … einen Daumenkrieg.« Wir alle lachen und versuchen sie dazu zu überreden, ernsthaft etwas zu verkünden, aber sie will nichts davon wissen.

Jetzt bin ich an der Reihe. »Muss ich dazu aufstehen?«

Martin und X sagen beide gleichzeitig Ja.

»Na gut.« Ich schiebe mich vom Zweiersofa hoch. »Ich erkläre, dass ich zur Hochzeitsfeier von meinem Dad gehen werde.«

»Nein!«, ruft Martin fassungslos.

Ich nicke. »Doch.«

»Das ist zu viel Wachstum«, sagt Cassidy.

»Ich bin stolz auf dich, Eves«, sagt Sophie.

X lächelt mich nur an. »Dann bin jetzt wohl ich dran«, sagt er und steht auf. »Ich erkläre, dass ich eines Tages in die Rock and Roll Hall of Fame einziehen werde. Und ich erkläre außerdem, dass ich die Highschool abschließen werde. Irgendwann demnächst. Circa.«

Wir alle lachen.

»Apropos Highschool«, sagt Martin. »Ich kann nicht glauben, dass sie bald vorbei ist.«

»Jetzt werd bloß nicht sentimental!«, ruft Cassidy. Sie ist jetzt mehr als nur leicht beschwipst. »Außerdem haben wir ja noch unseren Roadtrip im Sommer.«

Meine Vision von Sophie und Cassidy, von ihrer Trennung und was das für unsere Reise bedeutet, steht mir wieder vor Augen, aber ich verdränge das Bild. Martin wirft mir einen besorgten Blick zu. Ich lächle ihn an, um ihm zu signalisieren, dass ich schon klarkomme. Ich drücke mich mit der Schulter an X und rufe mir in Erinnerung, dass ich im Hier und Jetzt lebe.

Cassidy gießt sich noch ein Glas Wein ein. »Wisst ihr, was dieser Party fehlt? Musik!« Sie hantiert mit ihrem Smartphone und plötzlich ertönt Musik aus unsichtbaren Lautsprechern. Sie springt auf. »Los kommt, bringt uns ein paar von diesen piekfeinen Gesellschaftstänzen bei.«

»Och nö, lass uns lieber einfach nur hier sitzen«, sage ich. »Außerdem kann man dazu weder Latin noch Standard tanzen.« Ich vergrabe mein Gesicht an X' Schulter.

Aber X kapiert nicht. Er sagt Cassidy, welche Musik sie spielen soll, und auf einmal geben wir spontan Tanzunterricht. Wir beginnen mit Bachata. Erstaunlicherweise beherrschen Sophie und Martin die Infinity-Hips auf Anhieb. Cassidy braucht etwas länger. Wir gehen über zu Salsa und dann zum Hustle, mit jeweils wechselnden Partnern, damit sich Martin nicht wie das fünfte Rad am Wagen fühlt.

Wir trinken immer mehr und tanzen immer weiter, und wir sind laut und beschwipst und albern und alle so voller Liebe füreinander, dass ich gleichzeitig lachen und weinen möchte.

Das Glück ist kompliziert. Manchmal muss man hart darum kämpfen. Aber manchmal – die besten Male – schleicht es sich von hinten an, umschlingt dich und zieht dich ganz nah an sich.

KAPITEL 41

Freude-Emoji

‹Donnerstag, 09:47 Uhr›

Ich: Hey Dad

Dad: Hi, Süße. Ist etwas passiert?

Ich: Nein, alles bestens

Ich: Ich will dir was sagen

Ich: Aber ich will es nur schreiben

Ich: Wenn ich rede, fange ich sonst noch an zu weinen,
und das möchte ich nicht

Dad: Okay.

Ich: Ich hab beschlossen, doch zu eurer Hochzeit zu
kommen

Dad: Das ist großartig. Du weißt nicht, wie glücklich es
mich macht, das zu hören.

Ich: Ja, schon gut

Dad: Darf ich dich nicht doch anrufen?

Textnachrichten sind ein armseliges Kommunikationsmittel, um Freude auszudrücken.

Ich: Gott, du bist echt ein Nerd-Dad-Professor

Ich: Bitte ruf nicht an. Ich kriege auch so mit, wie sehr du dich freust

Dad: Okay, Süße.

Dad: Nächsten Sonntag findet Shirleys Brautparty statt. Würde es den Bogen überspannen, wenn ich dich bitte, auch dahin zu gehen?

Ich: Ja, das würde den Bogen definitiv überspannen

Ich: Aber ich werd hingehen

Dad: !!!!!!!!!!!!!!!!!!!!!!!

Ich: Das sind ganz schön viele Ausrufezeichen, Dad

Dad: Es ist wirklich ein armseliges Kommunikationsmittel.

Ich: Du musst ein paar Emojis einfügen

Dad: In einer Million Jahren nicht.

Dad: Ich habe dich sehr lieb, Evie.

Ich: ♥ ♥ ♥

————

KAPITEL 42

Unbehagliches Schweigen

SHIRLEYS BRAUTPARTY FINDET unter einem »Motto« statt, was eine hochtrabende Art ist auszudrücken, dass es eine Kostümparty ist. Wir sollen uns kleiden, als würden wir zum Nachmittagstee in den Buckingham Palace gehen.

Danica trägt zu diesem Anlass ein ärmelloses Vintage-Kleid aus Seide mit floralem Muster in Rosa und Weiß. Auf dem Kopf trägt sie außerdem ein aufwendiges Hut-Gebilde. Ich sehe Hibiskusblüten und einen Kolibri in ihrem Afro nisten. Es klingt absurd, sieht aber unglaublich aus. Für jeden Anlass das perfekte Outfit zu wählen, ist ihre übernatürliche Fähigkeit.

Mein Outfit ist nichts Besonderes, ein schlichter beigefarbener Rock und eine leicht durchscheinende hellgelbe Seidenbluse. Ich habe (kurz, ganz kurz) mit dem Gedanken gespielt, Beerdigungs-Schwarz zu tragen. Im Lauf der vergangenen Woche habe ich mindestens zwei Mal beschlossen, abzusagen. Beide Male hat mich X dann wieder dazu überredet, doch hinzugehen.

Mom sitzt am Küchentisch, trinkt Tee und blättert in einem neuen Buch mit Backrezepten, als wir runterkommen. Sie klappt das Buch zu und presst eine Hand auf ihr Herz, als sie uns sieht. Ich bin mir nicht sicher, ob ich den Blick verstehe, mit dem sie uns anschaut. Es liegt Stolz darin und auch noch etwas anderes.

»Wann seid ihr beide nur so groß geworden?«

»Groß *und* schön«, sagt Danica mit einem kleinen Knicks.

»Schön wart ihr immer schon«, erwidert sie. »Aber ich weiß einfach nicht, wann ihr so groß geworden seid.« Sie klingt ehrlich überrascht – sogar verwundert –, als wären wir über Nacht mindestens einen halben Meter gewachsen.

»Alles okay mit dir, Mom?«, frage ich.

»Na klar. Mir geht's bestens«, sagt sie abwinkend. Sie geht zu Danica und rückt den Hibiskus auf ihrem Hut zurecht. Sie wischt etwas, das ich nicht sehen kann, von meiner Schulter.

»Die Zeit fliegt wirklich, wisst ihr«, sagt sie. »Und je älter man wird, desto schneller fliegt sie.«

Ich glaube nicht, dass ich mir den leichten jamaikanischen Akzent einbilde, den ich in ihrer Stimme höre. Ich durchforste ihr Gesicht nach Anzeichen, dass es ihr *nicht* bestens geht, kann aber keins finden. Aber wie kann es ihr gut gehen, wenn sie uns zur Brautparty von Dads Zukünftiger schickt? Wie kann sie dermaßen darüber hinweg sein, wenn ich es so absolut nicht bin?

»Viel Spaß euch beiden«, sagt sie und scheucht uns aus der Tür.

———

Die Party findet eine fünfundvierzigminütige Autofahrt entfernt in einem Hotel in Pasadena statt. Die anderen Gäste sind leicht zu erkennen, als wir dort eintreffen. Geblümte Kleider und wagenradgroße Hüte in Hülle und Fülle. Wir bekommen entgeisterte Blicke von Angestellten und Gästen des Hotels zugeworfen und manche müssen sogar zweimal hinschauen. Vermutlich kriegen sie nicht allzu oft große Gruppen von überwiegend Schwarzen Frauen zu sehen, die wie für eine königliche Gartenparty gekleidet sind. Entweder das oder sie sind von unserer überwältigenden Schönheit hingerissen.

Die Empfangsdame führt uns auf eine Terrasse nach draußen, und es ist, als hätten wir einen verwunschenen englischen Garten betreten. Bougainvilleen ranken an Gittern empor und wilder Wein an Mauern. Überall wachsen Lavendel-, Rosmarin- und Jasminsträucher. Wohin das Auge blickt, Hibiskus, Mohnblumen und Ringelblumen und andere leuchtend bunte Blumen, deren Namen ich nicht kenne.

Es ist wunderschön hier, wie im Märchen.

Und Shirley ist die böse Stiefmutter.

Logisch.

Shirley zu orten ist nicht schwer. Sie ist die Einzige, die anstelle eines Hutes einen weißen Schleier trägt. Danica geht schnurstracks auf sie zu. Ich beobachte, wie sie sich umarmen. Danica dreht sich vor ihr im Kreis, um ihr Outfit zu präsentieren, und Shirley schlägt entzückt die Hände zusammen. Sie wirken eher wie Schwestern, weniger wie zukünftige Stiefmutter und Stieftochter. Ich versuche, nicht hinzustarren, aber ich kann nicht anders. Das letzte (und einzige) Mal, das ich Shirley gesehen habe, war, als ich sie mit meinem Dad erwischt habe.

Zumindest körperlich hat sie nichts mit Mom gemeinsam. Mom ist schlank und hochgewachsen. Shirley klein und kurvig. Mom trägt ihren Afro kurz. Der von Shirley ist wild und voluminös. Ich frage mich, ob ihre Persönlichkeiten auch so unterschiedlich sind. Und wenn ja, wie hat es Dad dann geschafft, sich in ein und demselben Leben in beide zu verlieben?

Ich zwinge mich, den Blick von ihr loszureißen, und gehe schnell zu unserem Tisch. Wenn ich es schaffe, mich die gesamte Party davor zu drücken, mit Shirley reden zu müssen, lässt sich der Tag als gelungen bezeichnen.

Kaum sitze ich, summt mein Handy mit einer Nachricht von X. Allein schon sein Name auf meinem Display bewirkt, dass ich weniger panisch bin.

Wie läuft's?, fragt er.

Ich mache ein Selfie, auf dem ich eine der edlen Teetassen hochhalte. Darunter schreibe ich *#teaforone* und schicke es ihm.

Er schreibt augenblicklich zurück. *Soll ich vorbeikommen?*

Wie gern hätte ich ihn hier. Er würde mich zum Lachen bringen. Er würde mich ablenken von dem traurigen, wütenden, panischen Rumoren in meinem Bauch.

Girls only, texte ich zurück.

Zwei Minuten später schickt er mir ein Bild von sich, auf dem er ein Kleid, High Heels und sehr viel Make-up trägt.

Ich zoome es größer und finde, er sieht ziemlich toll aus. Mir drängen sich jede Menge Fragen zu dem Bild auf, ich hab nur keine Zeit, sie zu stellen.

Danica kommt mit Tante Collette (Dads ältere Schwester) und Cousine Denise (Tante Collettes Tochter) an den Tisch. Die beiden wohnen in San Francisco, deshalb sehen wir sie nicht oft. Tante Collette verbringt zehn Minuten damit, Danica und mir zu sagen, dass sie es einfach nicht fassen kann, wie erwachsen wir sind. Danica und ich lächeln uns an. Erst Mom und jetzt Tante Collette. Warum wundern sich Erwachsene ständig darüber, dass wir Kinder erwachsen werden? Ich bin mir ziemlich sicher, dass es genau das ist, was wir tun sollen.

Nach einigen Minuten erscheinen die Kellner, um unsere Bestellungen aufzunehmen, und die Brautparty kommt in Schwung. Der Garten füllt sich mit dem Stimmengewirr von ungefähr zwanzig Frauen, die ausgelassen plaudern und feiern.

Shirley sitzt mit fünf Gästen am übernächsten Tisch. Wieder kann ich es mir nicht verkneifen, sie zu beobachten. Ein paar Frauen in der Runde sehen aus, als wären sie ihre Schwestern, sie haben die gleichen großen Augen und hohen Wangenknochen. Die ältere Frau neben ihr muss ihre Mom sein. So wie sie wird Shirley in dreißig Jahren aussehen. Ihre Mom beugt sich zu ihr und flüstert ihr etwas ins Ohr, das Shirley dazu bringt, den Kopf in den Nacken zu legen und zu lachen. Shirleys Lachen ist laut und seltsamerweise delfinartig. Außerdem ist es total ansteckend. Ich muss unwillkürlich lächeln.

»Unsere Kleine mit dem großen Lachen«, ruft prustend eine ältere Frau einen Tisch weiter. Ein paar andere kichern vor sich hin.

Ich höre auf, Shirley anzustarren. Sogar ihr Lachen ist ganz anders als Moms. Mom lacht, als wollte sie die Luft nicht durcheinanderbringen. Shirley lacht wie ein Tornado. Zum millionsten Mal frage ich mich, ob Dad wohl zuerst aufgehört hat, Mom zu lieben, bevor er sich in Shirley verliebt hat, oder ob es umgekehrt war. Wäre unsere Familie noch zusammen, wenn es Shirley nicht gäbe? Oder hätte er sich dann nur in eine andere verliebt?

Zum Glück tauchen jetzt wieder die Kellner auf und bewahren mich davor, über Fragen zu brüten, auf die es keine Antwort gibt. Diesmal tragen sie mehrstufige Silbertabletts voller winziger Sandwiches und Mini-Desserts. Ich höre eine Menge Oohs und Aahs. Eine Frau sagt, sie hoffe, es gäbe noch mehr zu essen.

Danica macht kunstvolle Bilder von allem, was sie isst, und postet sie. Ich mache weniger kunstvolle Bilder und sende sie an X.

Ich schicke ihm ein Foto von einer winzigen Zitronen-Tartelette, die mit einem noch winzigeren goldenen Blatt verziert ist. Er schickt eins von einem einzelnen Kartoffel-chip, der einsam mitten auf einem von Maggies Porzellan-tellern thront.

Ich sende ihm eins von einem dreieckigen Lachs-Sand-wich, garniert mit Kaviar. Er schickt mir eins von einem Klecks Marmelade, umgeben von vier Brotrinden.

Wir machen so weiter und ich lache mich durch das ge-samte Essen.

Fünfundvierzig Minuten später habe ich so viele Gurken-sandwiches und Scones mit Clotted Cream vertilgt, wie es für eine Person gerade noch schicklich ist. Ich habe versucht, das Essen nicht zu mögen, aber es war absolut köstlich.

Schließlich ist es Zeit für die Übergabe der Brautge-schenke. Ich mache mich innerlich auf tödliche Lange-weile gefasst. Und liege richtig damit. Es *ist* unglaublich langweilig. Dieser Teil der Veranstaltung besteht haupt-sächlich daraus, dass Shirley ihre Geschenke auspackt, sich über das jeweilige Geschenk freut und sich dann unter Trä-nen bei der Schenkerin bedankt. Fünfzehn Geschenke spä-ter möchte ich mich erdolchen. Zwanzig Geschenke später erdolche ich mich. Kleiner Scherz. Nachdem das letzte Ge-schenk ausgepackt und feierlich gewürdigt ist, steht Shir-leys Mom auf und stößt mit ihrer Gabel an ihr Sektglas.

Eine Frau ruft: »Jetzt bringen Sie uns bloß nicht zum Weinen, Ms Gene.«

»Du weißt genau, dass sie das tun wird«, ruft eine andere.

Ms Gene ermahnt beide, still zu sein. »Hört bitte alle mal her.« Sie dreht sich Shirley zu, nimmt ihre Hand und küsst sie, bevor sie sich wieder uns zuwendet.

»Diejenigen unter euch, die meine Shirley kennen, wissen, dass sie eine Menge durchgemacht hat.« Sie verstummt und legt ihre Faust an ihr Herz. »Einige Dinge, die sie durchstehen musste, sollte niemand ertragen müssen. Ich weiß nicht, warum Gott es für richtig hielt, sie dem auszusetzen, aber die Wege des Herrn sind unergründlich.«

Shirley senkt leicht den Kopf und ihre Schwestern legen ihre Hände auf ihre.

Was hat sie denn durchgemacht?, frage ich mich.

Ihre Mom beugt sich zu ihr runter, um sie auf die Stirn zu küssen. Als sie sich wieder aufrichtet, strömen ihr Tränen übers Gesicht. »Ich habe mir fest vorgenommen, an diesem schönen Tag nicht zu weinen, aber … Wie dem auch sei, heute geht es nicht um alten Schmerz. Heute feiern wir ein Fest.«

Ein Chor von zustimmenden *Mm-hms* erklingt ringsum.

»Als mir Shirley erzählt hat, dass sie jemanden kennengelernt hat … Sagen wir mal so, anfangs war ich skeptisch.«

Noch eine Runde *Mm-hms* und Gelächter.

Ich richte mich gerader auf. Es ist seltsam, jemand anderes über Dad reden zu hören, als würde er zu ihnen gehören.

»Aber ich habe Shirley versprochen, unvoreingenommen zu sein, wenn ich ihm begegne. Und als sie ihn mir vorgestellt hat, habe ich ihm gleich gesagt, dass ich schwer zufriedenzustellen bin.« Sie schaut lächelnd Shirley an. »Aber man höre und staune, er hat mir gefallen. In erster Linie ist er ein anständiger Kerl. Ein Familienmensch. Und ich freue mich sehr, dass ich zwei neue Enkelinnen dazubekommen habe, um die ich einen Tanz machen kann.«

Sie lächelt zu unserem Tisch herüber und prostet Danica und mir zu.

Ich hebe mein mit perlendem Cidre gefülltes Glas und Danica hebt ihres.

Ich habe sie erst wenige Minuten erlebt, aber ich kann jetzt schon sagen, dass Shirleys Mom die Sorte Mensch ist, die ein großes Herz hat. Sie ist stolz und leidenschaftlich, aber auch warm und süß. Es ist unverkennbar, wie sehr sie Shirley liebt. Und es ist sonnenklar, dass sie auch Danica und mich in ihr großes Herz schließen und lieben wird.

Einerseits würde ich sie gern kennenlernen und das volle Gewicht ihrer großen Liebe spüren. Andererseits lasse ich mich nicht gern einfach so vereinnahmen. Meine Familie hatte vorher genau die richtige Größe. Ich *habe* schon zwei echte Großmütter. Ich brauche nicht noch eine. Ich *will* nicht noch eine. Und ich weiß, es ist eigentlich unfair, dass ich so empfinde, aber deshalb ist es nicht weniger wahr.

Shirleys Mom fährt mit ihrer Ansprache fort. »Und ihr solltet mal sehen, wie er meine Shirley anguckt. Als hätte sie die Sonne und den Mond und die Sterne eigenhändig an den Himmel gezaubert. Es ist fast schon ungehörig, wie er sie liebt. Aber genau diese Art von Liebe hat sie verdient.«

Ich will protestieren. Dad hat Mom auch so geliebt, oder etwa nicht? Und wo ist seine Liebe für sie jetzt? Einfach verschwunden? Hat er sie auf Shirley übertragen? Funktioniert Liebe so?

»Und ihr wisst ja, meine Shirley liebt aus vollem Herzen. Sie ist ganz vernarrt in ihn und die Art, wie er jedes Wort auf seine Englisch-Professor-Goldwaage legt. Und jetzt möchte ich, dass alle ihr Glas heben. Na los, hoch damit.« Sie schaut Shirley an. »Meine Süße, du bist die Liebe meines Lebens. Ich bin sehr froh, dass du die Liebe *deines* Lebens gefunden hast.«

Tränen strömen über Shirleys Gesicht, und sie versucht nicht, sie wegzuwischen. Es ist so voller Liebe für Dad, dass ich kaum hinschauen kann. Ich habe im letzten Jahr eine Menge schrecklicher Dinge über sie gedacht. Ich habe sie eine Lügnerin und Betrügerin genannt, eine Frau, die anderen Frauen den Mann ausspannt. Ich habe ihr vorgeworfen, uns Dad weggenommen zu haben. Und ich habe es ihr angelastet, dass zwischen Mom und mir und Danica und mir alles so schwierig geworden ist. Ich bin wütend gewesen. So wahnsinnig wütend.

Aber als ich sie jetzt ansehe, erkenne ich, wie sehr sie Dad liebt. Verständnis für Shirley stand nicht auf der Liste an Gefühlen, auf die ich heute gefasst war. Es ist schwer, jemanden von Grund auf zu hassen, der jemanden liebt, den man selbst auch liebt. Sie liebt Dad. Das kann ich nicht leugnen. Genauso wenig wie ich leugnen kann, dass ich ihn liebe.

Danica weint auch. Ich weiß nicht, ob sie genauso hin- und hergerissen oder überwältigt ist wie ich. Ich greife nach ihrer Hand und drücke sie. Sie drückt meine zurück und auf einmal ist es alles zu viel für mich. Zu viele widerstreitende Gefühle. Zu viel Schönes und zu viel Trauriges.

Ich drücke noch mal Danicas Hand, lasse sie dann aber los, springe vom Tisch auf und stürze davon. Als ich die Toiletten erreicht habe, weine ich genauso heftig wie Danica und Shirley. Ich verstecke mich in einer der Kabinen und lasse meinen Tränen freien Lauf.

Ich weiß nicht, wie viel Zeit vergeht, aber irgendwann weine ich nicht mehr so stark. Irgendwann gehe ich aus der Kabine vor den Spiegel und wische, so gut es geht, meine Tränenspuren und die verschmierte Wimperntusche weg. Dann schreibe ich Danica eine Nachricht, dass ich auf der Toilette bin und sie mich hier abholen kann, wenn sie aufbruchbereit ist. Ich möchte nicht das Risiko eingehen, mich draußen vor den anderen noch mal in Tränen aufzulösen.

Keine zwei Sekunden später schwenkt die Tür auf. Ich wirbele herum in der Hoffnung, dass es Danica ist und wir von hier verschwinden und nach Hause fahren können.

Aber es ist nicht Danica.

Es ist Shirley.

Sie lässt den Blick durch den Raum wandern, bis sie findet, was sie sucht.

Und was sie sucht, bin ich.

»Da bist du ja«, sagt sie und klingt erleichtert. Sie kommt zu mir ans Waschbecken. Ich kann ihr ansehen, wie sie realisiert, dass ich geweint habe.

»Ich habe gehofft, wir könnten miteinander reden.« Die Erleichterung ist aus ihrer Stimme verschwunden.

»Ich weiß nicht, ob das so eine gute Idee ist.«

Sie nickt, als würde sie verstehen. »Keine Sorge. Ich werde dich nicht bitten, mir zu verzeihen. Ich weiß, das ist zu viel verlangt.«

Das zu hören, macht mich etwas lockerer.

Sie holt tief Luft. »Ich möchte mich bei dir bedanken, dass du dich entschieden hast, zu unserer Hochzeit zu kommen.«

Keine Ahnung, was ich erwartet habe, aber das bestimmt nicht. »Ich tue es nicht dir zuliebe.«

»Ich weiß, aber trotzdem danke.«

Sie schließt für eine Sekunde die Augen und holt noch einmal tief Luft, als wollte sie sich auf etwas vorbereiten.

Ich schlinge die Arme um meinen Oberkörper. Ich bin mir nicht sicher, ob ich heute seelisch noch mehr verkrafte.

»Da ist noch was, das ich dir sagen möchte. Die Art und Weise, wie dein Dad und ich zusammengekommen sind, tut mir leid. Und es tut mir leid, dass du darunter leidest. Ich liebe deinen Dad. Ich weiß, dass du mich vielleicht nie mögen wirst, aber ich habe dich jetzt schon lieb, weil du ein Teil von ihm bist.«

Ich weiß nicht, was ich sagen soll, deshalb sage ich gar nichts.

Ihre Blicke wandern über mein Gesicht, auf der Suche nach etwas. »Du bist ihm so ähnlich«, sagt sie lächelnd. »Er kann auch wahnsinnig gut unbehaglich schweigen.«

Sie dreht sich um und schaut in den Spiegel. »Ich bin ganz schlecht darin. Ich will immer nur reden, reden und reden, um alles besser zu machen.« Sie lacht und richtet ihren Schleier. »Das tue ich auch jetzt, nehme ich an.«

»Ein bisschen«, sage ich mit einem zaghaften Lächeln.

Hoffnung liegt in ihrem Gesicht, als sie sich wieder zu mir dreht. Aber ich weiche ihrem Blick aus. Ich kann keine Versprechungen machen. Dazu bin ich nicht bereit, noch nicht.

»Danke, dass du heute gekommen bist, Evie. Es ist wirklich schön, dich zu sehen«, sagt sie.

———

Danica schweigt fast während der kompletten Taxifahrt nach Hause. Sie schaut nicht mal auf ihr Handy.

Ich starre aus dem Fenster und grüble über die vielen Visionen nach, die ich in den letzten Monaten hatte. Mir kommt der Gedanke, dass etwas, das für den einen Menschen ein unglückliches Ende ist, für einen anderen Menschen ein glücklicher Anfang sein kann. So wie Moms unglückliches Ende mit Dad für Shirley zu einem glücklichem Anfang mit ihm geführt hat. Ich denke darüber nach, dass wir jeder nur die Hauptrolle in unserer eigenen Geschichte spielen.

In Ms Genes Ansprache klang es, als hätte Dad Shirley irgendwie gerettet. In Ms Genes Version der Geschichte ist Shirley nicht die böse Stiefmutter, für die ich sie halte, für die ich sie gehalten *habe,* sondern sie ist die Prinzessin, die endlich ihren Prinzen gefunden hat.

»Wie fandest du es?«, frage ich Danica, als wir fast zu Hause sind.

»Ich fand's schön«, antwortet sie.

»Ich auch.« Und ich meine es ernst. Es war schön. Aber es war auch traurig. Beides zugleich. Ich weiß nicht, warum es im Leben derart oft so ist.

KAPITEL 43

Unterhaltet uns

BIS ZUM TANZTURNIER SIND es nur noch vier Wochen und Fifi steigert unser Trainingspensum von rigoros auf extrem rigoros. Statt zwei Stunden üben wir jetzt drei Stunden täglich. Sie fährt noch mal mit uns zur Promenade, um zu sehen, wie gut wir Publikum anlocken und bei der Stange halten können. Sie bringt uns dazu, Fremden kurze Mini-Tanzstunden zu geben und dann mit ihnen zu tanzen. »Bester Weg zu lernen ist zu unterrichten«, sagt sie.

Durch das höhere Pensum werden unser Salsa, Bachata, Hustle und West Coast Swing immer besser. Aber der Tango Argentino bleibt eine harte Nuss. Was hauptsächlich an mir liegt. Zumindest Fifi zufolge liegt es an mir. »Du musst sein lockerer und sinnlicher«, erklärt sie mir. »Lass dich mitreißen.«

Und ich versuche es wirklich. Ich beherrsche die Schritte

perfekt. X' Führung ist jetzt stärker, und mir gelingt es besser, ihm zu folgen. Aber ich schaffe es immer noch nicht, locker zu bleiben. Beim Tango soll ich mich X hingeben, als käme ich nicht gegen meine Gefühle an. Aber ich fürchte, wenn ich auch nur drei Minuten so tue als ob, kann ich nicht mehr damit aufhören. Eigentlich will ich gar nicht damit aufhören. Und auch wenn ich momentan weniger Visionen habe, weil ich inzwischen weiß, wie ich sie vermeiden kann, habe ich immer noch Angst vor dem, was die Zukunft für uns bereithält.

Nachdem ich mich mit Sophie und Cassidy wieder vertragen habe, fügt sich X in unser Trüppchen ein, als hätte er immer schon dazugehört. Er geht mit mir zu allen unseren Strandlagerfeuern. Er bringt seine Gitarre mit und wir singen alberne Lieder und spielen beschwipste Philosophen. Wir gehen als Gruppe zu seinen Auftritten. Cassidy trinkt zu viel und schiebt es auf die Musik. Sie sagt, von Groupies würde erwartet, dass sie es richtig krachen lassen. Martin gibt uns den Namen X-Fraktion.

Nachdem der Frühling immer heißer wird, beschließen wir, den Sonntagmorgen bei Cassidy am Pool zu verbringen anstatt im Surf City Waffle. Als X das erste Mal sein T-Shirt auszieht, um in den Pool zu springen, sterbe ich beinahe. Ich starre so fasziniert hin, dass ich über meine eigenen Füße stolpere und mir fast am Beckenrand den Schädel einschlage. Den Rest des Tages habe ich das Gefühl, in einen meiner Liebesromane reingeraten zu sein. Wie sonst lässt sich erklären, wie absurd atemberaubend sein Oberkörper ist und welche Wirkung er auf mich hat? X ohne Shirt ist quasi tödlich.

Drei Wochen vor dem Turnier erhöht Fifi unser Trainingspensum ein weiteres Mal. Wir steigern uns von extrem rigoros zu bizarr unzumutbar grotesk rigoros. Vier Stunden Training jeden Abend statt drei. Freunde treffen, Hausaufgaben, Mom helfen oder was sonst noch so ansteht in meinem Leben, interessiert sie kein bisschen.

»Tanzen *ist* Leben!«, sagt sie.

Zwei Wochen vor dem Turnier beginnt sie, jede Übungseinheit auf Video aufzunehmen. Sie lässt uns die Aufzeichnungen anschauen, während sie unsere Leistung kritisiert, als wären wir nicht im Raum.

Die letzte Woche vor dem Turnier fügt sie den vier Stunden Training noch Kostümproben hinzu.

Als ich am Montag zu unserer ersten Kostümprobe ins Studio komme, ist X nicht da, dafür aber Fifi, Archibald und Maggie. Die drei haben hinten bei den Fenstern Klappstühle aufgestellt.

Erst nach den Begrüßungsumarmungen und Wangenküssen geht mir auf, warum sie hier sind. »Wollt ihr uns bewerten?«, frage ich erschrocken.

»Nicht bewerten«, antwortet Fifi. »Wir sind Publikum. Ihr sollt uns unterhalten.«

Irgendwie erschreckt mich diese Antwort noch mehr.

»Ich gehe mich umziehen«, sage ich und verdrücke mich.

In Studio 2 findet heute Abend kein Unterricht statt, deshalb kann ich den Raum als Garderobe benutzen. Ich hole mein Kostüm aus der Hülle und bin sofort wieder vollkommen verzückt. Es ist ein smaragdgrüner paillettenbesetzter Traum von einem Tanzkleid. In einem früheren Leben war es eine Meerjungfrau-Prinzessin. Sehr vorsichtig, um nicht meine hochgesteckten Rastazöpfe zu ruinieren, die von schätzungsweise siebenundsiebzig Haarklammern gehalten werden, schlängle ich mich hinein und zupfe die Spaghettiträger zurecht. Ich vergewissere mich, dass ich meinen Fersenschutz trage, bevor ich in die goldglitzernden Schuhe schlüpfe.

Erst als ich alles anhabe, stelle ich mich vor den Spiegel, um die volle Wirkung zu genießen.

Die volle Wirkung ist... nicht schlecht.

Das Kleid sitzt eng, aber nicht zu eng. Bis auf die Spaghettiträger sind meine Schultern und Arme nackt. Ein Meer aus braun schimmernder Haut von den Sonntagen an Cassidys Pool. Hoffentlich stören sich die Wertungsrichter nicht an Bräunungsstreifen. Ich betrachte mich von allen Seiten und entscheide, dass ich meinen Körper so mag, wie er ist: kurvig und kräftig. Ich beuge mich näher zum Spiegel vor. Für ein Tanzturnier muss man sehr ausdrucksstark und übertrieben geschminkt sein. Ich habe es ganz gut hinbekommen, aber Danica hätte es besser gemacht.

X ist immer noch nicht da, als ich ins Studio zurückkomme. Archibald und Maggie brechen bei meinem Anblick in Begeisterungsrufe aus und sagen mir, wie wunderschön ich aussehe. Ich bin gerade mitten in einer perfekten Drehung, als X hereinplatzt.

Es ist nur Fifis unbarmherzigem Training zu verdanken, dass ich nicht das Gleichgewicht verliere, denn in diesem Moment ist X mein ganz persönliches Erdbeben. Er gehört auf das Cover eines Liebesromans über harte Bad-Boy-Rocker mit einem Herzen aus Gold. Er trägt eine maßgeschneiderte schwarze Hose und dazu schwarze Hosenträger. Offenbar stehe ich auf Hosenträger. Unfassbar, aber wahr.

Ich hebe den Blick und sehe ihm ins Gesicht und stelle fest, dass er mich genauso anstarrt wie ich ihn.

»Verflucht, Evie, du siehst verdammt …«

Maggie fällt ihm ins Wort, bevor er den Satz beenden kann. »Achte auf deine Sprache, Xavier Darius Woods«, schimpft sie.

Vermutlich hat es noch nie jemand gewagt, Maggie über den Mund zu fahren, aber ich hätte es fast getan. Ich sehe verdammt *wie* aus?!

X reibt sich verlegen den Nacken. »Entschuldige, Grams«, sagt er, ohne die Augen von mir zu lassen.

»Du siehst auch gut aus«, sage ich.

Fifi klatscht in die Hände. »Auf Position!«

X und ich nehmen in der Mitte des Studios Aufstellung und Fifi drückt auf Play.

Fünf Tänze und zwanzig Minuten später sind wir fertig. Archibald und Maggie staunen, wie sehr wir uns verbessert haben.

»Denen bei Westside Dance wird Hören und Sehen vergehen«, kichert Maggie.

In Gedanken räumt sie schon einen Platz für den Top-Studio-Amateur-Pokal frei.

Da sie heute »bloß sitzt in Publikum«, sagt uns Fifi nur, dass ihr unser Auftritt gefallen hat. Und wir sollen nach Hause gehen und uns ausruhen.

X holt gerade seine Gitarre aus dem Schrank, als ich schwach werde und ihn frage: »Welches Wort wolltest du vorhin sagen?«

Er weiß genau, wovon ich spreche. Er dreht sich um und fixiert mich. »*Hammerscharf*«, sagt er.

Dann setzt er den ganzen Satz zusammen. »Verflucht, Evie, du siehst verdammt hammerscharf aus.«

Weil ich mit meinen Gedanken noch bei »verdammt hammerscharf« bin, bekomme ich nicht mit, dass Maggie und Archibald noch im Studio sind. Deshalb bekomme ich auch nicht mit, wie sie sich zueinanderbeugen.

Deshalb bekomme ich erst mit, dass sie sich küssen wollen, als es zu spät ist.

Und ich sehe.

KAPITEL 44

Archibald und Maggie

EIN STUDIOGELÄNDE IN GLEISSENDER Mittags-sonne. Eine Reihe von Tänzerinnen und Tänzern, die alle Schwarz sind, Mappen in den Händen halten und auf etwas warten. Sie haben hautenge schimmernde Aerobicanzüge an und tragen neonfarbene Sneaker.

Eine der Tänzerinnen ist Maggie, aber in einer sehr viel jüngeren Version. Ihr Gesicht ist noch glatt und frisch, keine einzige Falte auf der Stirn, kein einziges graues Haar an den Schläfen. Statt Dreadlocks hat sie Braids mit eingeflochtenen Silberfäden.

»Das ist jetzt schon das dritte Vortanzen, bei dem wir uns über den Weg laufen«, sagt eine Stimme hinter ihr.

Maggie dreht sich zu der Stimme um. »Ach ja?«, sagt sie zu dem jungen Mann, der sie anlächelt, und zieht kühl eine Augenbraue hoch. »Ich kann mich nicht an dich erinnern.«

Die junge Ausgabe von Archibald senkt verlegen den Blick und weiß nicht, was er darauf sagen soll.

Ein paar Frauen um Maggie kichern.

»Du musst dich mehr ins Zeug legen, Bruder«, sagt ein Mann in Neon-Lila.

Archibald fängt sich wieder und schaut sie an. »Ich will nur nicht, dass du mir wieder entwischst.«

Maggie lässt die Augenbraue sinken und mustert ihn einen Moment nachdenklich. »Dann solltest du mich wohl besser nicht entwischen lassen«, sagt sie, als ihr Name zum Vortanzen aufgerufen wird.

Das blaue Licht eines Fernsehers flackert über die lächelnden braunen Gesichter von mehreren Leuten, die sich in einem kleinen Wohnzimmer zusammendrängen. Maggie sitzt auf Archibalds Schoß. Er hat seine Arme um ihre Taille geschlungen. Sie hat ihre Arme auf seinen liegen.

»Da! Da ist er!«, ruft Maggie und zeigt auf den Bildschirm.

Die Freunde beugen sich näher vor, um in dem Musikvideo Archibald in der Gruppe der Backgroundtänzer zu entdecken.

Archibald gönnt dem Fernseher keinen Blick. Stattdessen umfasst er Maggie noch etwas fester. »Ich liebe dich.«

Maggie dreht sich um, schlingt ihre Arme um seinen Hals. »Ich liebe dich auch«, sagt sie, und sie kippen rückwärts auf den Boden.

Spätabends in einem mit silbernem Flitter geschmückten Ballsaal. Maggie und Archibald tanzen Wiener Walzer und schauen sich strahlend in die Augen.

Archibald trägt einen Smoking.

Maggies Hochzeitskleid ist aus spitzenbesetztem Chiffon.

Sie wirbeln über die Tanzfläche und drehen sich wieder und wieder.

Sie sind pure Freude.

Ein Krankenhauszimmer mit hellgrün gestrichenen Wänden. Es ist noch nicht ganz Morgen. Archibald und Maggie liegen zusammen auf dem Bett.

Maggie hält ein kleines, in eine Decke gewickeltes Bündel in den Armen. »Schau nur, was wir zustande gebracht haben«, flüstert sie Archibald zu. »Guck dir dieses wunderschöne Wesen an, das wir geschaffen haben.«

Eine kleine Küche, fahler werdendes Sonnenlicht sickert durch die Ritzen der heruntergelassenen Jalousien. Maggie und Archibald sitzen sich am Tisch gegenüber, einen Stapel Rechnungen zwischen sich.

»Ich werde den Job als Aushilfslehrer annehmen«, sagt Archibald.

Maggie schüttelt den Kopf. »Ich will nicht, dass du deine Träume aufgibst.«

Archibald schiebt die Rechnungen zur Seite, räumt den

Weg frei, damit er ihre Hand nehmen kann. »Ich habe meinen Traum schon, Mags.«

Fast Mitternacht, wieder ein Krankenhauszimmer mit hellgrünen Wänden.

Maggie sitzt aufrecht im Bett. Auf ihrem Gesicht liegt eine Mischung aus Erschöpfung und Euphorie.

Archibald hält ihre zweijährige Tochter auf dem Arm.

»Vergiss nicht«, sagt Maggie zu dem kleinen Mädchen: »Herzen werden größer, damit du mehr lieben kannst.«

Die Kleine nickt ernst, ohne den Blick von ihrem neugeborenen Brüderchen zu nehmen.

Archibald lotst Maggie einen langen dunklen Flur entlang. Sie trägt eine Augenbinde und macht kleine tastende Schritte. Archibald führt sie in ein Tanzstudio. Die Holzböden müssen abgeschliffen werden und an der hinteren Wand fehlt ein Spiegelpaneel.

»Was hast du vor, Archibald Johnson?«

»Bereit, es rauszufinden?«, fragt Archibald und nimmt ihr die Augenbinde ab.

Maggie keucht auf und presst ihre Fingerspitzen auf die Stelle über ihrem Herzen. Sie dreht sich zu ihm um. »Oh Archibald«, sagt sie. »Was hast du getan?«

»Es ist Zeit, dass wir unsere Träume verwirklichen.«

Dieser Moment jetzt, die beiden küssen sich in ihrem Studio.

Eine große weitflächige Wiese und ein Sarg, der in die Erde heruntergelassen wird. Es schneit leicht, die Flocken schmelzen, bevor sie den Boden berühren. Maggie und Archie lehnen sich aneinander. »Das ist nicht richtig«, sagt Archibald zu Maggie. »Wir sollten nicht hier sein.«

Nachts in einem altmodisch möblierten Schlafzimmer.

Ältere Versionen von Archibald und Maggie liegen auf dem Bett. Archibald auf dem Rücken, den rechten Arm um Maggie gelegt.

Maggie hat sich auf ihre linke Seite gedreht. Ihr Kopf ruht in Archibalds Halsbeuge. Ihre rechte Hand auf seiner Brust.

Im Raum herrscht mattes gelbliches Licht. Woher es kommt, ist nicht zu sehen.

Kein Atemzug stört die Luft im Raum.

KAPITEL 45

Die Erfindung der Sprache

DAD HAT GESAGT, DASS es ein Wort für jede Emotion gibt, aber ich glaube nicht, dass er damit recht hat. Ich habe kein einziges Wort für das, was die Vision von Archibald und Maggie in mir auslöst. Ich spüre Staunen und Schrecken, Fassungslosigkeit und stille Freude und eine eigenartige, furchtbar tiefe Traurigkeit und aufkeimende Hoffnung.

Liebe ist ein zu kleines, zu spezielles Wort für das Gefühl, das es zu umfassen versucht. Ein Wort allein reicht nicht aus, deshalb möchte ich sie alle verwenden. Manchmal denke ich, Liebe ist der Grund, warum Sprache erfunden wurde.

Als sich Archibald und Maggie in der Warteschlange zu diesem Vortanzen kennengelernt haben, hatten sie keine Ahnung, was mit ihnen seinen Anfang nehmen würde.

Sie konnten nicht ahnen, dass ihre Liebe zum Tanz einen Raum für andere schaffen würde, die auch gern tanzen. Oder dass sich ihre Liebe verzweigen und Kinder und später sogar Enkel daraus hervorgehen würden. Oder dass mich ihre Liebe zu meiner Liebe führen würde.

Vielleicht besteht der ganze Sinn der Liebe ja darin, dass sie mehr wird.

Ich versuche einzuschlafen, aber die Vision lässt mir keine Ruhe. Sie geistert mir die ganze Nacht in Endlosschleife durch den Kopf. Immer wieder schaue ich mir an, wie Maggies und Archibalds gemeinsames Leben in der Warteschlange zum Vortanzen seinen Anfang nimmt. Noch öfter sehe ich mir an, wie sie im Bett sterben. Ich lache mich durch die glücklichen Abschnitte ihres Lebens und weine mich durch die traurigen. Manchmal auch umgekehrt.

Martin hat gesagt, bei meiner übernatürlichen Fähigkeit gehe es darum, dass ich eine Lektion lerne. Ist die Vision von Archibald und Maggie die Lektion? Vielleicht soll ich ja lernen, wie groß und stark Liebe sein kann und wie beständig. Ihre Vision ist die einzige, die nicht mit einem gebrochenen Herzen endet. Nicht jedes Paar ist wie Mom und Dad.

Ich schlafe mit dem Gedanken ein, dass ich – sosehr ich versucht habe, mich dagegen zu wehren – in Xavier Darius Woods verliebt bin, und zwar schon eine ganze Weile.

KAPITEL 46

Das Turnier

ENDLICH IST ES SO WEIT, der Turnier-Samstag ist da. X und ich haben bis spät in die Nacht telefoniert, weshalb ich nur zwei Stunden geschlafen habe, als um halb sieben mein Wecker klingelt. Wenn Fifi rausfindet, dass ich nicht ausgeruht bin, tötet sie mich mit ihren Stilettos.

Nachdem ich geduscht und angezogen bin, fühle ich mich wacher. Leider sehe ich nicht so wach aus, wie ich mich fühle. Ich betaste ein paar Sekunden lang die dunklen Ringe unter meinen Augen, bevor ich beschließe, dass ich professionelle Hilfe brauche.

Ich klopfe dreimal bei Danica an, aber sie schläft entweder noch, oder sie ignoriert mich absichtlich.

Ich öffne vorsichtig ihre Tür. »Dani«, flüstere ich laut.

Sie stöhnt und vergräbt den Kopf unter ihrem Kissen. »Geh weg.«

»Entschuldige. Aber ich brauche Hilfe beim Schminken.«

Sie lugt unter dem Kissen hervor und linst blinzelnd zu mir herüber. Ihr Gesicht ist verquollen, und sie hat ihre seidene Schlafhaube auf, aber irgendwie sieht sie trotzdem toll aus. »Ich hab gerade was richtig Schönes geträumt«, brummt sie.

»Heute ist das Turnier, aber ich hab kaum geschlafen und sehe echt schlimm aus.«

Sie schiebt sich in eine halb sitzende Position und greift sich ihr Handy vom Nachttisch. »Es ist dreiundzwanzig Minuten nach sieben, Evie. An einem Samstag.«

»Ich brauche Ihre Hilfe, Doktor Dani«, flehe ich.

Jetzt setzt sie sich aufrecht hin. »Wow«, sagt sie. »So hast du mich schon ewig nicht mehr genannt.«

Das stimmt. Es ist so lange her, dass ich mich nicht mehr erinnern kann, wann das letzte Mal.

Als Danica damals die wunderbare Welt des Schminkens für sich entdeckt hat, war ich diejenige, deren Gesicht (kosmetisch) verarztet werden musste, und sie war die geniale junge Chirurgin, die als Einzige den Mut und das Talent hatte, mir zu helfen. Sie hat aus mir ein Hippie-Mädchen der 1960er-Jahre gemacht, eine Disco-Diva der 70er, einen Popstar der 80er. Ich habe Glam, Metal, Hip-Hop, Punkrock, Goth und alles Mögliche andere verkörpert.

Ich weiß nicht, wann oder warum wir aufgehört haben zu spielen.

»Können Sie mich retten, Frau Doktor?« Ich lasse meine Stimme tief und rau klingen und umfasse meine Wangen, als wäre ich krank.

Sie lacht und springt aus dem Bett, um mein Gesicht zu inspizieren. »Das könnte eng werden. Ich weiß nicht, ob da noch was zu machen ist. Sie sind ganz schön hinüber.«

»Hey, so schlimm ist es nicht«, protestiere ich.

»Entschuldigung, aber sind Sie hier die Ärztin?«

»Nein«, grummle ich.

»In Ordnung, ich denke, ich kann Sie retten.«

Sie führt mich zu ihrem Schminktisch und macht sich an die Arbeit.

Fünfundvierzig Minuten später dreht sie mich zum Spiegel um. »Was denkst du?« Sie tupft noch mal mit ihrem Schwämmchen über meine Wange.

Ich neige mich zum Spiegel vor und bestaune mein Gesicht. »Das ist unglaublich, Dani.«

Ihr Blick huscht zu meinen Augen, und ich kann sehen, wie erleichtert sie ist, dass es mir gefällt.

Ich lehne mich noch näher vor. Irgendwie hat es Dani geschafft, mich extrem stark und auffällig zu schminken, ohne dass es schrill und trashig wirkt. Außerdem sehe ich aus, als hätte ich mindestens so lange geschlafen wie Dornröschen.

Wann und warum habe ich aufgehört, es cool zu finden, was sie kann? Froh, dass mich mein Schlafmangel dazu gezwungen hat, sie um Hilfe zu bitten, stehe ich auf und umarme sie.

»Hey, pass auf, dass du nicht dein Make-up verschmierst«, ruft sie von meinem Überfall überrumpelt. Sie zögert ein paar Sekunden, aber dann erwidert sie meine Umarmung.

»Danke, Doc«, sage ich. »Du bist die Beste.«

»Ich weiß«, sagt sie.

———

Das Turnier findet im großen Ballsaal des Seasons Hotel statt. »Hollywood Glamour« lautet das Motto, was anscheinend »golden« bedeutet, denn alles ist golden geschmückt. Goldene Luftschlangen, goldene Luftballontürme, goldenes Konfetti auf dem Boden. Die gesamte Beschilderung ist in goldener Kursivschrift gehalten, inklusive einem riesigen Banner, auf dem in großen Lettern *Herzlich willkommen zum 17. Los Angeles Danceball Turnier* prangt.

Mein Magen macht einen nervösen Twostep und ich drücke Moms Hand. Wir gehen zur Anmeldung.

»Heute sind sehr viele Amateur-Paare am Start«, sagt die Frau, die meinen Namen auf ihrer Liste abhakt.

»Wie viele?«

»Dreiundzwanzig.« Sie gibt mir den Umschlag mit meinen Unterlagen und wünscht mir viel Erfolg.

Dreiundzwanzig Paare. Das bedeutet, es wird zwei Vorrunden geben, um zu ermitteln, wer in die Zwischenrunde kommt.

Ich öffne den Umschlag, um mich zu vergewissern, dass

alle Angaben stimmen. Startgruppe: *Unter 21.* Paartyp: *Am-Am.* Startklasse: *Bronze Newcomer.* Stil: *Nightclub.*

Wie es der Zufall (oder der Teufel) will, lautet unsere Startnummer ausgerechnet 23. Damit werden X und ich immer die Letzten sein, die aufgerufen werden, wenn die Wertungsrichter verkünden, welche Tänzer weiterkommen. *Falls* wir aufgerufen werden.

X und ich haben verabredet, dass wir uns im Erdgeschoss vor dem Raum treffen, der als Trainingssaal ausgeschildert ist.

Ich entdecke ihn sofort. Er lehnt an der Wand neben der Tür zum Saal und wirkt völlig entspannt und zuversichtlich. Das absolute Gegenteil von dem, wie ich mich fühle.

Ich winke ihm. Er stößt sich von der Wand ab und kommt auf uns zu.

»Schön, Sie wiederzusehen, Ms Thomas«, begrüßt er Mom.

»Du siehst großartig aus«, sagt sie. »Ihr jungen Männer solltet so was ständig tragen.«

Er schiebt die Daumen unter seine Hosenträger. »Ich glaube kaum, dass die Dinger zum neuesten Megatrend für Achtzehnjährige werden, Ms T«, erwidert er grinsend.

Während sie plaudern, nehme ich ihn genauer unter die Lupe. Er sieht aus wie bei der Generalprobe, aber irgendwie sogar noch besser. Seine schwarzen Lacklederschuhe sind auf Hochglanz poliert. Sein weißes Hemd ist makellos gebügelt. Aber es sind die ersten beiden Knöpfe, die meine Aufmerksamkeit auf sich ziehen. Sie stehen offen, und für eine Sekunde sehe ich meine Finger auch den dritten Knopf öffnen und den vierten, bis ...

»Bist du bereit, Evie?«, fragt er, gerade als ich beim fünften Knopf angelangt bin.

Ja.

So was von bereit.

»Ja«, sage ich in einer völlig überflüssigen Lautstärke.

Mom reibt meine Schulter und neigt sich nah an mein Ohr. »So niedlich hab ich ihn gar nicht in Erinnerung«, flüstert sie.

»Schsch.« Mein Blick huscht zu X. Hoffentlich hat er sie nicht gehört.

Mom umarmt mich. Sie gibt mir einen Kuss und wünscht uns Hals- und Beinbruch, bevor sie nach oben geht, wo sie sich mit Archibald und Maggie und Fifi trifft.

»Komm, lass uns die Konkurrenz ausspähen«, sage ich zu X.

Der Trainingssaal ist brechend voll. Da die Profitänzer erst abends antreten, tummeln sich hier momentan hauptsächlich junge Amateure. Der einzige andere Ort, an dem man mehr Paillettenkleider oder Fliegen tragende Menschen unter einundzwanzig findet, ist der Highschool-Promball. X und ich schieben uns außen am Gedränge entlang, bis wir einen freien Platz finden.

»Krass«, sagt X, als wir unsere Mitwettbewerber beobachten. Ich halte nach dem Paar von Westside Dance Ausschau, von dem Maggie meinte, sie wären unsere größten Konkurrenten. Sie sind ungefähr so alt wie wir und ganz eindeutig sehr verliebt, wenn man danach geht, wie sie ihre Hände nicht voneinander lassen können. Sie werden bestimmt keine Probleme mit dem »Sich-Hingeben« beim Tango Argentino haben.

Schließlich lässt uns einer der Organisatoren wissen, dass es in fünf Minuten losgeht. Die Tänzer und Tänzerinnen der ersten Vorrunde machen sich auf den Weg.

»Lass uns auch nach oben gehen«, sage ich, obwohl wir erst in der zweiten Vorrunde dabei sind.

X nickt, rührt sich aber nicht von der Stelle, sondern verschränkt stattdessen die Hände hinter dem Kopf.

»Du bist nervös«, necke ich ihn.

»Bin ich nicht.«

Ich berühre seinen Ellbogen und ziehe sanft seinen Arm herunter.

Er nimmt meine Hand und verschränkt seine Finger mit meinen.

Als wir im großen Ballsaal ankommen, haben die Paare der ersten Vorrunde schon angefangen zu tanzen. Bachata-Klänge sickern durch die geschlossenen Türen nach draußen. Einige Paare der zweiten Vorrunde tanzen auf dem Flur dazu.

Dreißig Minuten später kommen die Paare der ersten Vorrunde heraus. Sie sind verschwitzt und atmen schwer, wirken aber auch froh und erleichtert. Sie wünschen uns viel Erfolg.

Und dann sind wir dran.

Wie sich herausstellt, sind Gesellschaftstanzturniere keine

vornehm ruhigen Veranstaltungen. Die Fans toben vor Begeisterung und ergreifen lärmend Partei. Sobald wir zusammen mit den anderen den Saal betreten, beginnen sie zu pfeifen und aus voller Kehle die Nummern ihrer Favoriten zu rufen.

Ich höre ein paar Stimmen lautstark die Dreiundzwanzig anfeuern. X und ich lassen den Blick über das Publikum wandern, bis wir in der zweiten Reihe rechts unseren eigenen kleinen jubelnden Fanclub entdecken. Sie winken alle wie wild. Außer Fifi. Fifi nickt uns nur unmerklich zu.

»Zumindest bleibt sie sich selbst treu«, sagt X lachend.

Am Mikrofon heißt uns die vorsitzende Wertungsrichterin willkommen und geht die Regeln und die Reihenfolge der Tänze durch. Auf Bachata folgt Salsa, dann West Coast Swing, Hustle und zum Schluss Tango Argentino. »Viel Spaß und tanzt euch die Seele aus dem Leib«, sagt sie.

X und ich sind anfangs nervös, aber als wir zum West Coast Swing kommen, haben wir uns gefangen. Wie immer ist der Tango Argentino unser schwächster Tanz.

Die Musik endet. Wir verbeugen uns und gehen vom Parkett.

»Meinst du, wir haben es geschafft?«, fragt X, als wir wieder unten im Übungsraum sind.

»Ich weiß es nicht«, antworte ich ehrlich.

Er reibt sich die Brust und tut so, als wäre er getroffen. »Au! Mein Herz.«

Spontan presse ich meine Hand auf sein Herz und spüre

es schlagen. Ich schaue zu ihm hoch. »Mit deinem Herz ist alles in Ordnung.«

Es dauert nicht lange, bis eine Durchsage über die Lautsprecher kommt: »Die Tanzpaare werden gebeten, sich zur Bekanntgabe der Ergebnisse wieder in den Ballsaal zu begeben.«

Das Publikum verstummt, als die vorsitzende Wertungsrichterin zum Mikrofon greift. Sie bedankt sich bei uns und sagt, sie wünschte, wir könnten alle in die nächste Runde kommen. Sie braucht ewig, um die Nummern und Punktzahlen zu verlesen, aber schließlich kommt sie zu unseren. Wir haben es in die Zwischenrunde geschafft.

X stößt einen Freudenschrei aus und unser kleiner Fanclub dreht durch. »Bravo, dreiundzwanzig!«, ruft Archibald.

Zum Feiern bleibt uns allerdings nur wenig Zeit. Eine Stunde später stehen wir mit den anderen Paaren wieder im großen Ballsaal auf Position, bereit, um einen Platz in der Endrunde zu tanzen.

X lächelt mich an, definitiv gelöster als vorhin.

»Werd jetzt bloß nicht übermütig«, sage ich.

»Damit warte ich, bis wir gewonnen haben«, sagt er und zwinkert mir zu.

Er ist nicht der Einzige, der jetzt wesentlich entspannter ist. Die Energie auf dem ganzen Parkett ist eine völlig andere als vorhin. Die Paare lächeln strahlender, die Atmosphäre ist viel lockerer. Das Publikum spürt es auch. Die Leute toben noch mehr, brüllen die Nummern ihrer Favoriten noch lauter.

Die Musik setzt ein und wir legen los. Die ersten vier Tänze lasse ich mich ganz von der Musik tragen. Ich hoffe, dass mir dieses Gefühl auch beim Tango Argentino erhalten bleibt, aber das tut es nicht. Meine Muskeln verkrampfen, sobald die Melodie erklingt. Ich konzentriere mich zu sehr auf X' Führung. Anstatt mich der Musik hinzugeben, achte ich wieder nur auf die Schritte.

Trotzdem ist es nicht so, als wären wir schlecht. Wir schaffen den Tanz ohne irgendwelche technischen Fehler. Aber ich weiß, wenn wir es nicht in die Endrunde schaffen, liegt es an mir.

Das Warten auf die Ergebnisse dauert diesmal länger. Die Wertungsrichter müssen jeden einzelnen Tanz pro Paar bewerten. Nur sechs Paare werden es in die Endrunde morgen schaffen.

Wir warten eine Stunde. Es wird viel auf und ab getigert und sich den Hinterkopf gerieben. Ich übernehme das Auf-und-ab-Tigern. X das Sich-den-Hinterkopf-Reiben.

Schließlich ist es Zeit, dass wir in den Ballsaal zurückkehren. Ich versuche, unser Schicksal von den Mienen der Werterichter abzulesen, aber da ist nichts zu machen. Ich versuche, unser Schicksal von Fifis Miene abzulesen, aber da ist genauso wenig zu machen.

Die Vorsitzende greift zum Mikrofon. »Vielen Dank, liebe Tänzerinnen und Tänzer. Ihr wart alle ganz großartig. Die folgenden Paare möchte die Jury gern wiedersehen …«

Die vierte Nummer, die sie aufruft, ist die Elf. Es ist

das glücklich verliebte Paar von Westside Dance, das den Tango Argentino so bravourös gemeistert hat.

Das fünfte Paar, das sie aufruft, ist die Nummer achtzehn.

Als der Applaus verebbt, greift die Vorsitzende wieder zum Mikrofon. Sie lächelt ein »*Ich weiß etwas, was ihr nicht wisst*«-Lächeln.

Ich möchte auf ihrem Grab tanzen.

»Ich wette, ihr brennt alle darauf zu erfahren, wer den letzten Platz in der Endrunde ergattert hat«, spannt sie uns auf die Folter.

Ich *werde* auf ihrem Grab tanzen.

Das Publikum macht seiner Anspannung durch Johlen und Pfeifen Luft.

X drückt meine Finger und lächelt mir in die Augen.

Ich erwidere sein Lächeln und wende den Blick nicht von ihm ab, nicht mal, als die Vorsitzende ihre Ansage macht. »Glückwunsch an das Paar mit der Nummer dreiundzwanzig. Ihr seid in der Endrunde.«

X zieht mich in eine Umarmung.

»Ich hab's dir gesagt«, flüstert er mir ins Ohr.

Rings um uns brechen alle in Jubel aus.

KAPITEL 47

Wird zum Meer

NACH UNSEREM EINZUG INS Finale gestern hat uns Fifi noch mal zu einem letzten Training ins Studio gefahren.

»Technisch sie sind nicht so gut wie ihr, aber ihr Tango ist wie Sex«, sagte sie, kaum waren wir angekommen.

Sie sprach von dem Westside-Dance-Paar.

»Wie *guter* Sex«, stellte sie klar.

X schaute mich an. »Dachtest du, sie meinte schlechten Sex?«, fragte er mit todernstem Gesicht.

»Tatsächlich war ich mir nicht ganz sicher«, erwiderte ich ebenfalls todernst.

Fifi beachtete uns nicht, ließ uns eine Stunde lang trainieren und meinte, wir hätten das Turnier so gut wie verloren.

———

X ist schon da und stützt die Wand zum Übungssaal, als ich ins Hotelfoyer komme.

»Wie kommt's, dass du neuerdings pünktlich bist?«, frage ich.

»Liegt vielleicht an deinem guten Einfluss«, sagt er und stößt sich von der Wand ab, lächelt mich aber nicht an wie sonst.

»Was hast du?«, frage ich. »Wieder Nervenflattern?«

Er zuckt mit den Schultern. »Ach nichts.«

Aber ich kann ihm ansehen, dass das nicht stimmt, und sage es ihm auch.

»Ich hab nur über die Zukunft nachgedacht.«

»Über die Zukunft in zehn Minuten oder über die Zukunft in der Zukunft?«, hake ich nach.

»Über die Zukunft in der Zukunft.«

Ich fange an, ihn mit seinem Spruch über das Leben im Hier und Jetzt aufzuziehen, als mir der Gedanke kommt, dass er vielleicht etwas Konkreteres meinen könnte.

»Was ist denn los?«

»Ich hab gestern Abend mit meinem Dad telefoniert.«

»Habt ihr euch wieder gestritten?«

»Nein, eigentlich nicht. Ich hab ihm gesagt, dass ich überlege, die Highschool doch noch zu Ende zu machen, und er hat sich echt gefreut. Er hat gesagt, er würde alles Nötige in die Wege leiten, damit ich im Sommer nach Hause kommen und es durchziehen kann. Dann hätte ich endlich meinen Abschluss in der Tasche.«

»*Diesen* Sommer?«

Er lehnt sich wieder an die Wand und lässt den Kopf hängen. »Jep.«

Und ja, ich habe ihm gesagt, er soll seinen Abschluss machen, und das sollte er auch wirklich tun. Aber der Sommer kommt mir plötzlich so nah vor.

Mir ist schlecht. Der Teil von mir, der ständig versucht, irgendwelche Kuss-Visionen zu vermeiden, meldet sich zu Wort: *Alle Beziehungen enden.*

Ist es das, was gerade mit uns passiert? Er geht für den Sommer nach Hause zurück? Ich fange dann im Herbst mein Studium an der NYU in New York an, und das mit uns klingt einfach so aus?

»Und? Machst du es?«, frage ich.

»Keine Ahnung«, sagt er. »Was meinst du, was ich machen soll?«

Ich weiß, er fragt mich nicht um Rat.

»Wir könnten es hinbekommen«, flüstere ich.

Er hebt den Kopf. »Wie?«

»Ich hab gehört, dass es in New York eine ganz gute Musikszene geben soll«, sage ich.

Er kommt näher, aber nicht nah genug. »Das hab ich auch gehört.«

»Meinst du, Jamal und Kevin hätten was dagegen, nach New York zu ziehen?«

»Hätten sie bestimmt nicht.« Er neigt sich zu mir, damit sich unsere Gesichter auf gleicher Höhe befinden. Damit ganz klar ist, worüber wir hier reden. Wir versprechen uns eine gemeinsame Zukunft.

Ich muss daran denken, dass ich vor Kurzem noch gesagt habe, ich wollte es langsam angehen lassen. »Presche ich zu schnell vor?«, frage ich.

Er lacht. »Nein, du hast jetzt ein gutes Tempo drauf. Ich hab drauf gewartet, dass du mich einholst.« Er hält mir die Hand hin und ich nehme sie. »Lass uns gehen und den Pokal holen«, sagt er.

Wir folgen den anderen Paaren zum großen Ballsaal nach oben. Wir können nicht aufhören, uns anzulächeln. Sein Lächeln bringt mich zum Lächeln, was wiederum ihn zum Lächeln bringt, was mich noch mehr zum Lächeln bringt. Eine Lächel-Kaskade. Lächeln wie fallende Dominosteine.

Der Ballsaal sieht genauso aus wie gestern, bloß dass unser Fan-Trupp größer geworden ist. Ich sehe Mom und Martin und Sophie und Cassidy. Und Dad – in meinem Enthusiasmus gestern habe ich ihn eingeladen. Sie pfeifen und johlen und schreien, als sie uns sehen.

Die vorsitzende Wertungsrichterin beginnt mit ihrer Willkommensrede, aber ich höre ehrlich gesagt nicht richtig hin. X' Blick wandert über meine Stirn und Wangen zu meinen Lippen, bleibt dort hängen und beginnt dann von vorn. Stirn, Wangen, Lippen. Er verweilt bei den Lippen. Unwillkürlich benetze ich sie mit der Zunge. Er gibt einen Laut von sich, von dem ich möchte, dass er ihn noch einmal macht.

Die Wertungsrichterin beendet ihre Ansage.

Das Licht wird gedimmt.

Und schließlich ist es so weit.

Wir sind genauso gut wie gestern. Vielleicht sogar ein bisschen besser, weil wir jetzt mehr Platz zum Tanzen haben. Wir atmen schwer, als wir den Hustle beenden. Ich weiß, was jetzt als Nächstes kommt, aber zum Glück bleibt mir nicht genug Zeit, in Panik zu geraten.

»Und nun der letzte Tanz, meine lieben Paare, Tango Argentino«, kündigt die Vorsitzende an.

Fifi sagt, Tango Argentino ist ein Tanz der Hingabe und Leidenschaft. Ich weiß genau, was sie damit meint.

Die Musik setzt ein.

Wir fangen an zu tanzen. Nur dass es sich nicht anfühlt, als würden wir tanzen. Es fühlt sich an, als würden wir über das Parkett fliegen.

Wir tanzen Ochos und Ocho Atras. Barrida. Media Luna.

X' Finger liegen zwischen meinen Schulterblättern. Ich neige mich rückwärts, komme wieder hoch, wölbe mich ihm entgegen. Ich muss nicht über die Schritte nachdenken.

Wir bewegen uns schnell, und mein einziger Gedanke ist: *Lass mich nicht los, lass mich nicht los, lass mich nicht los.*

Allmählich klingt die Musik aus. Wir gehen mit ihr mit, geben uns ihr hin, bis sie endet.

Für eine Sekunde ist kein Ton zu hören. Unsere Blicke begegnen sich und so etwas wie Gewissheit setzt sich in mir fest. Das mit uns könnte *halten.*

Was ich für ihn empfinde – was er für mich empfin-
det –, ist mit jedem Tag nur immer größer, weiter und tiefer geworden, wie ein Bach, der zu einem Fluss wird, der
zum Meer wird.

»Ich liebe dich«, sage ich.

Er lächelt und noch nie habe ich jemanden so unfassbar
strahlend lächeln gesehen.

»Ich liebe dich auch.«

Wir neigen uns zueinander und küssen uns. Ich halte
nichts zurück.

Und ich sehe.

KAPITEL 48

X und ich

DECKENLICHT, DAS FLACKERND ANGEHT und einen verspiegelten Raum in Helligkeit taucht. In der Mitte des Raums ist ein Junge. Er hat die Stirn gerunzelt und dreht auf einem Fahrrad, das viel zu klein für ihn ist, langsame Kreise. Sein Stirnrunzeln verschwindet, als er das Mädchen bemerkt, das ihn vom Eingang her anstarrt.

Sie hat ein offenes Gesicht, von dem sie sich oft wünscht, es wäre nicht ganz so offen. Es verbirgt nicht viel von dem, was sie fühlt: erst Verwirrung, dann Neugier, dann Interesse, dann ein Versuch, dieses Interesse zu verbergen.

»Ähm«, sagt das Mädchen. Sie sagt es, um zu überspielen, dass ihr überraschtes Herz auf einmal in rasendem Tempo loshämmert.

»Ich vermute mal, das ist deins«, sagt der Junge, verdutzt darüber, dass es ihm so vorkommt, als hätte er sie früher

schon gekannt und würde sie jetzt noch einmal kennenlernen.

X und ich auf dem Oberdeck eines Doppeldeckerbusses bei
einer Sightseeing-Tour durch L. A.

Wenn er den Blick durch die Straßen schweifen lässt, sieht
er seine Zukunft vor sich auftanzen, fast zum Anfassen nah.

Wenn sie den Blick schweifen lässt, sieht sie die Stadt, die
sie schon kennt, Orte, an denen sie schon gewesen ist, und
alles das, was sie bereits verloren hat.

X und ich im Surf City Waffle, um uns flackert unvermutet
Kerzenschein. Wir wechseln uns mit einem Stift ab, schreiben
an den Lyrics zu seinem Song, streichen Wörter durch und
formulieren neue. Es ist wie Tanzen lernen, wir halten inne,
setzen neu an, bis die Worte das Gefühl wiedergeben, das wir
einfangen wollen. Es ist wie eine Entdeckungsreise, bei der ich
nicht nur viel über ihn lerne, sondern auch über mich.

X und ich bei unserem ersten Kuss am Strand, der Ozean ist
so laut, dass es sich anfühlt, als wäre er nicht nur um uns, sondern auch in uns.

X und ich jetzt in diesem Moment, unsterblich verliebt küssen wir uns in einem goldgeschmückten Ballsaal.

X und ich in einem Wagen, wir fahren Richtung Osten auf einem langen menschenleeren Highway, der nur von unseren Scheinwerfern und dem Mond beleuchtet wird. Morgen werden wir im Bryce-Canyon-Nationalpark sein, aber noch sind wir unterwegs. Das Radio läuft und die Fenster sind offen und die Nachtluft ist warm und schwül. Manchmal strotzt das Leben so sehr vor Freude, dass man nicht weiß, wohin damit.

X und ich in einem fast dunklen Hotelzimmer. Mondschein sickert durch die Vorhänge, die sich nicht ganz schließen lassen. Es gibt nur ein einziges Bett. Er küsst mich und meine Hand gleitet unter sein Shirt. Seine Lippen sind auf meinem Hals.

»Bist du dir sicher?«, fragt er und zögert.

»Ja, ich bin mir sicher«, sage ich. »Ja.«

Dann sind wir nur noch Hände und Lippen und Hingabe und Eroberung.

Die Welt ist danach verändert, ähnlich überraschend wie die Farben nach einem Regen.

War das Gras davor auch schon so grün? Oder der Baumstamm so schwarz?

X und ich in meinem kleinen, schummrigen Zimmer im Studentenwohnheim. Ich halte meine eigene Gitarre, die er mir geschenkt hat.

»Lass mal hören, was du eingeübt hast«, sagt er.

Ich spiele den Song, an dem ich gearbeitet habe, »Die Zukunft verpassen«.

Als ich fertig bin, küsst er mich. »Es war toll, und das sage ich nicht nur, weil ich in dich verliebt bin.«

»Na ja, ich weiß nicht«, sage ich. »Du bist echt schwer in mich verliebt.«

»Sing den Song doch bei unserem nächsten Gig.«

Erst ziere ich mich, aber dann sage ich Ja. Ich frage mich, ob es sich immer wie eine Entdeckungsreise anfühlen wird, mit ihm zusammen zu sein.

Ich allein in einem Schlafzimmer. Es ist Nacht und das Licht ist aus. Gesicht, Brust und Rippen tun mir weh. So ähnlich wie einem die Muskeln wehtun, wenn man sie viel zu lange und zu stark überanstrengt hat.

Ich habe geweint. Ich weine noch immer.

Ich versuche, tief ein- und auszuatmen, um mich zu beruhigen, aber es ist zu schmerzhaft. Ich versuche es mit einem flacheren Atemzug, aber jede Luftmenge ist zu viel. Ein leichter Windzug streift mein Gesicht, und ich wende den Kopf in die Richtung, aus der er kommt. Von der Straße fällt Licht durch das offene Fenster und malt einen Schatten auf den Boden. Die Umrisse sind glatt und scharf.

Ich senke den Blick auf meine Hände und auf das, was ich zwischen ihnen halte.

Es ist eine Trauerkarte. Mit einem Foto von X. Unter dem Bild steht: *In liebevollem Gedenken an Xavier Darius Woods.*

Das Datum ist heute in zehn Monaten.

KAPITEL 49

Nicht mehr da, Teil 1

TOSENDER APPLAUS BRANDET um uns auf. Und auch lautes Gejohle, weil wir uns geküsst haben.

Ich reiße mich von X los.

Er streckt die Hand nach mir aus. »Was ist denn, Evie?«

Ich weiche vor ihm zurück und schließe die Augen, um den Schmerz und die Bestürzung in seinem Gesicht nicht sehen zu müssen, als er begreift, dass ich vor ihm weglaufe.

Alles tut weh. Die Luft tut weh.

Ich laufe und laufe, weg von hier. Ich laufe, bis ich nicht mehr da bin.

KAPITEL 50

Liebe und ihr Gegenteil

ICH SPÜRE NICHT DEN WIND, der durch das offene Fenster ins Taxi weht. Auch nicht, wie sehr mir meine von den High Heels malträtierten Füße wehtun, als ich die Treppe zu meinem Zimmer hochgehe. Auch nicht den pochenden Schmerz auf meiner Kopfhaut, an den Stellen, wo meine Haare zu straff hochgesteckt sind. Nicht das brühende Duschwasser auf meiner Haut. Oder die glatte Kühle meiner Laken, als ich mich ins Bett gleiten lasse. Die heißen Tränen auf meinem Gesicht, als ich mich in den Schlaf weine.

Ich spüre gar nichts.

Das Gegenteil von Liebe ist nicht Hass. Das Gegenteil von Liebe ist der Tod.

KAPITEL 51

Nicht mehr da, Teil 2

‹Sonntag, 15:31 Uhr›

    X: Hey, wo steckst du?

    X: Gleich werden die Sieger bekannt gegeben

    X: Wo bist du?

    X: Ach du Scheiße, wir haben gewonnen

———

‹16:05 Uhr›

    X: Hey, ich klingele ständig bei dir durch

    X: Warum bist du einfach abgehauen?

    X: Alles ok?

———

X: Ruf mich an

X: Bitte

X: Gib mir Bescheid, ob du ok bist

Ich: Bin da

Ich: Mir geht's gut

X: Hab gerade versucht, dich anzurufen

Ich: Ich weiß

Ich: Es tut mir leid. Ich kann es nicht erklären

X: Was ist los? Hab ich was falsch gemacht? Bin ich wieder zu schnell vorgeprescht?

X: Ich kann langsamer machen

Ich: Das ist es nicht

Ich: Ich glaub nur nicht, dass es klappt

X: Was klappt nicht?

Ich: Das mit uns

X: Kapier ich nicht

X: Hast du deine Meinung geändert? Willst du nicht mehr, dass wir zusammen nach NY gehen?

Ich: Ich will nicht, dass du meinetwegen dein Leben umkrempelst

X: Ich will aber deinetwegen mein Leben umkrempeln

X: Die Sache mit deinen Eltern hat dich in Sachen Liebe aus der Bahn geworfen, ich weiß

X: Aber das mit uns wird klappen

Ich: Nein, wird es nicht

Ich: Es tut mir leid

X: Ich kapier es nicht. Machst du etwa gerade Schluss?

Ich: Es tut mir leid

———————

KAPITEL 52

Vergebung

AM NÄCHSTEN MORGEN KOMMT MOM in mein Zimmer und bohrt geschlagene zwanzig Minuten nach, ob mit mir alles in Ordnung ist.

Sie glaubt mir nicht, wenn ich ihr sage, dass ich okay bin und es mir gut geht.

Natürlich hat sie recht, wenn sie mir nicht glaubt.

Aber ich habe keine plausible Wahrheit, die ich ihr erzählen könnte.

Sie sagt, sie hätte eigentlich gestern Abend noch mit mir reden wollen, aber ich hätte schon geschlafen. Sie löchert mich mit Fragen. Warum ich von der Tanzfläche weggerannt bin, nachdem X und ich uns geküsst haben? Hat X mir irgendwas getan?

Ich sage ihr, dass X mir nichts getan hat.

Ich sage ihr, dass es ein Abschiedskuss war, aber sie sagt,

für sie sah das nicht nach einem Abschiedskuss aus. Sie sagt, für sie sah es wie ein Begrüßungskuss aus.

Ich drehe mich von ihr weg, schaue zur Wand und wünsche mir, ich wäre eine Fremde für sie und für alle anderen auch. Im Moment würde ich am liebsten überhaupt niemanden kennen. Ich wünschte, keiner wüsste irgendwas von mir.

Ich bitte Mom, zu gehen. Nicht auf eine fiese Art. Aber auf eine Art, die ihr zu verstehen gibt, dass ich allein sein muss. Sie willigt ein, aber erst wenn sie sicher sein könnte, dass ich weiß, wie lieb sie mich hat.

Nach einer Weile – einer Stunde vielleicht oder zwei oder zehn – schaue ich auf mein Handy. Alle haben geschrieben. Alle haben angerufen.

Alle außer X. Nicht, dass ich es von ihm erwarte. Nicht, nachdem ich vor ihm weggelaufen bin. Nicht, nachdem ich per Textnachricht Schluss gemacht habe. Er ruft nicht an, und ich möchte auch nicht, dass er es tut. Es ist besser so für uns beide.

Über unsere Chat-Gruppe schreibe ich Martin, Sophie und Cassidy, dass es mir gut geht und wir uns in der Schule sehen.

Als mich Martin einzeln anschreibt, erzähle ich ihm von meiner Vision. Ich erkläre ihm, dass X in zehn Monaten sterben wird und dass ich nicht bereit bin, darüber zu reden, und es auch nie sein werde.

Ich bedanke mich bei Maggie für ihre Glückwünsche. Ich lasse Dad wissen, dass es mir gut geht, absolut bestens.

Von allen Nachrichten ist Fifis die einzige, bei der ich beinahe etwas fühle: *heute ich bin sehr stolz auf dich. endlich du tanzt mit deinem herzen.*

———

Mom erlaubt mir, zwei Tage nicht zur Schule zu gehen. Dienstagabend sagt sie, dass ich morgen wieder hin muss und mich der Sache stellen, der ich aus dem Weg gehe, egal, was es ist. Sie verspricht mir, dass es auf jeden Fall besser sein würde, als zu Hause zu hocken.

Es zeigt sich, dass sie recht hat. Die Schule lenkt mich ab. Ich sage Sophie und Cassidy, dass X und ich uns gestritten haben und nicht mehr zusammen sind. Sie wollen es genauer wissen, aber sie verstehen, dass ich noch nicht darüber sprechen kann.

Martin darf ich jederzeit anrufen und meinen Tränen freien Lauf lassen, wenn mir danach ist.

Der Rest der Woche verstreicht. Am schlimmsten ist es kurz vor dem Einschlafen, wenn die Vision versucht, sich in mein Bewusstsein zu schleichen. Sie versucht es, aber ich knalle ihr die Tür vor der Nase zu. Es geht leichter als gedacht. Laut Mom kann der menschliche Körper alle möglichen erstaunlichen Dinge tun, einschließlich bewusstlos werden, um sich vor Schmerz zu schützen.

Am Samstag nach dem Turnier kommt Mom in mein Zimmer, bevor sie sich zu einem weiteren Date mit Dr. Bob aufmacht.

»Dein Vater ist auf dem Weg hierher«, sagt sie.

Ich stöhne auf. »Wieso das denn?«

Sie runzelt die Stirn und setzt sich auf mein Bett. »Ich dachte, es hätte sich wieder eingerenkt zwischen euch.«

Ich sage nichts. Es hat sich wieder eingerenkt, aber das war *vorher*. Das war noch zu der Zeit, als ich angefangen habe, dem Leben wieder zu vertrauen. Als ich dem Leben wieder vertrauen *wollte*.

»Außerdem macht er sich Sorgen um dich. Wie wir alle.«

»Mir geht's gut«, behaupte ich.

Sie verengt die Augen. »Hast du heute geduscht?«

Ich schüttle den Kopf.

»Was gegessen?«

Noch mal Kopfschütteln.

»Das Haus verlassen?«

Schon gut, ich hab's kapiert.

Sie seufzt. »Ich habe ihn gebeten zu kommen. Er konnte dich immer viel besser aufheitern als ich. Schon als du klein warst.«

Das ist wahr. Mom war gut für Küsse und Umarmungen, wenn ich mir wehgetan hatte. Aber Dad war derjenige, der mich zum Lachen gebracht hat. Und wenn ich lachen musste, waren die Schmerzen vergessen.

»Ich will ihn nicht sehen«, sage ich.

»Pech. Er wird jeden Moment hier sein.«

Als sie weg ist, gehe ich raus auf die Terrasse. Die Sonne ist schon untergegangen und die warme Luft wird allmählich kühler.

Ich will nicht daran erinnert werden, dass X und ich genau hier zu Bollywood-Klängen getanzt haben, aber so funktioniert das Gedächtnis nun mal nicht. War dieses lachende, tanzende Mädchen wirklich ich? Ich erkenne es nicht wieder. Genauso wenig wie ich mich in dem Mädchen wiedererkenne, das die ganzen Liebesromane gelesen, alle Genres gekannt und an Happy Ends und die einzig wahre Liebe geglaubt und Abkürzungen wie OTP (One True Pairing für Traumpaar) und HEA (Happily Ever After) und HFN (Happy for Now) benutzt hat. Oder das Mädchen, das dachte, sein Dad könnte nichts falsch machen. Wie viele Versionen von mir wird es in diesem Leben noch geben?

Dad klingelt zehn Minuten später.

»Mir geht's gut«, sage ich anstelle einer Begrüßung.

Er hat schon wieder eine neue Brille, die ich noch nicht an ihm gesehen habe. Sein Ziegenbärtchen ist inzwischen ein Vollbart.

»Ich bezweifle nicht, dass es dir gut geht«, erwidert er. »Aber ich möchte mich trotzdem gern um dich kümmern.« Er schwenkt einen Papierbeutel mit Essen von Mariscos Chente.

»Danke«, sage ich und führe ihn raus auf die Terrasse.

»Schön habt ihr es hier.« Er macht ein paar Schritte in den begrünten Innenhof und schaut sich um.

Es dauert einen Moment, bis mir aufgeht, dass er hier draußen noch nie gewesen ist. Er hat überhaupt noch nicht besonders viel von unserer neuen Wohnung gesehen. Wie können unsere Leben jetzt so getrennt voneinander sein?

Ich lasse mich in den Sessel sinken, lehne den Kopf zurück und schließe die Augen. Ich kann spüren, dass er mich beobachtet und sich überlegt, wie er am besten anfangen soll.

»Mom meinte, du hättest eine Lachtherapie nötig«, sagt er.

»Mir geht's gut«, wiederhole ich, ohne die Augen aufzumachen.

Der Stuhl mir gegenüber kratzt über den Beton, als er sich setzt. »Du weißt, du kannst mir alles sagen, Zuckererbse.«

Ich öffne die Augen. »Warum nennst du mich immer noch Zuckererbse? Du weißt doch, dass ich es nicht mag.« Ich bin nicht wütend. Ich bin einfach nur müde.

Er stützt die Ellbogen auf die Knie und schaut zu Boden. »Als du klein warst, hast du es geliebt, wenn ich dich so genannt habe. Du hast ein Bild von einer Erbse gemalt, die in eine Zuckerdose gefallen ist.« Er schüttelt den Kopf, ich denke aber, er schüttelt ihn über sich selbst. »Es tut mir leid. Ich werde in Zukunft darauf achten, dich nicht mehr so zu nennen.«

Er reicht mir einen Burrito. Ich habe zwar keinen Hunger, esse ihn aber trotzdem zur Hälfte auf.

Als Dad mit seinem eigenen Burrito fertig ist, lehnt er sich zurück und wischt sich die Hände mit einer Serviette ab. »Also …«, setzt er an.

Aber ich falle ihm ins Wort und stelle ihm die Frage, die ich ihm schon seit einem Jahr stellen will. »Warum hast du

Mom betrogen?« Ich sage es so leise, dass ich mich selbst kaum höre.

Sein Gesicht zu beobachten, ist, als würde man Wolken im Zeitraffer über den Himmel sausen sehen. Traurigkeit wird von Schuldgefühlen gejagt und sie von Scham.

Eine ganze Weile sagt er nichts, aber dann antwortet er doch. »Eure Mutter war die erste Frau, die ich je geliebt habe. Wir hatten euch Mädchen und waren lange Zeit glücklich.« Er schirmt seine Augen mit den Händen ab. »Aber dann hat sich in den letzten Jahren etwas verändert.«

Fast wünschte ich, ich hätte auch eine Vision von Mom und Dad gesehen. Ich würde wirklich gern wissen, wie es am Anfang zwischen ihnen war. Es wäre schön, diese Erinnerungen zu haben.

Er schaut auf und fährt fort. »Deine Mom und ich waren nicht mehr glücklich.«

»Nein«, sage ich. »Mom war glücklich.«

Er schließt die Augen, sagt aber nicht, dass ich falschliege. »Ja, eure Mutter war glücklich. Aber ich war es nicht.«

»Und warum hast du es ihr nicht einfach gesagt?«, frage ich frustriert. »Ihr hättet zu einer Eheberatung gehen können oder mehr Zeit zu zweit verbringen oder so. Danica und ich hätten euch unterstützen können.«

»Ich habe eine Menge Fehler gemacht, Evie. Du hast recht. Ich hätte es ihr sagen müssen. Ich hätte mich mehr bemühen müssen.« Für das, was als Nächstes kommt, sieht er mich an. »Und als Shirley in mein Leben getreten ist, hätte ich ihr aus dem Weg gehen sollen. Aber das habe ich nicht getan. Und dann war es zu spät. Ich konnte an meinen Gefühlen nichts mehr ändern.«

Ich habe mir so oft vorgestellt, dieses Gespräch mit ihm zu führen, aber ich hätte nie erwartet, dass er zugeben würde, einen Fehler gemacht zu haben.

Ich bin jetzt mehr wütend als frustriert. Er ist mein Dad. Er darf solche Fehler nicht machen. »Aber du hast Mom ewige Treue geschworen. Du hast gelobt, sie immer zu lieben.«

»Evie, meine Süße, manchmal ändern sich die Dinge.«

Jetzt bin ich so wütend, dass ich fast glühe.

»Du hast es ihr aber versprochen. Du hast es ihr und Danica und mir versprochen und stattdessen hast du dich für Shirley entschieden. Du liebst sie mehr als uns.« Ich weiß, dass ich ungerecht bin und dass es falsch ist, was ich sage. Ich will jetzt nur noch alles kaputt schlagen. Damit nichts und niemand mir je wieder wehtun kann. Ich will alle schönen, angenehmen, liebevollen, sanften Gefühle in mir loswerden, bis ich überhaupt nichts mehr spüre. Keine Freude mehr, aber auch keinen Schmerz.

»Nein, so darfst du nicht denken, Evie. Ich liebe dich und Danica mehr als alles andere auf der Welt«, sagt er. »Was ich getan habe, tut mir von Herzen leid, aber was ich am allermeisten bedaure, ist, dass ich dich verloren habe.«

Tränen schießen mir in die Augen und strömen mir übers Gesicht. Ich versuche nicht, sie wegzuwischen. Da kommen noch viel mehr.

Er zieht mich in seine Arme und flüstert mir tröstende

Worte ins Ohr, wie er es früher immer gemacht hat, als ich noch klein war.

»Hör auf damit.« Ich reiße mich von ihm los. »Erklär mir lieber, warum sich Menschen gegenseitig Versprechungen machen. Warum soll man überhaupt jemanden lieben, wenn Menschen doch bloß sterben und einen allein lassen. Du glaubst doch an Gott. Sag mir, warum er die Welt so erschaffen hat. Sag mir, warum er so grausam ist.«

Ich sehe ihn an und warte darauf, dass er mir darauf eine Antwort gibt, weil er mein Dad ist und auf alles eine Antwort haben muss. Er hat immer auf alles eine Antwort gehabt.

Er sieht in die dunkelblaue Nacht hinaus, und es dauert lange, bevor er etwas sagt.

Schließlich wandert sein Blick über mein Gesicht. »Du bist so groß geworden. Ich hätte nie gedacht, dass du einmal so groß werden würdest.« Er schaut in den begrünten Innenhof. »Ich sage dir, was ich denke. Wenn du sehr viel Glück hast in diesem Leben, dann verliebst du dich so heftig und so vollständig in einen anderen Menschen, dass es dich zerreißt, wenn du ihn verlierst. Ich denke, dieser Schmerz ist ein Zeichen dafür, dass man ein gutes, erfülltes Leben geführt *und* geliebt hat.«

»Das ist eine Scheiß-Antwort«, erwidere ich.

»Ja. Das ist es.«

Ich fange untröstlich zu weinen an. Mir steht X' Gesicht auf der Trauerkarte vor Augen.

In liebevollem Gedenken an Xavier Darius Woods.

In liebevollem Gedenken.

In Gedenken.

»Das ist es nicht wert«, sage ich.

Warum muss ich ausgerechnet *ihn* lieben? Wie soll ich *ohne* ihn leben?

»Ich kann dir deine Fragen nicht beantworten, Evie. Ich weiß nicht, warum wir die Menschen verlieren, die wir lieben, und wie wir weiterleben sollen, nachdem wir sie verloren haben. Aber ich weiß, dass Lieben zum Menschsein dazugehört. Wir können nicht anders. Die Dichter und Denker sagen, Liebe ist die Antwort, aber sie ist mehr als das. Liebe ist die Frage und die Antwort und der Grund, die Frage überhaupt zu stellen. Liebe ist alles. Sie ist in allem.«

Einen langen Moment beobachte ich, wie gegenüber die Lichter an- und ausgehen. Ich frage mich, was wohl in den einzelnen Wohnungen vorgeht, wer wohl dort lebt. Wen haben diese Menschen verloren? Wen werden sie noch verlieren? Was haben sie durchgestanden?

Jemand lacht laut und schrill. Es klingt, als würde etwas zerspringen. Ein leichter Wind weht und es liegt jetzt keine Wärme mehr in der Luft. Meine Tränen trocknen auf meinem Gesicht.

»Dad, ich glaube, ich kann doch nicht zu eurer Hochzeit kommen.«

Ich merke, wie sehr ich ihn damit verletze, und ich merke auch, wie schwer es ihm fällt, zu akzeptieren, was ich gesagt habe.

»In Ordnung«, sagt er.

»Ich weiß nicht, ob ich dir jemals vergeben kann, Dad.«

Er lässt den Kopf in die Hände sinken. »Ist schon gut, meine Süße.«

Irgendwie gibt mir die Art, wie er es sagt, das Gefühl, dass vielleicht ich diejenige bin, die Vergebung braucht.

»Ist schon gut«, sagt er noch einmal.

Und es ist nicht schon gut, nicht wirklich. Aber es ist lieb von ihm, dass er es sagt.

KAPITEL 53

Licht und Dunkel

WENN ICH MIR X TOT vorstelle, sehe ich keine Dunkelheit. In der Dunkelheit liegt immer noch Hoffnung. Etwas, das sich an Stellen verbirgt, die man nicht sehen kann. Für mich ist Trauer wie eine endlose Landschaft, die in gleißend helles Licht getaucht ist. Keine versteckten Geheimnisse. Und auch keine Überraschungen.

Man kann klar und deutlich alles erkennen, was man verloren hat.

Alles das, was nicht mehr da ist.

KAPITEL 54

Eine Million achthundertvierzehntausendundvierhundert Sekunden

MANCHMAL IST DAS EINZIGE, was sich über einen Zeitabschnitt sagen lässt, dass er vorbeigeht und dass man ihn übersteht.

Die Vorbereitung für die Abschlussfeier laufen auf Hochtouren. Das Jahrbuch erscheint, und jeder wird wehmütig und ernst, auch die abgebrühtesten und zynischsten Schülerinnen und Schüler. Wir schwelgen in Erinnerungen, schreiben uns gegenseitig Widmungen in unsere Bücher und geben Versprechen, die wir auch wirklich einhalten wollen.

Cassidys Eltern sind nach Europa verreist, deshalb schmeißt sie fast jeden Abend so etwas wie eine Party. Ich bin bei jeder dabei.

Auf meine Bitte hin fangen wir wieder an, sonntags zu

Surf City Waffle zu gehen. Mich verbinden zu viele Erinnerungen mit X am Pool, um weiterhin bei Cassidy brunchen zu wollen.

Jeden Sonntag frage ich mich, ob heute der Tag ist, an dem Sophie und Cassidy Schluss machen. Die Stimmung zwischen den beiden kippt zusehends. Sie lächeln weniger, berühren sich weniger und streiten mehr.

Martin fällt es auch auf, aber wir verlieren kein Wort darüber. Was gibt es schon zu sagen? Jeder Sonntag, den sie sich nicht trennen, ist wie ein Geschenk, noch ein bisschen gewonnene Zeit, die wir vier zusammen verbringen dürfen.

Aber dann ist es so weit, der Trennungssonntag ist da. Sie sitzen an unserem Tisch im Surf City Waffle, ohne sich auch nur ein einziges Mal anzufassen.

Alles spielt sich genau so ab, wie ich es in meiner Vision vorausgesehen habe. Es ist wie ein Déjà-vu in Filmlänge.

Nachdem Cassidy gegangen ist, weint Sophie eine Stunde lang. Sie gesteht uns, dass es zwischen ihnen schon seit einer Weile nicht mehr so gut läuft. Sie sagt, ihr wäre es so vorgekommen, als ob Cassidy angefangen hätte, sich mit ihr zu langweilen. Sie wäre zunehmend achtloser geworden, vergaß zum Beispiel ihre Verabredungen. Und wenn sich Sophie darüber beschwerte, meinte Cassidy bloß, sie sei zu empfindlich.

Martin und ich umarmen Sophie und lassen sie weinen, bis keine Tränen mehr kommen. Sie sagt, dass sie nicht wüsste, ob sie bei unserem Roadtrip noch dabei sein wolle. Ich bin aufs Neue tief enttäuscht, aber dann lasse ich los.

Später, als ich wieder zu Hause bin, melde ich mich bei Cassidy und höre mir ihre Version der Gesichte an. Erstaunlicherweise klingt sie sehr ähnlich. Sie sagt, dass sie sich vielleicht noch nicht für eine Beziehung eignet, mit niemandem.

Am darauffolgenden Sonntag gehen Martin und ich allein zu Surf City Waffle, aber es ist einfach zu traurig. Wir hauen wieder ab und fahren zu mir nach Hause, wo ich uns Erdnussbutter-Marmeladen-Sandwiches mache, die wir draußen auf der Terrasse essen.

Mom fängt an, sich zweimal die Woche mit Dr. Bob zu verabreden, statt nur einmal. Ich würde ihr gern sagen, dass sie sich dem Ganzen lieber nicht noch mal aussetzen soll. Hat sie denn vergessen, wie es ihr ging, nachdem uns Dad verlassen hatte? Hat sie vergessen, dass sie ihre Hochzeitsfotos von der Wand genommen hat? Nachdem Dad ausgezogen war, haben wir mehrere Monate lang versucht, in unserem alten Haus wohnen zu bleiben. Ich habe sie oft dabei ertappt, wie sie dorthin starrte, wo vorher immer Dads Sachen lagen. Es gab nur noch eine Zahnbürste über dem Waschbecken statt zwei. Leere Stellen klafften wie Zahnlücken im Bücherregal. Das Haus wurde zu einem Museum der unzähligen Stellen, an denen früher einmal Liebe gewesen war. Ein paar Monate später hat sie eingewilligt, das Haus zu verkaufen, und wir sind umgezogen.

———

Es ist einundzwanzig Tage her, seit ich herausgefunden habe, dass der Junge, den ich liebe, sterben wird. Ich würde ja gern sagen, dass es mir mit jedem Tag, der verstreicht, besser geht, aber das stimmt nicht.

Es gibt Bereiche, die mein Verstand sich zu betreten weigert. Zum Beispiel wann genau X stirbt und wie. Ich erinnere mich an die Vision, die ich von Archibald und Maggie hatte, in der sie auf einer großen Wiese standen und zuschauten, wie ein Sarg in die Erde gelassen wird. Wie werden sie den Tod ihres Enkels verkraften? Wie werden es seine Eltern verkraften? Wie verkraften es Kevin und Jamal und seine anderen Freunde? Wird er wissen, dass er stirbt, wenn es so weit ist? Wird er leiden? Was wird sein letzter Gedanke sein?

Manchmal möchte ich ihn anrufen und ihm die Wahrheit sagen. Aber das wäre grausam. Nur weil ich mit diesem schrecklichen Wissen belastet bin, bedeutet das nicht, dass auch er damit belastet werden sollte. Ich denke daran, wie wir bei unserem ersten gemeinsamen Lagerfeuer, das, bei dem wir uns das erste Mal geküsst haben, beschwipste Philosophen gespielt haben. Ich hatte die anderen gefragt, ob sie wissen wollen würden, wann und wo sie sterben. X hat mit Nein geantwortet. Er meinte, das zu wissen, würde einem alle Lebensfreude nehmen. Ich habe mit Ja geantwortet, es wäre immer gut, gewappnet zu sein.

Manchmal möchte ich ihn anrufen und ihm die andere Wahrheit offenbaren, nämlich die, dass ich ihn liebe und immer lieben werde. Aber das wäre genauso grausam.

Was sollte ich ihm denn dann sagen?

Ich liebe dich, aber du stirbst bald, deshalb kann ich dich nicht lieben?

Ich kann dich nicht lieben, weil ich Angst habe, ich würde den Schmerz nicht überleben? Wobei das nicht stimmt. Eigentlich ist meine Angst nicht, dass ich den Schmerz nicht überlebe. Meine Angst ist, dass der Schmerz nie enden wird und ich für immer mit ihm leben muss.

Das Problem mit einem gebrochenen Herzen ist nicht, dass es dich umbringt. Das Problem ist, dass es genau das eben *nicht* tut.

KAPITEL 55

Der Fisch und das Wasser

ICH HABE QUASI DAS GANZE Wochenende bei heruntergezogenen Jalousien im Bett verbracht, als Mom an meine Tür klopft.

»Komm runter und hilf mir beim Backen«, sagt sie und kommt ins Zimmer. »Ich mache Brotpudding.« Sie hat ihre »*Kiss the Cook*«-Schürze an.

»Ich hab keine Lust«, sage ich und vergrabe mich noch tiefer unter der Decke.

»Das macht nichts.« Sie zieht mir die Decke weg. An ihrem Tonfall erkenne ich, dass ich keine Wahl habe.

Als ich in die Küche komme, deutet sie auf das Rezept und drückt mir einen Messbecher in die Hand. »Du kümmerst sich um die trockenen Zutaten.«

Ich hole Zucker und Zimt aus der Anrichte.

Sie wartet, bis ich das Brot in Würfel schneide, um mit

dem rauszurücken, was sie sagen will: »Ich möchte, dass du mir erzählst, was zwischen dir und X vorgefallen ist.«

»Ich will nicht drüber reden.« Ich greife mir den nächsten Brotkanten und schneide weiter.

Wir gehen wieder dazu über, in Seufzern zu kommunizieren. Ihrer klingt jetzt frustriert. »Ich bin deine Mutter und merke doch, dass etwas los ist. Ich verstehe nicht, warum du nicht mit mir darüber sprechen willst.«

Alles, was ich will, ist wieder zurück ins Bett und so tun, als würde die Welt nicht existieren. »Du zuerst«, sage ich.

Sie verquirlt gerade die Eier, hört aber jetzt damit auf und sieht mich an. »Ich zuerst was?«

»Du möchtest, dass ich mit dir rede, aber du selbst redest nie mit mir.« Ich messe den Zucker ab und fülle ihn in eine Schüssel. »Wie oft habe ich versucht, dich dazu zu bringen, mit mir über Dad zu reden?«

»Ach, das schon wieder?«, sagt sie und macht mit dem Verquirlen weiter. »Die Sache zwischen deinem Vater und mir geht nur ihn und mich etwas an.«

Ich will nicht weinen, aber plötzlich habe ich einen dicken Kloß im Hals, und mir schießen Tränen in die Augen, als hätten sie die ganze Zeit auf der Lauer gelegen. »Du bist nicht die Einzige, die von Dad verlassen wurde. Dani und mich hat er auch verlassen.« Ich knalle den Messbecher auf den Küchentresen. »Uns beide hat er auch verlassen!«

Es herrscht schockiertes Schweigen zwischen uns. Mom sieht erst erstaunt und dann bestürzt aus. Ihre Hand zuckt hoch zu ihren Haaren, dann zurück zum Schneebesen und wieder zu ihren Haaren. »Süße.« Sie schiebt die Schüssel weg und zieht mich in ihre Arme. »Nicht weinen, Süße, nicht weinen.«

Ich reiße mich von ihr los. »Warum sagt mir jeder ständig, dass ich nicht weinen soll, obwohl es so vieles gibt, das zum Weinen ist? Warum tun du und Dani so, als wäre alles bestens?«

Sie schaut auf den Küchentresen und krallt ihre Finger hinein. »Wie möchtest du denn, dass ich mich verhalte?«

»Ich will, dass du aufhörst, so zu tun, als wäre *nicht* alles schrecklich. Warum bist du nicht wütend auf ihn? Warum willst du nicht darüber reden?«

Sie seufzt wieder, aber diesmal ist es kein frustriertes oder entnervtes Seufzen. Es ist wie ein Loslassen. »Du möchtest wissen, warum ich nicht darüber rede?«

Ich nicke.

»Weil sich Mütter um ihre Kinder kümmern, nicht umgekehrt. Ich trockne *eure* Tränen. Ihr sollt nicht *meine* trocknen.«

Sie sieht mich an. Ihr Blick ist ausdruckslos, aber in ihren Augen schimmern Tränen, die sie mühsam zurückhält.

»Ich war am Boden zerstört, als mir euer Vater gesagt hat, wie es um ihn stand. Es fühlte sich an, als würde mir das Herz aus dem ...« Sie verstummt und zieht tief die Luft ein. »Na ja. Du denkst, ich war nicht wütend auf euren Vater? Ich war stinkwütend. Manchmal bin ich immer noch wütend.« Ihre Stimme ist leise, aber der Schmerz darin ist überlaut und deutlich, so laut wie noch nie. »Ich habe nicht mit dir darüber gesprochen, weil ich versucht habe, dich zu schützen. Du und dein Vater wart immer so süß zusammen. Ich wollte nicht, dass unsere Probleme etwas an deinen Gefühlen für ihn ändern.«

Wie habe ich es bloß geschafft, derart falschzuliegen?

Ich dachte, sie würde nicht genug fühlen. Und auf einmal stellt sich heraus, sie hat *alles* gefühlt.

Sie sieht mich an und jetzt laufen ihr Tränen übers Gesicht. »Dein Vater ist nicht derjenige, der die Scheidung wollte. Nachdem er mir von Shirley erzählt hat, meinte er, er möchte, dass wir zusammenbleiben, dass wir eine Paartherapie machen und versuchen, es wieder hinzukriegen. Ich war diejenige, die Nein gesagt hat.«

Ich bin so geschockt, dass mir tatsächlich der Mund offen stehen bleibt. Die ganze Zeit dachte ich, Dad hätte *uns* verlassen, dabei war es Mom, die *ihn* verlassen hat. Mom ist gegangen.

»Aber warum?«, frage ich. »Du hast ihn doch geliebt. Du liebst ihn noch immer.«

»Ja, aber ich konnte sehen, dass er sie auf eine Art liebt, wie er mich nicht mehr geliebt hat. Und ich wollte nicht die zweite Wahl sein.«

Ich starre sie mit großen Augen an. Ich starre so lange, bis ich sie nicht mehr bloß anschaue, sondern sie tatsächlich *sehe*. Ich sehe meine Mom, die stark und ruhig und unerschütterlich ist. Ich sehe, wie sanft und mutig und verletzlich sie ist. Alle sagen, irgendwann im Leben kommt der Moment, in dem deine Mom und dein Dad nicht mehr bloß deine Eltern sind, sondern sich in echte Menschen aus Fleisch und Blut verwandeln. Niemand sagt einem, wie unheimlich dieser Moment ist. Und wie wunderbar.

»Kann ich dich noch eine Sache fragen, Mom?«

»Lieber Gott, hab Erbarmen und lass es bitte die letzte sein«, sagt sie, lächelt aber.

»Es ist wegen Dr. Bob. Wie kommst du nach dem ganzen Schlamassel mit Dad damit klar, dich jetzt auf jemand Neues einzulassen?«

Sie zieht die Schüssel wieder zu sich und greift zum Schneebesen. »Na ja, erst einmal gefällt mir Dr. Bob ziemlich gut. Ich mag ihn wirklich sehr und er mich auch. Aber abgesehen davon, was bleibt mir anderes übrig? Ich kann mich nicht gegen die Liebe verschließen. So bin ich nicht gestrickt.«

»Aber guck dir an, wie es mit Dad gelaufen ist. Welches Ende es mit ihm genommen hat.«

»Du denkst, weil es mit deinem Vater und mir nicht gehalten hat, wäre unsere Liebe weniger wahr gewesen? Euer Vater und ich haben uns genug geliebt, um dich und deine Schwester zu bekommen. Allein das wiegt alles andere auf.«

Sie wirft mir einen Blick zu, der sagt, dass sie schon versteht, warum ich sie das frage. »Ich weiß nicht, was zwischen dir und X vorgefallen ist, aber ich hoffe, dir ist klar, dass auch du dich nicht vor der Liebe verschließen kannst.«

»Ich komme ganz gut allein zurecht«, beharre ich.

Sie lacht. »Hast du schon mal von dem Fisch gehört, der kein Wasser braucht?«

»Nein.«

»Ich auch nicht.« Sie nimmt meine trockenen Zutaten, kippt sie zu den Eiern und verrührt alles.

KAPITEL 56

Einmal und vielleicht wieder

EINE WOCHE SPÄTER FINDET die feierliche Vergabe der Abschlusszeugnisse statt. Unsere Jahrgangsbeste hält eine Rede und benutzt darin als Leitmetapher Käse: Am Anfang waren wir noch junger, milder Cheddar, inzwischen sind wir aber zu einem starken, kräftigen Gruyère herangereift. Und auch wenn man sich an dem ein oder anderen Kurs oder Lehrer aufgerieben haben mag, ist die Highschool eine Gouda-Erfahrung. Sie schließt mit den Worten, dass wir jetzt vor Wissen stinkend von der Schule abgehen.

Ihr Name ist Olivia Cortez, aber ich kenne sie nur vom Sehen und von dem, was über sie geredet wird. Sie ist superklug und hübsch und zu Höherem berufen, genau wie Sophie. Ich wünschte, ich hätte sie kennengelernt.

Nachdem Olivia ihre Rede beendet hat, müssen wir noch ein letztes Mal das langatmige Geschwafel unseres

343

unvergleichlichen Geschichtslehrers Mr Armstrong über uns ergehen lassen. Er schwadroniert über die Geschichte der neuzeitlichen Kriegsführung, die sich insofern auf uns übertragen lässt, als auch wir uns einen Platz in der Welt erobern werden. Er verwendet Floskeln wie »hinter die feindlichen Linien« und »aus den Schützengräben«.

Wir alle ächzen und wünschen uns den Käse zurück.

Als Nächstes spricht Schulleiter Singh. Er sagt uns eine glänzende Zukunft voraus, was soll er auch anderes sagen. Da wir in unserer Jahrgangsstufe zu viele sind, um jedem Schüler und jeder Schülerin persönlich eine Abschlussurkunde zu überreichen, hält er symbolisch ein überdimensional großes Zeugnis hoch, zeigt es in die Runde und erklärt uns zu Absolventen der Bevshire Highschool.

»Euch liegt die ganze Welt zu Füßen, zieht los und holt sie euch«, sagt er.

Als der Applaus verebbt ist, stehe ich auf und gehe rüber zu Martin.

»Wir haben es geschafft«, sagt er, als wäre er sich da nicht so sicher gewesen. Er legt den Arm um meine Schulter und küsst mich auf die Stirn.

»Fühlst du dich bereit, dir die ganze Welt zu holen?«, frage ich.

»Ich will nicht die ganze Welt, Eves, bloß mein Stück davon.«

Ich folge seinem Blick und entdecke Danica. Er drückt meine Schulter. »Der Beziehungsstatus deiner Schwester ist wieder Single«, sagt er.

»Seit wann?«

»Seit gestern Abend.«

»Wie oft checkst du ihren Status?«

»Einmal am Tag oder so. Ist das Stalking?«

»Nein.«

»Bist du dir sicher?«

»Nein.«

Er lässt meine Schulter los und dreht sich so, dass er mir ins Gesicht sieht. »Ist es immer noch okay für dich, wenn ich mich mit Danica verabreden will?« Ich weiß, er fragt mich das wegen dem, was mit X und mir passiert ist.

»Na klar«, antworte ich. »Bist du dir sicher, dass du es tun willst?« Ich kann mir die Frage nicht verkneifen.

»Es gab immer nur einen einzigen Punkt auf der Liste der Dinge, die ich tun will, bevor ich die Schule verlasse«, erwidert er.

»Und das ist sie?«

»Sie ist es.«

»Was, wenn sie Nein sagt?«

»Dann sagt sie Nein.« Er fährt sich durch die Haare. »Aber was, wenn sie Ja sagt?«

Ich hoffe, sie sagt Ja. Ich hoffe, sie bricht ihm nicht das Herz, aber es ist sein Herz, das bricht. Sosehr ich es möchte, ich kann die Menschen, die ich liebe, nicht vor Kummer bewahren. Und außerdem ist Martin mutiger als ich. Er nimmt den Kummer gern in Kauf. Er findet, es ist die Sache wert.

Er küsst mich noch einmal auf die Stirn. »Lass uns

Sophie und Cassidy suchen, bevor sich unsere Eltern auf uns stürzen«, sagt er.

Wir entdecken Cassidy vor dem Podium. Sie steht mit finsterer Miene neben ihren Eltern, die auf Schulleiter Singh einreden.

Ich höre, dass sich ihre Mutter bei ihm bedankt, für alles, was er für ihre Kleine getan hat.

Cassidy guckt noch finsterer. Ihre Mom hat keinen blassen Schimmer, ob Schulleiter Singh überhaupt je irgendwas für »ihre Kleine« getan hat.

Martin und ich ziehen Cassidy ein Stück abseits und umarmen sie.

»Sie sind da.« Martin meint ihre Eltern.

Cassidy zuckt mit den Schultern, als wäre nichts dabei, aber ich kann ihr ansehen, dass sie erleichtert ist, weil sie hier sind. »Sie sind gestern Abend angekommen.«

»Da bin ich froh«, sage ich an ihrer Stelle, weil sie es nicht tun wird.

»Morgen früh reisen sie wieder ab«, sagt sie, dann holt sie tief Luft. »Ich denke, ich werde mit ihnen gehen. Japan, Korea, China. Wird vielleicht ganz lustig.«

Ich lächele sie viel zu strahlend an.

»Es tut mir leid wegen dem Roadtrip, Evie«, sagt sie. »Ich weiß, wie gern du ihn machen wolltest.«

Ich winke ab. »Ich an deiner Stelle würde auch mit meinen superreichen Eltern durch Asien reisen.«

Wir umarmen uns wieder. Ich weiß, es ist das letzte Mal, dass wir auf diese Weise zusammen sind. Wenn sie aus Asien zurückkommt, wird sie sich verändert haben. Wir alle werden uns verändert haben.

Wir finden Sophie von ihren Eltern und Schwestern umringt. Sie hält einen Strauß pinkfarbener Rosen in der Hand und trägt noch ihren Abschluss-Hut.

Genau wie Cassidy entführen wir auch sie zu einer Umarmung.

»Ich kann immer noch nicht glauben, dass es heute wirklich so weit ist«, sage ich.

»Ich auch nicht.« Sie schnieft.

Martin gibt ihr sein Taschentuch. »Nicht weinen. Wir haben ja noch den Sommer.«

Sie trocknet ihre Tränen und schnieft noch ein bisschen. »Olivia hat mich gefragt, ob ich mich mit ihr treffen will.«

»Unsere Jahrgangsbeste Olivia?«, fragt Martin.

Sie nickt. »Wusstet ihr, dass sie auch nach Stanford geht, genau wie ich?«

Wussten wir nicht.

»Und? Triffst du dich mit ihr?«, frage ich.

»Jep«, sagt Sophie mit einem kleinen Lächeln. Sie lässt kurz den Blick über den Schulhof wandern und schaut dann wieder uns an. »Habt ihr Cassidy gesehen?«

»Ja. Ihre Eltern sind gekommen«, sagt Martin.

»Das ist gut«, sagt sie.

Ich entscheide mich dagegen, ihr von Cassidys Asienreise zu erzählen. Sie gehen jetzt getrennte Wege.

Wir drei umarmen uns noch einmal. Ich wünschte, Cassidy wäre hier. Ich hätte gern noch einen letzten Sonntag zu viert bei Surf City Waffle. Ich hätte gern noch ein letztes Lagerfeuer. Noch ein letztes Mal beschwipste Philosophen spielen.

Aber das kann ich nicht haben. Ich denke an den Sonntag bei Cassidy zurück, als ich mich nach unserem Streit wieder mit ihnen versöhnen wollte. Ich erinnere mich, wie wir uns zum Abschied umarmt haben, kurz bevor ich nach Hause gegangen bin. Wir hatten uns die Bäuche mit Waffeln vollgeschlagen, die Sonne schien, und wir rochen nach Sonnencreme und Chlorwasser.

Mom hat gesagt, nur weil etwas endet, wird es dadurch nicht weniger wahr. Nur weil jetzt alles anders ist, heißt das nicht, dass wir nicht mal gute Freunde waren und uns lieb gehabt haben. Vielleicht werden wir es wieder.

KAPITEL 57

Zwei Kleider

AM FREITAGABEND VOR DADS Hochzeit klopft Danica an meine Tür. Sie kommt rein und hält zwei Kleider hoch. Das eine ist ein schlicht geschnittenes und mit Spitze abgesetztes lavendelfarbenes Etuikleid. Das andere ist eine ausgefallene meerjungfrauenartige Kreation in Petrolblau und Silber.

Zuerst denke ich, sie hat das lavendelfarbene für mich mitgebracht, denn es ist genau mein Ding. »Ich hab meine Meinung nicht geändert, Dani.«

»Nein, ich möchte bloß, dass du mir bei der Entscheidung hilfst, welches ich anziehen soll«, sagt sie.

Ich mustere beide Kleider noch einmal und frage mich, wofür sie meine Hilfe braucht. Petrolblau ist ihre Lieblingsfarbe und ausgefallen ist ihr bevorzugter Stil.

Ich zeige auf das Petrolfarbene.

»Danke«, sagt sie und hängt die Kleider an die Tür. Sie setzt sich auf meine Bettkante, und ich rücke ein Stück, um ihr Platz zu machen.

»Ich hab mit Archer Schluss gemacht«, sagt sie.

Sie guckt traurig, aber nicht am Boden zerstört.

»Warum?«

Sie umfasst mit einer Hand ihre Haare und lässt sie dann wieder los. »Es hat keinen richtigen Spaß mehr gemacht mit ihm. Jedes Mal wenn wir uns getroffen haben, wollte ich eigentlich lieber mit meinen anderen Freunden und Freundinnen zusammen sein. Irgendwie glaube ich, ihm ging es genauso.«

»Das tut mir leid«, sage ich. Und dann kommt mir ein Gedanke. »Es ist vielleicht noch zu früh, dich das zu fragen … aber was meinst du, wie lange du brauchst, um über Archer wegzukommen?«

»Ein paar Tage. Wieso?«

»Kennst du meinen Freund Martin?«

»Klar.«

»Er steht schon seit ewigen Zeiten auf dich.«

»Echt?«

»Ach komm, du musst doch mitbekommen haben, wie er dich anhimmelt.«

Ihre Augen lächeln. »Ich war mir nicht sicher.«

»Du findest ihn süß«, rate ich einfach drauflos.

»Ich finde ihn … interessant.« Sie grinst. »Ich hab noch nie so viel Tweed an einem Jungen in unserem Alter gesehen.«

Ich pruste los und kriege mich vor Lachen nicht mehr ein. Na klar ist ihr die Art, wie er sich anzieht, ins Auge gestochen.

»Wieso hast du ihn dir nie geangelt?«

Ihr Grinsen verschwindet. »Er ist dein bester Freund. Ich dachte, es würde dir nicht gefallen, wenn wir zusammenkämen.«

Sie hat recht. Es hätte mir nicht gefallen. Ich hätte Angst davor gehabt, was dann aus meiner Freundschaft mit Martin geworden wäre. Wir wären uns nicht mehr so nah gewesen. Ich wäre außen vor gewesen.

Aber auch wenn ich es noch so sehr möchte, ich kann den Lauf der Dinge nicht aufhalten. Die Zeit vergeht. Die Menschen verändern sich. Das Leben geht weiter.

»Ich glaube, du und Martin wärt ein tolles Paar.«

»Echt?«

»Echt«, sage ich.

Sie rutscht näher und legt den Kopf auf meine Schulter. Ihre Haare kitzeln meine Nase. »Kann ich dich was fragen, ohne dass du gleich ausrastest?«

»Woher soll ich das wissen? Ich kann die Zukunft nicht vorhersagen«, erwidere ich.

»Komm, versprich es«, beharrt sie.

»Okay, ich verspreche es.«

»Wieso hast du deine Meinung noch mal geändert und gehst jetzt doch nicht mit zu Dads Hochzeit?«

Eigentlich weiß ich darauf keine richtige Antwort. Nach allem, was mit X passiert ist, war mir die Hochzeit einfach zu viel, zu viele vertrackte Gefühle, die mir zu schaffen machen könnten.

Das letzte Mal habe ich Dad bei der Abschlussfeier gesehen. Anschließend ist er mit mir bei Mariscos Chente essen gegangen. Er meinte, unsere Jahrgangsbeste wäre ein Genie, und hat einen grottenschlechten Käse-Kalauer nach dem anderen gerissen, bis mir vor Lachen das Zwerchfell wehgetan hat. Er hat es sogar geschafft, einen Witz über mexikanisches Essen mit einem über Käse zu kombinieren:

Frage: Warum sollte man zu einer Party immer eine Tüte Tortilla-Chips dabeihaben?

Antwort: Für den Fall, dass da alles Käse isst.

Er hat mich nicht mehr gefragt, ob ich nicht doch zur Hochzeit kommen will, und er hat mich auch nicht mehr Zuckererbse genannt.

Zum ersten Mal habe ich eine Ahnung davon bekommen, wie unsere Beziehung in Zukunft vielleicht aussehen könnte.

Danica hebt den Kopf von meiner Schulter. »Sag mir wenigstens, warum du so wütend auf ihn bist. Ist es nur, weil er gegangen ist?«, flüstert sie.

»Wie meinst du das?«

Sie sieht mich lange und irgendwie ängstlich an. »Du denkst doch nicht, dass er und Shirley zusammengekommen sind, bevor ...«

Ich weiß, was sie fragen will.

Sie fragt, ob er Mom betrogen hat. Ich denke daran, was

es in mir ausgelöst hat, die Wahrheit zu wissen. Ich denke daran, was es mit Danica machen würde.

Manche Illusionen darf man nicht zerstören.

Ich schüttle den Kopf und halte ihrem Blick stand. »Auf keinen Fall«, sage ich und bin absolut überzeugend. »So was würde Dad nie tun.«

Ihre Erleichterung ist deutlich zu spüren und ich fühle mich wie eine gute große Schwester.

»Du solltest mitkommen zur Hochzeit«, sagt sie.

»Warum?«

»Weil er unser Dad ist. Und weil er uns lieb hat und weil er jemanden heiratet, den er liebt, und weil wir das mit ihm feiern sollten.«

Für sie ist es so einfach.

»Außerdem ist es leichter, wenn wir zusammen hingehen«, fügt sie hinzu.

Ich schaue sie an und begreife, dass ihr die ganze Sache schwerer fällt, als mir bewusst war.

»Okay«, sage ich. »Aber ich hab kein Kleid.«

»Wie wär's mit dem da?« Sie zeigt auf das lavendelfarbene, das mir besser gefallen hat.

Ich schüttle den Kopf. »Du hast gar nicht meine Hilfe gebraucht, um dich für eins von beiden zu entscheiden, oder?«

»Nope.«

»Du hast dich mit dem perfiden Plan in mein Zimmer geschlichen, mich zum Mitkommen zu überreden, stimmt's?«

Sie lacht ein listiges Lachen und lässt sich vom Bett plumpsen, bevor ich sie zu fassen bekomme. »Jep!«

»Okay«, sage ich, als ich aufgehört habe zu lachen. Ich stehe auf, nehme das lavendelfarbene Kleid von der Tür und halte es mir vor.

»Okay, ich komme mit.«

KAPITEL 58

Antworten

AM NÄCHSTEN MORGEN WACHE ich auf und weiß, dass ein paar Entschuldigungen fällig sind. Ich fahre zu La Brea Dance und hieve – ein letztes Mal – mein Rad die Treppe hoch. Fifi steht in der Empfangskabine und zeigt einer Frau, die am Computer sitzt, was sie tun muss, wenn sich jemand zu einem Kurs anmelden möchte.

Als sie mich sieht, weiten sich ihre Augen, werden aber gleich wieder schmal. »Ach schau, wer da ist. Verschwundene Dancing Queen.« Sie tänzelt aus dem Büro, baut sich einen Meter vor mir auf und verschränkt die Arme vor der Brust. »Dachte nicht, ich würde dich noch mal wiedersehen.« Es ist nicht bloß ihre übliche Spitzzüngigkeit, die sie an den Tag legt. Ich habe sie gekränkt.

Ich mache einen Schritt auf sie zu. »Fifi, es tut mir leid, dass ich einfach weggerannt bin und nicht angerufen habe und mich nicht bei dir bedankt habe. Es tut mir echt leid.«

Sie rümpft die Nase, stampft einmal mit dem Absatz auf den Boden und überlegt. »Nicht nett, Leute zu lassen im Stich, die dich gernhaben.«

»Ich weiß. Es tut mir wirklich leid, Fifi«, wiederhole ich.

Endlich lächelt sie. »Ich mich freue, dich zu sehen. Werde nicht fragen, warum du von Turnier weggerannt bist wie Mädchen im Märchen, das hat verloren Schuh.«

Mit »werde nicht fragen« meint sie, dass sie mich gleich fragen wird.

Zum Glück kommen jetzt Archibald und Maggie über den Gang geschwebt.

»Na, wenn das keine schöne Überraschung ist«, ruft Maggie und zieht mich in eine nach Rosen duftende Umarmung. »Hat dir Fifi schon von all den wunderbaren Dingen erzählt, die inzwischen passiert sind?«

»Beste Neuigkeit, wir stellen richtige Empfangsdame ein«, verkündet Fifi und deutet mit dem Daumen hinter sich zu der Frau an der Rezeption. »Höllen-Klingeldings ich hab schon weggeworfen.« Sie schlägt sich selbst auf die Hand, um zu demonstrieren, wie die kleine Empfangsklingel funktioniert hat.

Archibald lacht. »Glücklicherweise ist das nicht die einzige gute Neuigkeit.« Ich hatte vergessen, wie sehr seine Augen leuchten, wenn er sich freut. »Wir haben vierzig Prozent mehr Anmeldungen seit dem Turnier. Nächste

Woche schickt *LA Weekly* einen Reporter vorbei, der Fotos macht und uns interviewt.«

»Wow! Toll. Das freut mich«, sage ich und meine es ernst. Es ist schön zu hören, dass das Ganze auch etwas Gutes hatte.

»Das haben wir alles dir zu verdanken, Liebes«, sagt Maggie. Sie meint natürlich X und mir und ist nur zu taktvoll, es auszusprechen. Ich frage mich, was ihr X über unsere Trennung erzählt hat.

Wir reden noch eine Weile über meine Pläne für den Rest des Sommers und über das Studium und meinen Umzug im Herbst. Ich verspreche, noch mal vorbeizuschauen, bevor ich abreise, um mich von ihnen zu verabschieden, und dass ich mir in New York ein Studio suche, wo ich weiter tanzen kann. Und dann wird es Zeit für mich zu gehen.

Archibald und Maggie umarmen mich noch einmal, bevor sie wieder den Gang hinunterschweben.

Spontan umarme ich Fifi und zu meiner Überraschung erwidert sie meine Umarmung und hält mich fest. »Du bist sehr gute Tänzerin«, flüstert sie mir ins Ohr. »Ich war stolz, dich zu unterrichten.« Ich kann es nicht beweisen, aber ich schwöre, ich sehe so etwas wie Tränen in ihren Augen schimmern, als sie sich von mir löst.

Ich will mich schon zum Gehen wenden, als ich ganz hinten in der Ecke des Empfangsbüros das Buch *Tanzen lernen* erspähe. Es liegt noch da, wo es Fifi hingepfeffert hat, als ich das erste Mal hier aufgekreuzt bin.

Mein Herz gerät aus dem Takt. Ich weiß, es ist kein Zufall, dass mir das zerfledderte Ding gerade jetzt ins Auge fällt. Ich weiß, es soll mir ins Auge fallen.

»Darf ich das da mitnehmen, Fifi?« Ich zeige darauf.

Sie nimmt es und reicht es mir durch das Rezeptionsfenster. »Natürlich«, sagt sie. »Aber ist witzlos. Man kann nicht tanzen lernen nach Buch.«

»Ich weiß, aber es hat mich hierhergeführt.« Ich blättere zu der Seite mit dem Adressstempel von La Brea Dance. Es kommt mir wie eine Ewigkeit vor, dass ich hier hereingeschneit bin in der Hoffnung, die Lektion zu lernen, die ich lernen musste, um die Visionen loszuwerden. Die Evie, die an dem Tag hier aufgetaucht ist, dachte, sie wüsste, wie ungerecht das Leben sein kann und wie schmerzhaft. Diese Evie hatte absolut keine Ahnung.

Ich stecke das Buch in meinen Rucksack und schaue mich noch ein letztes Mal um. Auf dem Gang vor Studio 5 sehe ich Archibald Maggie in eine Drehung ziehen. Erst denke ich, dass ihnen nicht klar ist, welches Glück sie haben. Aber dann sehe ich den Ausdruck auf ihren Gesichtern, eine Mischung aus Staunen und Gewissheit, und begreife, dass ich falschliege. Sie wissen ganz genau, welches Glück sie haben.

———

Ich brauche nicht lange bis Hancock Park. Als ich die Straße finde, die ich suche, ist sie noch immer von blühenden Jasminbüschen und Jacarandabäumen gesäumt und die *Kleine Freie Bibliothek* steht nach wie vor neben dem großen Ahornbaum.

Ich steige vom Rad, klappe den Ständer runter und gehe zum Bücherschrank. Alle meine Bücher, einschließlich *Cupcakes and Kisses*, sind noch drin. Bei der Erinnerung an X und die Nachrichten, die er mir geschrieben hat, als er es gerade las, möchte ich lachen und gleichzeitig nie wieder lachen.

Ich ziehe *Tanzen lernen* aus meinem Rucksack und stopfe es in den Schrank.

»Hallo Evie«, sagt eine Stimme hinter mir.

Ich habe ihr nicht gesagt, wie ich heiße, aber woher sie meinen Namen weiß, ist wohl die am wenigsten mysteriöse Sache, die mir in den letzten Monaten passiert ist.

Ich wirbele herum. Ihr Gesicht sieht genauso aus, wie ich es in Erinnerung habe: Die dünne, hellbraune Haut erinnert an zerknittertes Pergamentpapier.

»Warum haben Sie mir das angetan?«, platze ich anstelle einer Begrüßung heraus. »Was dachten Sie, wie ich mich fühle, wenn ich immer und immer wieder dabei zusehen muss, wie Menschen das Herz gebrochen wird?«

Sie lächelt mich an. Es ist ein liebenswürdiges Lächeln, ein verständnisvolles.

Ich weiß nicht, ob mich schon jemals ein Lächeln so wütend gemacht hat.

Ich bin stinkwütend auf sie, weil sie mich mit dieser entsetzlichen Fähigkeit verflucht hat.

Ich bin wütend auf die höhere Macht, ganz egal, welche es war, die eine Welt erschaffen hat, in der wir dazu bestimmt sind, andere zu lieben und zugleich diejenigen, die wir lieben, sterben zu sehen.

Wer behauptet, es wäre besser, jemanden geliebt und verloren zu haben, als nie geliebt zu haben, der hat noch nie jemanden wirklich geliebt und auch noch nie jemanden verloren.

Ich will Antworten. Ich will wissen, wie ich weiterleben soll in einem Körper, dem das Herz herausgerissen wurde. Das soll sie mir mal erklären.

Plötzlich ist meine Wut verpufft. Ich will nur noch wissen, warum. »Warum haben Sie mir die Fähigkeit gegeben, Herzschmerz vorherzusehen? Verraten Sie es mir bitte.«

»Aber das ist nicht die Fähigkeit, die ich dir geschenkt habe«, erwidert sie.

»Sondern welche?«

»Ich habe dir die Fähigkeit geschenkt, die Liebe zu sehen. Kummer und ein gebrochenes Herz gehören zwar dazu, aber sie sind bloß ein Teil davon. Warum hast du dich immer nur auf das Ende konzentriert?«

»Weil es der wichtigste Teil ist, der, auf den es ankommt.«

»Ist es das?«, fragt sie. »Es sollte kein Fluch sein, Evie. Es sollte eine Gabe sein.«

Ich fange an zu weinen und bin mir sicher, dass ich nie wieder damit aufhören kann. Als ich mich schließlich beruhigt habe, steht sie immer noch neben mir.

»Verschwinden die Visionen wieder?«

»Ja«, sagt sie.

»Wann?«, frage ich, obwohl ich weiß, dass sie mir darauf keine klare Antwort geben wird.

»Wenn du so weit bist.«

Ich steige wieder aufs Rad.

»Pass auf dich auf, Evie«, sagt sie, als ich in die Pedale trete. Und genau wie beim ersten Mal ist sie nicht mehr da, als ich mich am Ende der Straße noch mal nach ihr umdrehe.

Dads Hochzeitsfeier beginnt erst in drei Stunden. Ich streife noch eine Weile auf dem Fahrrad durch die Straßen. Es sind weniger Blüten an den Jacarandabäumen und Jasminbüschen. Der frische grüne Duft des Frühlings wurde vom rauchig heißen Geruch des Sommers verdrängt.

Ich weiß nicht, wie viel Zeit vergeht, während ich so durch die Gegend fahre, ich weiß nur, dass es mehr Zeit ist, als ich denke, aber irgendwie auch weniger. Ständig geistert mir die Stimme der alten Frau durch den Kopf.

Es sollte kein Fluch sein.

Ich denke an die vielen Visionen, die ich gesehen habe.

In jeder einzelnen gab es mehr Liebe als Kummer.

Als ich nach Hause komme, schminkt mich Danica und leiht mir eine Vintage-Statement-Halskette, die perfekt zu dem lavendelfarbenen Kleid passt. Wir verabschieden uns mit einem Kuss von Mom und sagen ihr, dass wir sie lieb haben. Sie versichert mir, dass es ihr gut geht.

Im Taxi drücke ich Danicas Hand. »Ich bin froh, dass wir zusammen hingehen«, sage ich.

»Ich auch«, sagt sie.

KAPITEL 59

Uns scheidet

IN DER KIRCHE IST ES FAST schon peinlich, wie sehr sich Dad freut, mich zu sehen.

Eigentlich ist es eher süß als peinlich.

Er hebt mich hoch und wirbelt mich im Kreis herum. »Ich bin so froh, dass du da bist, Zuckererbse.« Er lässt mich wieder runter. »Entschuldige, ich vergesse ständig, dass ...«

»Nein, ist schon okay. Du kannst mich ruhig weiter so nennen.«

Er schließt die Augen und lässt den Kopf sinken. Eine Sekunde sieht es so aus, als würde er beten. Er zieht mich noch einmal an sich und drückt mich ganz fest. Ich drücke ihn genauso fest zurück.

»Ich will mitknuddeln«, ruft Danica, die noch im Eingang steht.

Als wir unser Gruppenknuddeln beenden, sind wir alle drei in Tränen aufgelöst.

Dani umfasst mit einer Hand mein Kinn, inspiziert mein Gesicht und schnalzt mit der Zunge. Wir suchen eilig die Toilette und sie holt ihr Notfall-Mini-Schminketui aus ihrer Handtasche. Zuerst verarztet sie sich selbst und dann mich. Nachdem sie fertig ist, betrachte ich mich noch einmal prüfend im Spiegel. Sie ist eine Wunderheilerin. Ich bin gerettet.

Als wir es endlich zurück zu den anderen schaffen, steht der Pfarrer schon am Altar. Wir huschen nach vorn und setzen uns neben Tante Colette.

Und dann ist es so weit.

Musik erklingt. Dad schreitet den Gang entlang und nimmt seinen Platz vor dem Pfarrer ein. Dads Trauzeuge, Onkel Allan, und Shirleys Trauzeugin kommen als Nächste. Dann ist Shirleys Mom an der Reihe, sie geht ohne Begleitung. Anschließend folgen Shirleys zehn Brautjungfern. Sobald alle vor dem Altar versammelt sind, hört die Musik auf.

Dad starrt erwartungsvoll zum Eingang.

Onkel Allan drückt seine Schulter.

Es dauert noch ein paar Sekunden, dann ertönt der Hochzeitsmarsch. Jetzt drehen sich alle um und gucken gespannt.

Alle, außer mir. Ich beobachte stattdessen Dads Gesicht. Ich muss Shirley nicht sehen, um zu wissen, wann sie da ist. Ich kann es von Dads Gesicht ablesen. Er sieht aus wie jemand, der sein Glück nicht fassen kann.

Shirley erreicht den Altar und nimmt Dads Hand. Sie sieht wunderschön aus. Und auch wie ein dreistöckiger Kuchen.

Wie bei den meisten kirchlichen Trauungen läuft die Zeremonie auf eher klassische Weise ab. Dad und Shirley geloben, einander zu lieben, zu achten und zu ehren. Sie geloben, es für immer zu tun. Es gibt einige Lesungen aus der Bibel. Shirleys Mom singt einen Gospelsong, den ich nicht kenne. Sie hat eine wunderschöne Stimme.

Der Pfarrer erklärt die beiden zu Mann und Frau und sagt Dad, dass er die Braut jetzt küssen darf.

Mir bleiben ein paar Sekunden, mich zu entscheiden.

Ich kann mir ihre Zukunft ansehen.

Ich kann mir überlegen, ob ich wissen will, welches Ende es mit ihnen nimmt und vielleicht sogar wann.

Aber ich schließe in letzter Sekunde die Augen.

Ich schließe die Augen und stelle mir vor, sie haben sich für immer.

———

Die eigentliche Feier findet zwanzig Minuten entfernt in einem Hotelsaal statt. Dani und ich fahren zusammen mit Tante Colette und Onkel Allan im Hochzeits-Shuttle hin. Ich trinke Cidre, esse Horsd'œuvres und höre Dani zu, die wohlwollend das Outfit jeder anwesenden Frau kommentiert und mir von der Entstehungsgeschichte der Institution der Ehe erzählt, die für die Frauen eher ätzend war.

Nach einer Weile bittet der Sänger der Hochzeitsband die Anwesenden um ihre Aufmerksamkeit: »Verehrte Gäste, bitte begrüßen Sie Mr und Mrs Larry Thomas.«

Einen Moment versetzt es mir einen Stich bei dem Gedanken an Mom, die erste Mrs Thomas. Aber dann rufe ich mir in Erinnerung, dass sie letztendlich nur getan hat, was für jeden von uns das Beste war, sie selbst eingeschlossen.

Und dann klatschen alle und johlen.

Shirley weint und Dad trocknet ihre Tränen. Er sagt ihr, dass er sie liebt und immer lieben wird.

Alles, was zählt, ist, dass er es hier und jetzt so fühlt.

Alles, was zählt, ist das Hier und Jetzt.

Ich drehe mich zu Dani um. »Ich muss gehen«, sage ich.

———

In Liebesromanen gibt es immer eine Verfolgungsjagd. Sie findet gegen Ende statt, wenn die eine Person erkennt, dass sie einen Riesenfehler gemacht hat und dann eine ganze Reihe von Hindernissen überwinden muss, um die andere Person zurückzuerobern.

Meine Verfolgungsjagd geht direkt draußen vor dem Hotel los, wo Taxis in einer Reihe warten. Erst als ich in einem drinsitze, geht mir auf, dass ich X' Adresse nicht kenne. Ich schreibe Fifi. Wundersamerweise gibt sie gerade keinen Kurs. Sie sendet mir umgehend Archibalds und Maggies Adresse und kann sich nicht verkneifen hinzuzufügen:

Weiß nicht, warum du so lange hast gebraucht
Junge ist viel zu sexy, um sausen zu lassen
Viel Glück

Auf der Fahrt nach Los Angeles gibt es Stau, weil ... weil es in und um Los Angeles ständig Stau gibt. Wir brauchen fünfundvierzig Minuten bis in die Innenstadt. Der Fahrer biegt auf den Wilshire Boulevard ab. Unfassbar, aber wahr, hier ist der Verkehr noch dichter, wir kommen kaum vom Fleck. Mit dem Fahrrad wäre ich schneller. Ich bitte den Fahrer, die Curson Road zu nehmen und mich stattdessen zu Hause abzusetzen. Dort angekommen, stürme ich zur Tür rein und schnappe mir meinen Fahrradschlüssel. Ich ziehe mich nicht um, ich kann auch im Kleid Fahrrad fahren. Als ich merke, dass ich noch meine High Heels trage, habe ich nicht die Geduld, noch mal zurückzugehen. Ich will nur noch so schnell wie möglich zu X. Es gibt so viel, das ich ihm sagen möchte, und es bleibt so wenig Zeit. Ich will keine einzige Sekunde mehr mit ihm verpassen.

In meinem Kopf höre ich die Stimme der alten Frau sagen, dass meine Gabe verschwindet, wenn ich so weit bin. Und tatsächlich spüre ich den Moment, als sie geht. Seltsam, es ist, als würde man bei einem Fernglas die Schärfe richtig einstellen. Die Gabe verlässt mich und irgendwie ist alles klarer als vorher.

Maggie macht mir auf, als ich vor ihrem Haus stehe. Sie sieht aus, als hätte sie mich erwartet, und umarmt mich. »Du siehst sehr hübsch aus, Liebes«, sagt sie und fügt dann hinzu, dass X im Wohnzimmer ist und Gitarre spielt.

Der sehr kurze Weg von der Haustür zum Wohnzimmer ist der längste, den ich je gegangen bin.

Ich weiß nicht, wann genau oder woran X sterben wird. Ich habe keine Ahnung, wie ich den tief klaffenden Krater überleben soll, den sein Tod in mir hinterlassen wird.

Das Einzige, was ich sicher weiß, ist, dass ich nicht mit dem Wissen leben kann, ich hätte mehr Zeit mit ihm verbringen können und es nicht getan zu haben. Es spielt keine Rolle, ob eine Liebe endet. Wichtig ist nur, dass es Liebe gibt.

X hört zu spielen auf, sobald ich im Türrahmen stehe. So als ob er mich dort spüren könnte.

»Heute heiratet mein Vater«, sage ich.

Er starrt auf seine Füße. »Wann?«

»Jetzt. Das heißt, es ist schon passiert.«

»Bist du hingegangen?«

»Ja. Es war schön. Die Party ist noch in vollem Gang.«

Er schaut mich an. Sein Blick ist traurig und misstrauisch, aber wenigstens sieht er mich an. »Warum bist du hier, Evie?«

»Ich brauche einen Tanzpartner.«

»Du bist von der Hochzeitsfeier deines Vaters abgehauen, um mich zum Tanzen aufzufordern?«

»Ja.« Ich löse mich vom Türrahmen und setze mich neben ihn aufs Sofa.

Er presst seine Gitarre enger an sich und rückt ein Stück von mir ab. »Ich weiß nicht, Evie. Du hast mir ziemlich heftig zugesetzt.«

Gott, ich hab schon so viel Zeit vergeudet.

»Ich weiß.« Ich lege meine Hand auf seine Schulter. Er zuckt nicht zurück, deshalb rede ich weiter. »Es tut mir leid. Ich hatte Angst.«

»Wovor?«

»Dich zu verlieren.«

Er lässt den Kopf hängen und guckt mich nicht an. »Das ergibt doch keinen Sinn. Du hast Angst, mich zu verlieren, und deswegen machst du Schluss?«

»Es kam mir sicherer vor.«

»Du hättest mich niemals verloren«, erwidert er frustriert. »Ich hab's dir doch gesagt.«

Ich stehe auf und tigere ein bisschen auf und ab, während ich versuche, die richtigen Worte zu finden. »Ich vermassele es gerade. Was ich sagen will, ist, ich hab endlich kapiert, dass das Ende längst nicht so wichtig ist, wie ich dachte.«

»Und was *ist* wichtig?«

Ich setze mich wieder. »Anfänge sind schön, aber das Beste ist das Hier und Jetzt, das große, offene Stück in der Mitte. Ich hab mich über dich lustig gemacht, aber du hattest die ganze Zeit recht. Ich sollte den Moment genießen, mehr im Hier und Jetzt leben und so.«

Er hebt den Kopf und sieht mich an.

Jetzt finde ich die richtigen Worte. »Du bist die Liebe meines Lebens, Xavier Darius Woods. Ich habe noch nie jemanden so sehr geliebt wie dich.«

Sein Lächeln fängt winzig klein an, kaum merklich an

seinen Mundwinkeln, bevor es sich über sein ganzes Gesicht ausbreitet. »Ich bin die Liebe deines Lebens?«, hakt er nach.

»Bist du. Es jagt mir richtig Angst ein.«

Er lacht und stupst mich mit der Schulter an. »Und du bist die Liebe *meines* Lebens, weißt du?«

»Ja, ich weiß«, sage ich.

Er steht auf und zieht mich mit hoch. »Du willst auf der Hochzeitsfeier deines Vaters tanzen?«

»Ja. Kommst du mit?«

Er grinst. »Hab ich dir schon erzählt, dass es meine Philosophie ist, zu allem Ja zu sagen?«

KAPITEL 60

Die Zukunft

ALS WIR AUF DER HOCHZEITSFEIER ankommen, ist das Licht heruntergedimmt, nur eine riesige Discokugel wirft silbrige Lichtflecken. Die Band spielt, und fast alle sind auf der Tanzfläche, Dad und Shirley in der Mitte. Ich glaube, die beiden tanzen einen Walzer (den langsamen, langweiligen), es ist aber schwer zu sagen, weil sie grauenhafte Tänzer sind. Was ihnen an Talent fehlt, machen sie allerdings mit ihren glücklichen Gesichtern wett.

Ich halte nach Danica Ausschau und entdecke sie etwas abseits, sie isst Kuchen und telefoniert mit jemandem. Ich frage mich, ob es Martin ist. Ich hoffe, dass er es ist.

Der Song verklingt, und ich ziehe X mit mir, weil ich die Band fragen möchte, ob sie einen Tango Argentino spielen können. Ich habe Glück, sie können.

Anfangs bin ich noch unsicher. Ich nehme die Blicke der

anderen wahr. Ich nehme wahr, dass sie unsere Bewegungen genau beobachten. Nach einer Weile nehme ich nichts mehr wahr außer X.

Heute in acht Monaten wird X zu Hause in Lake Elizabeth Gitarre spielen und einen stechenden Schmerz in der Brust spüren. Später werden die Ärzte feststellen, dass er einen Herzklappenfehler hatte, und zwar schon seit seiner Geburt.

Bis dahin werden wir ein ganzes Album zusammen geschrieben haben.

Wir werden Stunden und Stunden getanzt haben.

Wir werden miteinander geschlafen haben.

Er wird mir das Gitarrespielen beigebracht haben, und er wird mir beigebracht haben, die Musik genauso sehr zu lieben wie er.

Er wird mir täglich gesagt haben, dass er mich liebt.

Es wird Tage geben, an denen ich weiß, dass ich irgendwie klarkommen werde. An anderen Tagen werde ich überhaupt nicht wissen, wie ich klarkommen soll.

Eins weiß ich mit absoluter Sicherheit: Liebe kann für die Ewigkeit sein.

Jetzt wirbelt er mich in eine Drehung. Ich lasse meinen Arm seine gesamte Armlänge entlangstreifen, bis sich unsere Fingerspitzen berühren. Es fühlt sich an, als würde ich ihm entgleiten.

Aber das tue ich nicht.

In letzter Sekunde beuge ich die Finger und unsere Hände fangen einander ein.

Und dann mache ich das, was man machen soll, wenn man die Liebe findet.

Ich halte sie fest.

DANKSAGUNG

Erst noch ein paar Richtigstellungen, bevor ich anfange: Leider muss ich sagen, dass es so etwas wie einen Taco-Abend nicht gibt in Los Angeles. Ganz eindeutig sollte es ihn geben, aber leider, leider. Als Romanautorin habe ich mir außerdem einige Freiheiten in Bezug auf Tanz-turniere genommen. Auch Barrington Park in New York entspringt meiner Fantasie. Ebenso wie das Tanzstudio La Brea Dance in Los Angeles. Zwar existiert auch das Surf City Waffle in Wirklichkeit nicht, es ist aber meinem absolu-ten Lieblingswaffelcafé in Los Angeles nachempfunden. Es heißt *Met Her at a Bar* und die Waffeln dort sind ein-fach köstlich. Du solltest unbedingt hingehen. Und wenn du es tust, dann grüß doch bitte Vinny und Mindy und sag ihnen, dass dich Nicola geschickt hat.

Ich habe dieses Buch zu einer Zeit verfasst, die zur schwersten meines Lebens gehört. Meine Mom war sehr krank. Mehr als anderthalb Jahre lang wussten wir nicht, ob sie es schaffen würde. Bei meinem Schwiegervater wurde eine tödliche Krankheit festgestellt. Er starb ein

Jahr später. Wenn du schon einmal einem schwer kranken oder einem trauernden nahestehenden Menschen beigestanden hast, dann weißt du, was das bedeutet. Dann weißt du, dass Krankheit und Tod das Leben vollkommen aus den Angeln heben und deine Welt völlig umkrempeln. Zumindest macht dich das Ganze mit einer Schattenwelt bekannt, die aus ständigen Arztbesuchen, Anrufen um drei Uhr nachts, gefolgt von einsamen nächtlichen Fahrten zur Klinik um fünf Minuten nach drei besteht. Dann weißt du auch, was es heißt, jemanden in den Armen zu halten und ihm Versprechen zu geben, von denen du nicht weißt, ob du sie halten kannst. Und Versprechen, von denen du ganz genau weißt, dass du sie nicht halten kannst.

Während dieses Prozesses – der Umkrempelung meiner Welt – habe ich geschrieben. Das Schreiben hat mich immer gerettet, und ich dachte, das würde es auch diesmal tun. Das meiste von dem, was ich während dieser Zeit zu Papier brachte, war nicht gut. Genauer gesagt habe ich ein Buch geschrieben (der Vorläufer zu diesem hier, der aber niemals erscheinen wird), das annähernd lesbar war. Ich habe es noch eine geraume Weile umgeschrieben, aber es sollte einfach nicht sein. Ich habe auch noch eine Menge anderer Sachen geschrieben, die ebenfalls nicht sein sollten. Es stellte sich heraus, dass ich mich nicht durch diese Zeit hindurch*schreiben* konnte, ich musste sie durch*leben*. Schließlich, zweieinhalb Jahre nach der Veröffentlichung meines davor erschienenen Buches, habe ich angefangen, das zu schreiben, das du gerade in Händen hältst. Ich habe noch nie härter um ein Buch gerungen und ich bin sehr stolz darauf.

Und jetzt komme ich zu dem Teil, bei dem ich jedes Mal weinen muss, wenn ich ihn verfasse:

Ich bedanke mich bei allen Krankenpflegern und -pflegerinnen, Ärztinnen und Ärzten, Sicherheitsleuten, Hausmeistern, Reinigungskräften, Parkplatzwächtern, Empfangsleuten, all den Menschen, die sich um Kranke und Sterbende kümmern. Vielen Dank, dass Sie so freundlich zu mir waren, einer heillos überforderten und trauernden Tochter und Schwiegertochter.

Mein Dank gilt außerdem den Mitarbeiterinnen und Mitarbeitern von Alloy Entertainment und Random House Children's Books, vor allem: John Adamo, Shameiza Ally, Josh Bank, Matt Bloomgarden, Emily Bruce, Ken Crossland, Elysa Dutton, Colleen Fellingham, Felicia Frazier, Gina Girolamo, Becky Green, Romy Golan, Judith Haut, Beverly Horowitz, Alison Impey, Christina Jeffries, Kimberly Langus, Wendy Loggia, Barbara Marcus, Les Morgenstern, Amy Myer, Alison Romig, Mark Santella, Tamar Schwartz, Tim Terhune, Adrienne Waintraub und der Ausnahme-Presseagentin Jillian Vandall. Außerdem bedanke ich mich bei Judy Bass und meiner unermüdlichen Literaturagentin Jodi Reamer. Ihr seid wahre Genies und ohne euch geht gar nichts.

Ein besonders dickes Dankeschön gebührt meiner Lektorin Wendy Loggia, die immer geduldig und freundlich ist, ganz zu schweigen von allem, was sie sonst noch ist.

Ein weiteres dickes Dankeschön gilt Martha Rago und Neil Swaab für das hinreißende Cover, Jyotirmayee Patra für das formvollendete Handlettering und Renike für die umwerfenden Illustrationen. Und ein weiteres dickes Dankeschön geht an Joelle Hobeika und Sara Shandler, die an mich geglaubt haben und an mich geglaubt haben und auch dann noch an mich geglaubt haben, als ich selbst nicht an mich geglaubt habe.

In stressigen Zeiten neige ich dazu, mich von allem und jedem zurückzuziehen. Ein Riesendankeschön an David Jung und Sabaa Tahir, die mich zum Sprechen gebracht haben, obwohl ich mich eigentlich nur noch verkriechen wollte. Ich habe euch sehr lieb.

Ich danke meiner Mom, meinem Dad, meiner Schwester und meiner Nichte, einfach weil es sie gibt.

Ich bedanke mich bei meiner kleinen Tochter Penny, der aufgefallen ist, wie der Regen die Farben verändert. Du bist ein ganz zauberhaftes Geschöpf und ich bin wahnsinnig gern deine Mama.

Und schließlich danke ich meinem Mann David Yoon. Ich bin ein absoluter Glückspilz, weil es mir vergönnt ist, mit dir durch dieses Leben gehen zu dürfen. Ich liebe dich unsterblich.

Autorin

Nicola Yoons Jugendromane »Du neben mir und zwischen uns die ganze Welt« und »The Sun is also a Star – Ein einziger Tag für die Liebe« sind Nr.-1-New-York-Times-Bestseller und wurden erfolgreiche Kinofilme. Nicola Yoon ist auf Jamaika und in Brooklyn aufgewachsen und lebt mittlerweile mit ihrem Mann, dem Schriftsteller David Yoon, und der gemeinsamen Tochter in Los Angeles. Außerdem ist sie hoffnungslos romantisch und glaubt fest daran, dass man sich innerhalb von Sekunden unsterblich verlieben kann.

Von Nicola Yoon sind ebenfalls bei cbj erschienen:
Du neben mir und zwischen uns die ganze Welt (31099)
The sun is also a star (31524)

Übersetzerin

Dagmar Schmitz lebt und arbeitet nicht weit von Köln in einem kleinen Haus am Wald, durch den sie täglich spaziert, bevor sie sich an die Bücher setzt, die sie aus dem Englischen überträgt, sich ans Sätzetüfteln macht und sich zwischendurch von ihrer Katze auf der Nase herumtanzen lässt.

Mehr über cbj auf Instagram

Nicola Yoon

Du neben mir
und zwischen uns die ganze Welt

336 Seiten, ISBN 978-3-570-31099-1

Die 17-jährige Madeline hat noch nie das Haus verlassen, denn sie leidet an einer seltenen Immunkrankheit. Bisher war das kein Problem, weil sie es nicht anders kennt. Doch als im Nachbarhaus der geheimnisvolle Olly einzieht, kommen sich die beiden so nah, wie es für Madeline möglich ist. Plötzlich möchte sie die Welt außerhalb ihres sterilen Zimmer entdecken, die sie sonst nur aus Büchern kennt. Selbst wenn es bedeutet, dafür ihr Leben zu riskieren ...

www.cbj-verlag.de

30291